本书系国家社会科学基金重大项目

"构建金融稳定的长效机制研究——基于美国金融危机的经济学分析"

（08&ZD035）的研究成果之一

中国金融安全研究丛书

何德旭　　张军洲 ◇ 主 编

中国社会科学院创新工程学术出版资助项目

宏观审慎管理与
中国金融安全

MACROPRUDENTIAL MANAGEMENT AND
CHINA'S FINANCIAL SAFETY

郑联盛 　 何德旭／著

社会科学文献出版社
SOCIAL SCIENCES ACADEMIC PRESS (CHINA)

总　　序

　　2007 年美国次贷危机爆发至今已过去五年，全球经济却依然风声鹤唳、难以平复，金融市场更是在低迷之间动荡不已。一方面，是迥异于以往的金融危机导致的经济社会的急剧变化；另一方面，则是对其变动前景的茫然，整个世界似乎正处于制度转型与秩序重构的临界时刻。然而，与茫然的深切相对应的，则是金融稳定和金融安全重要性前所未有的凸显，以及由此激发的一系列关于新形势、新趋势背景下如何实现金融稳定和金融安全的探究。

　　在这一背景之下，我们有幸承担了国家社会科学基金重大项目"构建金融稳定的长效机制研究——基于美国金融危机的经济学分析"（08&ZD035）的研究，特别是与国内知名高校及研究机构的专家通力合作，对中国金融稳定和金融安全长效机制的构建问题进行了较为系统而深入的探讨，并由此形成了本套"中国金融安全研究丛书"：《创新 风险 保障：中国金融发展安全观》，《中国金融安全网：理论分析与制度设计》，《宏观审慎管理与中国金融安全》，《中国金融安全的多向度解析》。

　　丛书以理论脉络和知识发展方式为依凭，从两个向度展开对中国金融稳定及安全问题的思考：在国际向度上，我们以经济学人的视角，探析此次金融危机的成因及演进历程，基于对历次金融危机的比较反思，描摹西方国家政府为应对金融危机而在金融监管体系、货币政策、政府职能重构等方面做出的种种努力，挖掘其蕴涵的改革理念与研究思潮；

在国内向度上，我们根植中国现实，在构建及测度中国金融稳定与安全指数的基础上，从宏观审慎管理制度、货币政策选择、金融安全网设计、金融市场结构、政府职能及行为诸方面，探讨如何在由西方所主导的全球化进程和世界秩序中捍卫中国的经济金融稳定与安全。

尽管学识及笔力有限，但在我们努力建构一个全景式的中国金融稳定和安全长效机制的诉求背后，有我们以思辨笔耕来践履报效社会使命的责任感，更有我们对伟大祖国繁荣昌盛的美好祝愿。我们也深刻地认识到，我们所作的努力，不过是学术长河中的一朵小小浪花。中国金融稳定和安全长效机制的构建，需要更多学界同人的集体努力。我们真诚地期待着各位专家学者的批评与建言。

何德旭　张军洲
2012 年 11 月

前　　言

　　美国次贷问题逐步升级深化，演化成为大萧条以来最严重的全球性金融危机。反思金融危机爆发的根源，金融监管失败被认为是金融危机爆发的重大诱因之一。全球金融危机之后，金融安全和金融监管体系改革，特别是宏观审慎制度框架的建立和完善，受到国际社会的极大关注。

　　金融监管失败，特别是对系统性风险的防范和应对的失败，在美国金融危机的升级过程中扮演了重大的角色。在美国金融监管体系中，系统性风险的监管失败主要体现在三个方面：一是缺乏系统性风险的权威监管机构；二是缺乏系统性风险的监管机制和协调机制；三是缺乏对系统重要性金融机构的有效监管，对系统重要性机构的冲击力缺乏足够的认识和应对措施。从次贷问题演变为次贷危机、流动性危机、信用危机和系统性危机的升级过程看，美国金融监管的宏观审慎制度安排是严重缺失的。基于金融安全，强化宏观审慎管理，建立健全金融宏观审慎管理框架是极其必要的，以建立一种金融稳定的新机制。

　　金融宏观审慎管理框架的核心是系统性风险的认识、防范和应对，是确保金融安全的基础机制。系统性风险的产生根源分为两类：时间维度和空间维度。时间维度是指金融风险随时间的演进过程，特别是金融体系和实体经济在经济周期中如何相互作用并放大风险，即是金融体系的顺周期性。空间维度是指在特定时点上，金融风险如何在不同部门以及整个金融体系内演进，即跨部门传染。从全球金融体系出发，顺周期效应、"大而不倒"效应（或系统重要性）以及影子银行体系是系统性风险应对的三个主要方面，也是金融宏观审慎管理的核心内容。

顺周期效应是系统性风险防范和金融宏观审慎管理框架完善的第一个主要问题。顺周期性是导致金融风险累积和危机爆发的内生性因素，是导致监管失败的重大根源。金融体系的顺周期效应通过信贷渠道、资产负债表渠道和制度性渠道产生。顺周期效应及其对金融、经济体系稳定性冲击的防范，需要从微观和宏观审慎层面应对，而且两个层面的政策应该相辅相成。一是从微观层面出发，金融机构应该改变资本充足率、贷款损失准备金以及风险定价模型等的顺周期性；二是从宏观层面出发，金融宏观审慎管理应该注重资本充足率、资本缓冲机制的完善、会计准则的改革以及防止出现监管漏洞，降低金融体系的顺周期效应。

"大而不倒"效应或系统重要性问题是系统性风险应对的第二大主题，也是本轮金融危机最为突出的问题。系统重要性机构、市场和金融工具等都可能在金融危机的触发和升级过程中扮演重大角色，比如系统重要性机构的逆向选择、负的外部性以及顺周期特征等。系统重要性主要涉及金融机构、市场和工具的规模、可替代性以及内在关联性等三个方面。具体到微观审慎指标上，主要有资本金、流动性、保证金等微观审慎指标，系统重要性机构需要实行更加严格的监管标准。从金融宏观审慎管理看，应该建立金融风险特别是系统性风险的预警指标机制、情景模拟体系、压力测试系统以及市场变化的敏感性指标等，建立应对重大风险和危机的特别处置机制等。

处置影子银行体系及其导致的系统性风险是金融宏观审慎管理框架的第三个任务。影子银行体系的发展过程中，美国和全球金融体系的金融结构、市场结构和制度规范等随之发生了根本性改变，给金融体系带了新的脆弱性，甚至是系统性风险。为了应对影子银行体系所引致的系统性风险，金融宏观审慎管理框架一要解决影子银行体系对金融经营模式及其监管体系的制度性背离，将影子银行纳入监管制度；二要将影子银行体系中的机构、业务、产品、交易和清算等悉数纳入监管体系，填补监管漏洞；三要针对影子银行进行分门别类的区分，对其潜在的风险进行甄别，特别注重系统性风险；四是对影子银行的监管是一个动态的过程，需要不断防范新的金融风险。同时要强化影子银行的微观审慎监管，以夯实金融宏观审慎管理的微观基础：一是要提高影子银行的资本金要求；二是限制影子银行的最高杠杆率，主要考虑限制影子银行的风险资产水平；三是实行动态拨备机制，提高影子银行的风险应对能力。

美国金融监管体系的改革成果以《华尔街改革与消费者保护法》的颁布为标志。在美国金融监管体系改革和宏观审慎管理框架的建立中，最为核心的有四个内容：其一，金融稳定监察委员会（Financial Stability Oversight Council）成立，这个机构不仅对系统性风险具有监察、警示和建议权，更有处置权，甚至可以根据风险因素和金融稳定需要拆分大型复杂金融机构。其二，美联储成为超级监管人，新体系赋予美联储拥有大型复杂金融机构的现场监管权以及金融稳定监察委员会的代理权，美联储可以就金融机构的风险提出更加严格的微观审慎监管要求，可以在金融稳定监察委员会的授权下拆分大型金融机构。其三，"沃尔克法则"，即对银行的传统商业银行业务和自营业务的限制性规定。其四，填补监管漏洞，最为主要的是成立联邦层级的保险业监管主体以及将影子银行体系纳入监管框架。

本轮金融危机之后，欧盟认为莱姆法路西监管框架在欧盟层面的金融监管、成员国监管协调以及系统风险防范等方面存在不足，对于防范系统性风险以及危机在欧盟的传染方面有效性较低。为此，欧盟确立了基于系统性风险防范和危机跨境传播处置的金融监管体系改革建议，核心的改革措施主要包括四个方面的重大内容：一是成立欧洲系统性风险委员会，建立宏观审慎管理机制；二是建立欧洲金融监管系统，即建立银行、证券和保险三个监管局，加强欧盟微观审慎监管及其协调；三是减少金融体系的顺周期效应，建立相应的微观指标；四是强化以银行主导的金融机构的全面风险管理。最为核心的是，建立欧洲系统性风险委员会以及欧洲金融监管系统。

本轮金融危机对中国金融体系特别是金融机构的冲击是相对有限的，但是，这却得益于中国的资本管制和中国金融机构全球业务的局限性。随着中国与世界经济的互动不断深化，中国金融机构的业务和风险将持续地在全球配置，为此，以一个更加宏观和审慎的视角来维系中国金融稳定与金融安全是极其重要的任务。根据中国参与 G20 峰会的现实以及《中华人民共和国国民经济和社会发展第十二个五年规划纲要》（文中简称"十二五"规划纲要）的要求，特别是建立一个稳定有效的金融体系的现实需要，金融宏观审慎管理框架将是中国未来金融体系和监管体系改革的重大任务。构建逆周期的金融宏观审慎管理制度框架成为"十二五"规划纲要中金融体系改革之首要。系统性风险应对机制、监管协调、防范制度错配、填补监管漏洞、加强金融基础设施建设以及防范外部金融风险，是中国金融宏观审慎管理框架建设的重要任务，也是中国金融稳定和金融安全的基础保障。

目　录

CONTENTS

1

绪　论

1.1　背景与意义

2006 年底以来，由美国次级抵押贷款问题引发的次贷危机，逐步升级并蔓延，已经演化成为大萧条以来最严重的全球性金融危机。反思金融危机爆发的根源，金融监管有效性受到了广泛的质疑，被认为是金融危机爆发的重大诱因之一。

从美国金融风险的产生、累积和升级，特别是系统性危机的爆发，金融监管失败难辞其咎。在金融风险的产生初期，美国金融监管放松是风险产生的制度基础。在网络泡沫之后，美联储实行了宽松的货币政策，美国进入一个长达 40 多个月的降息周期，美国监管当局也放松了对信贷投放的监管标准，特别是房地产信贷标准不断降低，为次贷风险的产生提供了制度性基础。

在金融风险爆发之后，美国金融监管体系没有真正发挥风险防范的职能。2007 年底至 2008 年初，美国次级住房抵押贷款止赎现象不断出现，美国政府没有加强金融监管并进行有效的风险防范，反而对不断出现的金融风险视而不见，认为美国经济和金融体系达到了繁荣的新高度，确信美国经济和金融市场的弹性足以吸收房地产市场的"正常"

波动。甚至到2008年中期，美国最重要的房地产信贷担保机构——房地美和房利美（"两房"）出现财务危机，美国政府和金融监管当局仍然认为"两房"的财务危机将局限于房地产及其信贷市场之中。2008年9月，美国"金融海啸"终于爆发了，这时美国金融监管当局才意识到事态的严重性，但是系统性危机已经不可避免。

一般的，金融监管的审慎性和有效性是金融稳定的基础保障之一。金融监管具有保护消费者权益、维系金融市场公平与透明、监控金融机构的安全与稳健以及确保整个金融体系的稳定等四个目标，但是在本轮金融危机的演进中，美国金融监管的目标并没有实现，金融监管失败反而成为大萧条以来最为严重的全球性金融危机的重要推手。

次贷危机升级为大萧条以来全球最为严重的金融危机。更为重要的是，本轮危机爆发于资本主义市场最为完善的美国，危机传染主要体现在资本主义最为核心的美国和欧洲地区，而金融危机最终的外溢效应则几乎波及全球各地。制度最为完善、市场最为发达、体制最为顺畅的美国金融市场，竟然引爆了全球最为严重的金融危机，这不得不让人质疑美国制度、市场以及体制等方面的内生性缺陷。

美国金融体系存在制度性错配。在金融危机的反思中，美国以资本市场为主导的金融体系、混业经营的金融经营模式以及分业监管的金融监管体系的制度匹配性受到了极大的质疑，而这三个元素的制度适宜性正好体现在美国金融监管的失败上。实际上，美国分业监管体系并非无效，只是这一监管模式无法适应资本市场主导下的混业经营模式，所以无法防范系统性风险的产生和危机的爆发。

防范系统性风险和危机成为金融危机之后国际社会的重大任务。由于美国次贷问题引致的全球金融危机引发了学术界和各国政府针对金融体系改革的热烈讨论。次贷问题引发的全球金融危机凸显了美国与全球金融监管体系存在重大漏洞和失误的事实，显示了加强金融改革的重要性和必要性，尤其是提高应对系统性金融风险能力、加强金融宏观审慎管理的必要性。美国和欧洲在金融危机之后，都极力推进金融体系改革，特别是基于应对系统性金融风险的宏观审慎管理体系的建立和完善。在全球范围内，加强金融监管的呼声高涨，各国政府和国际金融机构也不断推出相应的改革措施及建议。特别是 2008 年 11 月 G20 第一次金融峰会召开之后，金融监管改革成为全球政治体系中的一个重大议题，并在后续 G20 峰会中不断被强化。

宏观审慎管理框架是本轮金融监管改革浪潮的内核。虽然宏观审慎管理框架的概念已经产生数十年，但是其适用性问题在 2009 年伦敦金融峰会才首次被正式提及，同时得到参加 G20 峰会领导人的一致认可，并要求相关国际机构对宏观审慎管理框架的要素、组成以及政策工具等进行研究，并提出政策建议。在本轮金融危机爆发之后，宏观审慎管理框架一直是国际清算银行、巴塞尔银行监管委员会、金融稳定理事会以及国际货币基金组织等国际金融组织的重大研究议题。宏观审慎管理框架被认为是保障金融体系稳定和金融安全的最基本制度保障之一。

次贷危机升级为全球金融危机之后，金融监管体系改革，特别是金融宏观审慎管理框架的建立和完善，成为国际社会的重大关注。但是，为何要加强监管，以及如何加强监管，并不是一个简单的问题。事实上，国际学术界对于金融监管理论的探讨也是意见纷呈、莫衷一是，而每一种观点背后其实都蕴涵着深刻而各异的经济学逻辑。全面深入地理解金融监管理论和金融宏观审慎管理，领会金融监管实践和金融稳定性的关联性，特别是其中所依据的经济学逻辑，能够使我们从更为广阔的视角来审视金融稳定，对于学术研究不无裨益。为此，金融监管和金融宏观审慎管理在学术研究中具有重大的理论意义。

更重要的是，过去对于金融监管的理论研究主要是基于制度性研究、信息经济学下的市场失灵和数量分析，主要集中在监管必要性、有效性特别是单一金融机构监管问题。在新的形势下，尤其是美国金融危机之后，系统性风险成为金融体系稳定性的最大挑战之一。改革现有金融监管体系，加强金融宏观审慎管理，提高金融监管有效性，保障金融体系稳健运行成为理论层面的一个重大课题。这对于深入了解金融风险的产生、累积以及演进途径，以及提出相应的监管应对举措，也具有学理上的意义，特别是研究视角从金融个体风险向整个体系风险的扩展，是金融风险管理理论的重大突破。

从实践上，目前全球金融监管主要有三种监管模式：美国的分业监管模式、英国的统一监管模式和澳大利亚的双峰监管模式。理论上，金融监管模式的选择应该与金融体系的制度基础、金融市场的经营模式等相互匹配。但是，金融危机表明，由于缺乏金融宏观审慎管理，金融监管有效性大大降低。实际上，美国金融监管模式和金融体系其他制度元素存在错配，这就成为金融体系稳定性的潜在风险。尤其是过去10余年来，行为金融的兴起、超级金融控股集团的出现，使得金融体系对流动性的依赖程度极大地增加，交叉性风险急剧显现，系统性风险过于集中，金融风险的传染性又大幅增强，甚至出现了全球传染的情况。

以美国为例，在几十年的发展中，美国金融监管体系逐步演进为双层多头的分业监管模式，在第二次世界大战以后大部分的历史阶段中，美国金融监管体系的效力是较高的，美国金融市场取得巨大繁荣的同时，金融体系整体保持稳定。但是，本轮危机的爆发表明，双层多头监管体系缺乏统一监管者，无法防范金融全球化和信息时代下的系统性危机，同时存在监管缺陷和漏洞，监管效率大打折扣。而且，美国次贷问题从房地产市场向信用市场、资本市场等传递，从美国向欧洲和其他经济体蔓延，金融风险的传染性表现得更加严重。为此，作为金融监管当局，如何改革现有金融监管框架，实行更加审慎的监管政策，结合宏观审慎管理和微观审慎监管，提高监管有效性，是一个刻不容缓的现实问题。

对于中国而言，金融监管模式与美国是类似的，为此金融监管体系可能存在与美国相似的问题和风险。虽然在本轮全球金融危机中，中国金融体系总体上保持了较高的稳定性，但这并不能说明中国的金融监管体系就没有问题或没有潜在风险。由于中国存在较为严格的资本管制，所以有效地隔离了外部风险的传递，金融监管体系才能发挥效力。为此，改革和完善中国的金融监管体系也是构建金融体系长效稳定机制的必然要求。"十二五"规划纲要中强调，要加强金融体系改革，建立逆周期的金融宏观审慎管理框架。据此，建立健全金融宏观审慎管理体系是中国金融体系改革的重要内容。

　　以史为鉴，中国应该总结本轮金融危机中金融监管失败的经验教训，通过分析理论和实践的发展，在学理上进行深入的梳理，在实践上进行及时的总结并提出相关的改革措施，特别是建立健全金融宏观审慎管理框架，详细深入分析系统性风险的形成、触发和演进机制，制定相应的风险防范机制，这对于实践"十二五"规划纲要提出的建立逆周期的宏观审慎管理框架具有重要的意义，同时，这对于提高中国金融监管有效性、保持金融体系稳定性和保障金融安全等更具现实意义。

1.2　框架及内容

　　本书主要采取规范研究和比较研究相互结合的研究方法，以金融风险的产生和升级机理为基础，以单个金融机构和金融体系整体作为研究对象，剖析系统性风险及其对金融体系稳定性的影响，并提出相应的金融宏观审慎管理改革的理论和政策体系。

　　系统性风险的演进及防范是本书研究的主线。系统性风险产生根源的两个维度，一是时间维度，即金融体系以及金融监管体系的顺周期效应问题；二是空间维度，即某个时间金融风险的跨空间传染问题。时空两个维度的风险传染分析和金融宏观审慎管理应对之策是本书研究的两个重点。在分析系统性风险的演进机理之后，本书将对金融宏观审慎管理框架进行细分，主要参考美国和欧盟的经验进行比较分析。最后是中国的实践和改革建议等。

　　本书研究框架的逻辑线索如图 1-1 所示，研究内容包括以下几个方面。

　　第一章是绪论。主要提出本书选题的背景以及研究的理论和现实意义，同时简要介绍研究的逻辑框架以及重要内容。

　　第二章是背景篇。在分析发端于美国次贷市场的全球性金融危机演进过程的基础上，讨论本轮金融危机的系统性风险及其根源，讨论系统性风险的产生、爆发和升级与金融监管失误的相关性。随后，分析美国

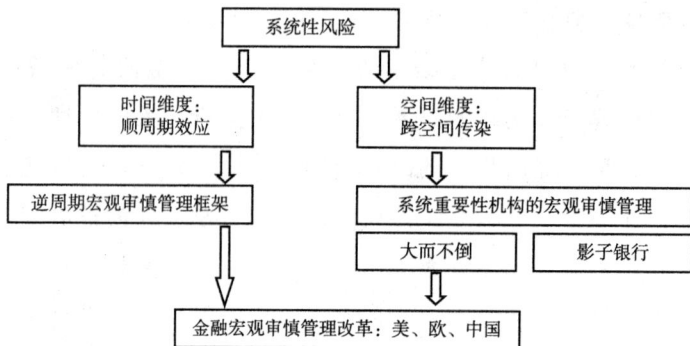

```
                    ┌──────────────┐
                    │  系统性风险  │
                    └──────────────┘
                      ⇓        ⇓
         ┌──────────────┐  ┌──────────────┐
         │ 时间维度：    │  │ 空间维度：    │
         │ 顺周期效应    │  │ 跨空间传染    │
         └──────────────┘  └──────────────┘
              ⇓                  ⇓
    ┌──────────────────┐  ┌────────────────────────┐
    │ 逆周期宏观审慎管理框架 │  │ 系统重要性机构的宏观审慎管理 │
    └──────────────────┘  └────────────────────────┘
                          ┌──────────┐  ┌──────────┐
                          │ 大而不倒 │  │ 影子银行 │
                          └──────────┘  └──────────┘
              ⇓                  ⇓
    ┌──────────────────────────────────────┐
    │ 金融宏观审慎管理改革：美、欧、中国     │
    └──────────────────────────────────────┘
```

图 1 - 1　研究框架的逻辑线索

金融监管体系的演进及其存在的重大问题，最后提出强化系统性风险应对以及建立健全金融宏观审慎管理体系的重要性和必要性。

第三章是金融宏观审慎管理框架的理论介绍。主要讨论宏观审慎管理及金融宏观审慎管理的含义，分析金融宏观审慎管理与微观审慎监管的内在区别与联系，同时论述金融宏观审慎管理与货币政策之间的内在关联，简要介绍系统性风险与金融宏观审慎管理的逻辑关系，最后介绍金融宏观审慎管理框架的要素组成，比如监管主体、架构设计以及监管工具等。

第四章是系统性风险与金融宏观审慎管理框架的理论分析篇。重在讨论系统性风险的原始含义、系统性风险在本轮金融危机的体现以及系统性风险的根源，特别是从两个维度（即时间维度和空间维度）考察系统性风险的产生，从而引出本书的研究核心。接着，分析系统性风险的触发因素，比如政策冲击、信息不对称、集体失误、系统重要性机构以及制度错配等。再次，结合本轮金融危机的发展现实，讨论系统性金融风险的演进过程。最后提出系统性风险的金融宏观审慎管理应对之策。

第五章讨论系统性风险的时间维度问题，即顺周期效应问题。首先分析经济金融体系顺周期效应的表现，比如银行信贷、资产价格甚至金融监管都存在顺周期效应。通过信贷渠道、资产负债表渠道以及制度性渠道等产生的顺周期效应，都可能引发金融风险，甚至是系统性风险。只有建立健全金融宏观审慎管理框架才能应对顺周期效应问题。

第六章分析系统性风险的空间维度的第一个方面，即"大而不倒"或"系统重要性"的风险防范问题。在分析"大而不倒"和"系统重要性"的含义之后，提出系统重要性机构的衡量原则及标准，重点介绍了 G20 标准。在此基础上，讨论系统重要性机构和系统性风险的关联，最后，讨论金融宏观审慎管理的应对之举。

第七章讨论系统性风险的空间维度的第二个方面，即影子银行体系的系统性风险应对。在较为详细地介绍影子银行体系的定义、发展、特征及其对金融体系稳定性的影响之后，重点讨论了影子银行体系与系统性风险的内在关联性，并提出相应的金融宏观审慎管理措施。

第八章和第九章是国际比较篇。主要介绍美国和欧盟在宏观审慎管理改革方面的重大进展。作为一个基础背景，都预先介绍了美国和欧盟金融监管体系的发展历程及其在本轮金融危机中所显示出来的弊端或失误，特别是制度性错配和监管漏洞及其对系统性风险的影响。

第十章将视角转向中国，探讨中国金融宏观审慎管理框架问题。首先介绍了中国金融监管体系的发展历程，其次重点介绍了中国在金融危机之后金融宏观审慎管理框架改革的进展，以中国人民银行、中国银行业监督管理委员会、中国证券监督管理委员会和中国保险监督管理委员会作为研究对象分别论述，最后讨论中国金融监管体系的问题以及改革建议。

第十一章是简单的结论和展望。

2

金融安全与金融宏观审慎管理：
背景分析

2006年底，由于美国联邦储备委员会此前连续加息，部分住房抵押贷款人开始遭遇贷款偿还困境，而且房地产市场价格开始松动甚至下滑，美国次级房地产抵押贷款问题开始浮现。次贷问题并没有引起市场和政府的足够重视，美国政府认为这是房地产市场的内在调整，不会造成重大问题。但是，随着房地产价格大幅下跌和还贷成本的大幅提升，止赎违约问题层出不穷，房地产抵押贷款机构破产现象与日俱增，与房地产抵押贷款相关的证券产品信用评级被大范围调低。

由于全球金融市场基本实行以市定价的资产定价方式，房地产抵押次级债券评级被调低，直接导致次级抵押债券及其他类似金融产品价格大幅下跌，全球金融机构的资产负债表不断恶化，出现大范围的资产减计浪潮，越来越多的金融机构被卷入到这场流动性和信用危机之中，最后导致2008年秋季"金融海啸"的爆发。美国五大投资银行全部退出历史舞台，投资银行作为一个独立的行业也从华尔街消失，美国次贷问题演变为严重的系统性金融危机。在金融危机的冲击下，各个经济体的金融稳定和金融安全受到了实质性冲击。

系统性危机爆发之后，全球金融市场陷入了极度恐慌，流动性的基本状况出现了实质性逆转，全球流动性陷入枯竭，国际金融市场严重受挫，股票市场大幅下挫，演绎了 20 世纪 20~30 年代大萧条以来全球最为严重的金融危机。随后，金融危机从金融部门向实体经济部门传染，全球贸易大幅下挫，尤其是发展中国家的出口遭遇了最近二三十年来的最大跌幅。同时，国际资本频繁在发达国家和新兴经济体之间来回运动，国际资本流动一波三折，降低了全球金融体系的稳定性。最后，全球经济增长速度大幅下挫，主要发达经济体大多陷入了严重的衰退。

系统性的全球金融危机对全球经济的冲击是极其深刻的。本轮危机是全球经济长波周期从繁荣走向衰退和萧条的大拐点，全球经济面临一个增长中枢下移的过程，金融危机对全球经济的影响仍在深化。截至 2010 年底，全球经济整体复苏仍然是不力的，2010 年美国、欧洲和日本仍然处在"危机"的阴影中。美国经济在 2010 年上半年出现了暂时性"通缩"，失业率水平保持在历史的高位，超过 9%。欧洲和日本经济复苏不力，预计仅分别同比增长 1.7% 和 2.8%。[①]

系统性危机对全球金融体系的影响是深远的。一方面，在"后危机"时代，美国经济增长幅度将大大低于过往几轮经济衰退后的复苏水平，同时美国经济在全球经济中的地位和作用将降低，全球经济力量格局将发生相应的深刻变化。另一方面，全球金融体系的不合理性，特别是金融监管的缺失和国际货币体系的制度缺陷受到了极大的批评。

在金融监管方面，主要经济体和国际社会都致力于亡羊补牢式的改革，特别是对系统性风险和危机的防范与应对，成为全球金融监管领域一个极为重大的议题。相应的，如何提高金融监管有效性，强化微观审慎监管，建立健全宏观审慎管理制度，加强金融监管的国际合作，防范系统性风险的累积、爆发、传播，保证金融系统的稳定性，成为金融管理当局一个亟待完善的政策议题。

---

① IMF, "World Economic Outlook", Jan., 2011.

2.1 全球金融危机的演进

全球金融危机是从美国次级住房抵押贷款问题演化而来的系统性金融、经济危机。从 2006 年底次贷问题开始浮现，至 2010 年底，本轮全球金融危机的发展大致可以分为六个阶段。

2.1.1 危机浮现期

互联网泡沫之后，美国为了挽救颓废的经济增长，开始连续降息，采取宽松的货币政策，积极扶持房地产等支柱产业。相应的，房地产抵押信贷标准不断放松，贷款规模不断扩张，次级抵押贷款随之膨胀，次贷规模占总贷款规模的比例逐步抬升。2000 年美国新增抵押贷款中只有 2.6% 是次级债，到 2006 年该比例提高到 13.5%；2001 年美国次级债总规模占抵押贷款市场总规模的比例仅为 5.6%，到 2006 年该比例上升到 20%。[①]

如果房地产价格不断上升，那么发放次级抵押贷款对于房地产金融机构而言是有利的选择：第一，次级贷款可以赚取更高的贷款利率；第二，如果发生违约，金融机构也可以通过拍卖抵押房地产而回笼贷款本息。然而，一旦市场利率上升和房地产价格下跌同时出现，次级抵押贷款市场将面临灾难。市场利率上升使得重新设定后的贷款利率远远超过购房者的承受能力；房地产价格大幅下跌使得金融机构即使拍卖抵押房地产也难以获得本金的全额偿付。市场将对冒险的贷款人和借款人进行清算。[②]

这正是 2005 年之后美国房地产市场发生的真实情况。2004 年美国进入加息周期之后，美国房地产价格在 2005～2006 年之交见顶并开始逐步下滑。次级抵押贷款人开始出现偿还困难的现象，部分贷款人由于

[①] 张明、郑联盛：《华尔街的没落》，中国财政经济出版社，2009，第 29 页。

[②] 何德旭、郑联盛：《从美国次贷危机看金融创新与金融安全》，《国外社会科学》2008 年第 6 期。

所拥有房屋"资不抵债"甚至放弃房屋所有权（即止赎）。到 2006 年，次贷止赎现象大幅攀升，这就造成了部分发放次级抵押贷款或为次级抵押贷款担保的金融机构出现财务困难，即是次贷危机浮现期。这个阶段从 2006 年底到 2007 年上半年，标志性事件是 2007 年 4 月，美国第二大次级抵押贷款机构——新世纪金融公司裁减半数员工，申请破产保护，成为截至当时美国房地产市场调整以来最大的房地产抵押贷款机构破产案。其后，美国第五大投资银行贝尔斯登公司旗下的两只基金，因涉足次级抵押贷款债券出现大额亏损。

2.1.2　次级抵押贷款市场危机

危机正式爆发与逐步升级的第一阶段是房地产抵押贷款市场危机，即次贷危机。2007 年 7～8 月，美国次贷问题集中显现，大批与房地产抵押贷款相关的金融机构破产倒闭，次贷危机爆发。2007 年 7 月，两大评级机构标准普尔和穆迪分别下调了 612 种和 399 种抵押贷款债券的信用评级，美国次贷危机引信被点燃。2007 年 8 月，美国次贷危机开始蔓延至金融市场，银行间同业拆借利率急剧上升，金融体系的流动性从过剩高峰开始回落收缩，甚至出现流动性不足。2007 年 9 月，受次贷及金融市场形势逆转的冲击，英国第五大抵押贷款机构北岩银行遭遇挤兑，成为全球第一家受重创的大型金融机构。

2.1.3　流动性危机

危机传导的第二阶段是流动性危机。2007 年底至 2008 年初，花旗银行、美林、瑞银、高盛等大型金融机构因次贷问题出现了巨额亏损，大规模进行资产减计，市场流动性需求剧增而资金供给严重萎缩，整个市场陷入严重的流动性紧缩困境。2007 年 10 月，美林证券发布第三季度财报称，由于在次级抵押贷款相关领域遭受了约 80 亿美元损失，公司当季亏损 22.4 亿美元。2008 年 2 月，瑞银集团宣布 2007 年第 4 季度净亏损高达 125 亿瑞士法郎（约合 114 亿美元），成为全球银行界有史以来最大的季度亏损。次贷危机爆发之后，使得实行"以市定价"（Mark to Market）资产负债管理的美国金融机构陷入严重的资产减计浪潮，各金融机构又急剧紧缩信用，即使央行大量注入流动性，市场整体流动性紧张的状况仍无法改善，次贷危机演化为流动性危机。[①]

2.1.4　信用危机

第三阶段是信用危机。该阶段最大的事件是美国第五大投资银行贝尔斯登被收购。作为美国第五大投资银行，贝尔斯登是美国证券市场的一级市场交易商（primary dealer），为大批中小型金融机构提供担保和清算服务。根据美国证券交易委员会（SEC）的规定，从事资产清算的公司必须拥有足够的现金作为保证金，而贝尔斯登同样面临次贷危机中的流动性紧缩，其持有的现金甚至无法满足清算需求。美联储决定让纽约联储通过摩根大通银行向贝尔斯登提供应急资金。这是1929年以来美联储第一次向非商业银行金融机构提供应急资金。但仅仅过了两天，贝尔斯登就被摩根大通收购了。更严重的是，截至2008年6月30日，被美国联邦储蓄保险公司（FDIC）列入监控名单的"问题银行"已经由第1季度的90家激增至117家，创下了自2003年中期以来的最高纪录。截至2008年8月底，发达国家金融机构合计披露的资产减计规模大约5050亿美元。在跨国金融机构资产减计规模前10位中，有9位均为商业银行和投资银行，其中资产减计规模最大的前三位分别为花旗、瑞银和美林。[②] 如此众多的投资银行和商业银行陷入困境，如此大规模的资产减计，意味着流动性危机已经严重影响美国和全球信用体系的运转，金融机构很难通过自身的信用在市场上获得再融资，金融市场的资金融通功能和金融体系稳定性受到极大的挑战。从某种程度上说，次贷危机已经演化为信用危机。

---

① 张明、郑联盛：《透视房利美、房地美危机》，《当代金融家》2008年第8期。

② Greenlaw, David, Jan Hatzius, Anil K. Kashyap, Hyun Song Shin, "Leveraged Losses: Lessons from the Mortage Market Meltdown", US Monetary Policy Forum Conference Draft, Feb. 29, 2008, http://faculty.chicagobooth.edu/anil.kashyap/research/MPFReport-final.pdf.

2.1.5　系统性金融危机

第四阶段危机全面升级，演化为系统性的金融危机。该阶段始于2008 年中期，大致至 2009 年中期。美国加州银行 IndyMac Bank 倒闭和房利美、房地美财务危机是系统性危机爆发的前兆。更为严重的是，2009 年 9 月 7 日美国政府担心系统性风险蔓延，宣布接管美国两大房地产信贷担保机构——房利美和房地美，之后仅一周，美国第三大投行美林被美国银行收购，次日美国第四大投行雷曼兄弟宣布申请破产保护。更令人惊讶的是，仅两日之后，美联储向美国国际集团（AIG）提供 850 亿美元紧急贷款，79.9% 的 AIG 股权归政府所有，AIG 被国有化。五大投资银行三家倒下、"两房"被接管、AIG 国有化、美国政府注资至少 7000 亿美元，标志着美国次贷危机已经演化为新一轮金融危机，即美国金融体系的 "系统性危机"。[①] 市场将之称为"金融海啸"。[②] 图 2 - 1 和图 2 - 2 展示了美国房地产市场以及住房抵押贷款市场的表现。

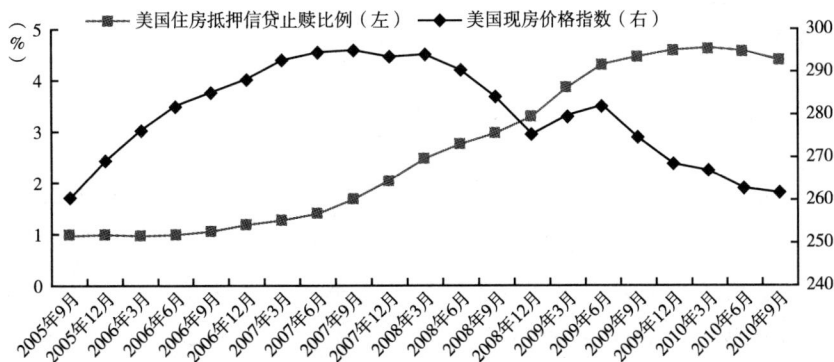

图 2 - 1　美国房地产市场低迷，价格走跌

资料来源：Bloomberg。

[①]　何德旭、郑联盛：《美国新一轮金融危机解析》，《理论前沿》2008 年第 23 期。
[②]　Martin Wolf, "The end of Lightly Regulated Finance has Come Far Closer", *Financial Times*, Sept. 18, 2008.

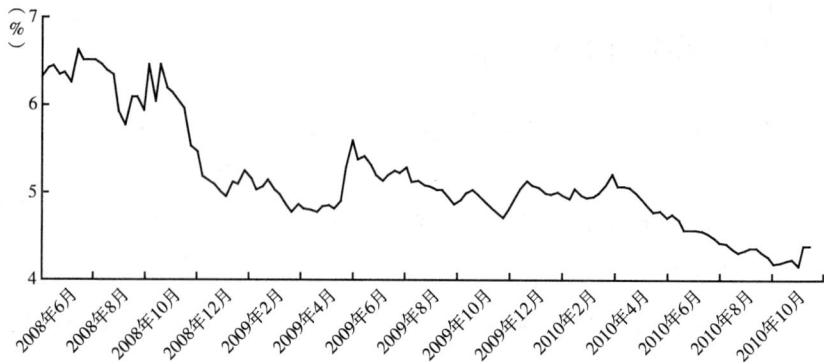

图 2－2　美国住房抵押贷款利率处于历史低位

资料来源：Bloomberg。

系统性危机爆发之后，全球金融市场和全球经济陷入混乱。国际金融市场出现大量的有毒资产，国际货币基金组织（IMF）估计为 4.1 万亿美元，占 2008 年全球 GDP 的 13%。[①] 问题资产的出现，使得大量金融机构资不抵债，金融机构进入破产高峰期。市场动荡直接导致全球消费者信心不足，全球需求大幅下挫，全球贸易急剧萎缩。全球经济随即进入 20 世纪 30 年代大萧条以来最困难阶段，美国经济则遭遇了 20 世纪 30 年代以来首次连续四个季度的衰退。

2.1.6　危机深化期

第五阶段是危机持续深化阶段。2009 年中期以来，美国和主要发达国家的房地产市场价格开始稳定并小幅反弹，国际金融市场特别是股票市场基本企稳回升，美国和全球经济也基本触底复苏。但是，金融危机的影响已经内化至全球经济之中，金融危机的冲击进入深化阶段。2009 年中期，欧洲小国希腊的债务问题开始显现，随后欧盟和欧洲中央银行强力声援，希腊问题暂告一个段落。2009 年 11 月，受国际短期资本退出和房地产价格大幅下挫，"中东明珠"迪拜发生主权债务危机，其三大"国有企业"之一的迪拜世界集团宣布延期偿还债务，迪

[①]　IMF, "World Economic Outlook", Jan., 2010.

拜整体债务达到1000亿美元。后来，阿拉伯联合酋长国的"老大"阿布扎比宣布救援迪拜，迪拜的债务危机逐渐趋缓。[①]

但是，一波未平一波又起，2009年中期暴露财政问题的希腊财政状况并未改善，其财政赤字GDP占比反而升至2009年底的12.7%，公共债务GDP占比高达113%。国际评级机构惠誉将其主权信用评级调低，希腊债务问题演化为债务危机。更严重的是，希腊危机之后，国际评级机构又对葡萄牙、意大利、爱尔兰和西班牙等欧盟国家（与希腊一起被称为PIIGS，"欧猪五国"）提出评级警告或负面评价，债务问题从希腊逐步扩散至欧盟其他国家，成为欧洲债务问题。欧盟27国中，有20个国家的债务水平超过了3%的国际警戒线水平。欧洲中央银行行长特里谢在2010年达沃斯论坛上指出，债务问题在欧洲等发达经济体中具有"普遍性"。

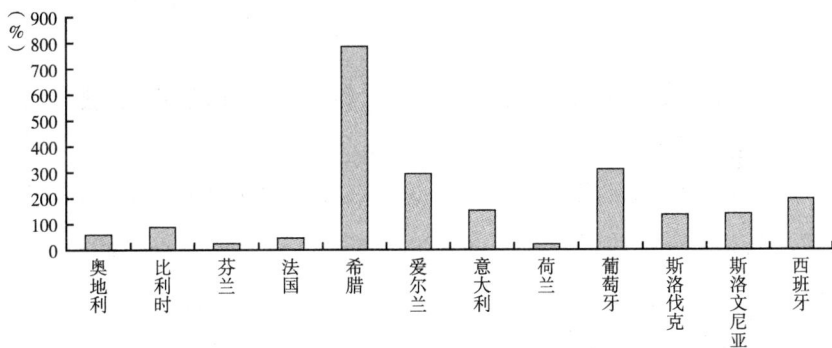

图 2 − 3 欧盟主要国家国债收益率—德国国债收益率（2010 年 12 月）

资料来源：原始收益率数据来自 Bloomberg，作者进行了各国国债收益率与德国的差值计算。

欧洲债务问题的影响扩散至全球，进而引发全球的广泛关注。[②] 欧洲债务问题的爆发根源之一，是欧洲国家为了应对金融危机而大肆扩大财政赤字。欧洲债务问题及其普遍性再次显示，美国金融危机对全球经

---

① 郑联盛：《迪拜、希腊"裸泳"戏弄世界》，《中国报道》2010 年第 1 期。
② 郑联盛：《欧洲债务问题：演进、影响、原因与启示》，《国际经济评论》2010 年第 3 期。

济的影响仍然在深化。更严重的是，不仅欧洲存在债务问题，美国、日本等债务问题也压力巨大（见图 2 - 4）。[①]

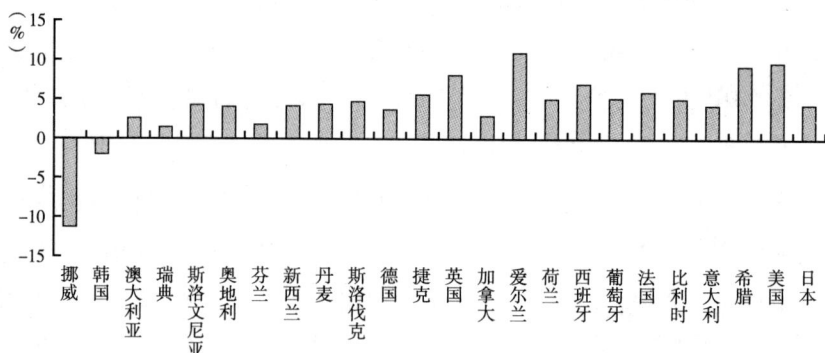

图 2 - 4　部分国家 2011 年财政赤字占 GDP 比例

资料来源：IMF。

2.2　美国金融危机、系统性风险和金融安全

　　美国金融危机系统性风险爆发点是 2008 年 9 月。9 月 7 日，美国政府担心系统性风险蔓延，宣布接管美国两大房地产信贷保险商——房利美和房地美，之后仅一周，美国第三大投行美林被美国银行收购，次日美国第四大投行雷曼兄弟宣布申请破产保护。危机进一步爆发，仅两日之后，AIG 被国有化。

　　系统性风险主要发生在系统重要性机构。美国接管"两房"主要源于"两房"的财务危机。但是，美国政府没有意识到"两房"的系统重要性，特别是其在债券市场的重要地位，尤其是在机构债券市场的核心地位。"两房"被国有化，使得机构债券以及整个债券市场出现恐慌，价格大幅下挫，引发了美林、雷曼兄弟等投资银行资产负债表的急剧恶化。美林和雷曼兄弟是美国金融体系极其重要的机构，也是重要的

---

① 郑联盛：《欧洲债务问题影响深远》，2010 年 5 月 5 日《人民日报》。

影子银行，其中，雷曼兄弟是美国债券市场（尤其是短期融资市场）的最大做市商。美林被收购，雷曼兄弟破产，直接导致美国短期融资市场功能几乎丧失，衡量全球短期流动性松紧指标之一的泰德利差（TED Spread）一夜之间飙涨 400 多个基点。美林和雷曼兄弟破产还引发影子银行体系的崩溃，进而冲击整个金融体系。美国国际集团（AIG）由于风险暴露濒临破产，被政府国有化，再次引发整个市场的溃败。系统性风险从"两房"引爆，被美林和雷曼兄弟等影子银行体系放大，再被 AIG 等巨型金融机构扩大，从而传染至整个金融体系，引发系统性危机。

"两房"被接管、五大投资银行三家倒下（美国银行和高盛随后也转为银行控股公司）、AIG 国有化，标志着美国次贷危机已经演化为新一轮金融危机，即美国金融体系的"系统性危机"。本轮金融危机是 20 世纪 30 年代大萧条以来最严重的金融经济危机，比 1987 年美国股灾、1998 年长期资本公司危机、2001 年网络泡沫以及 1990 年日本房地产泡沫、1997 年东亚金融危机等美国国内外的危机都要严重。美国新一轮金融危机不仅是流动性危机，更是偿付危机；不仅是房贷危机，更是一轮严重的系统性金融危机和经济危机。①

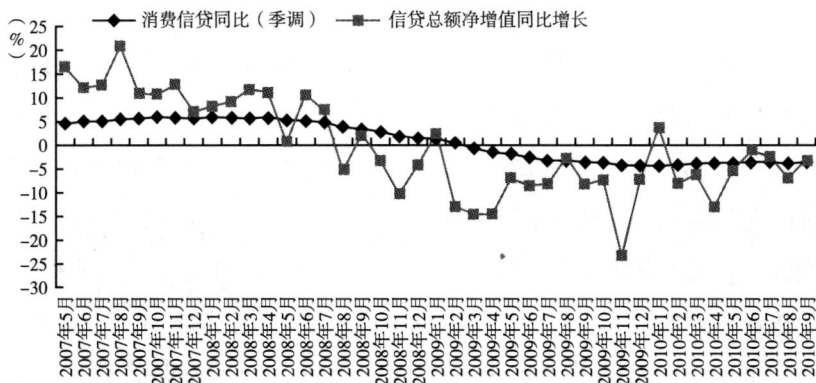

图 2 - 5　美国消费信贷在负区间徘徊

资料来源：Bloomberg。

_____

① Stiglitz, Joseph, "The Fruit of Hypocrisy", Sept. 16, 2008, http：//www.guardian.co.uk.

从美国新一轮金融危机发生、发展的各个阶段的特点看，该危机体现了美国房贷市场风险的不断转移、扩散和升级过程。金融风险首先起源于信贷机构的非审慎贷款和居民的过度消费与借贷。次贷危机爆发之后，信用风险转移至投资银行、商业银行、保险公司等，进而升级为金融体系的系统性风险。从地域看，金融危机从美国向全球传递，在主要经济体之间逐步深化，造成极为深远的负面影响，美国金融机构和金融市场成为引发全球性金融风险的源头。由次级住房抵押贷款问题引发的住房抵押贷款危机，逐步深化蔓延至承担房贷证券化和持有证券化产品的投资银行，投资银行纷纷破产直接导致商业银行和保险机构的资产负债表恶化，进而危及整个金融行业。随着危机的不断深化，金融危机从美国向全球传递，从金融部门向贸易和实体经济部门传递，成为全球性、系统性的金融、经济危机。[①] 同时也给国际金融市场和主要经济体的金融稳定和金融安全带来实质性的冲击，成为各主要经济体和国际组织保障金融安全的最主要冲击要素。

2.3 系统性风险与金融监管失败

金融部门作为市场经济最重要的一个载体，体现了理性人的秉性，追求利润最大化，潜在地可能产生市场失灵等重大问题。为此，加强对市场和金融部门的审慎监管，是保障市场稳定运行、防范出现重大市场失灵的有效方式。一般的，在任何一个金融体系中，金融监管都是保障金融体系和经济体系稳定持续发展的制度保障。不管是从理论分析出发，还是从现实要求出发，保持一定限度的有效监管是金融稳定的基础保障。

金融监管体系的基本职能包括保护消费者（特别是银行体系的储蓄者和金融市场的中小投资者）基本权益，维持金融市场的公平和信息透明，监管金融机构的稳健运行及安全以及确保整个金融体系的基本

---

① 何德旭、郑联盛：《美国金融危机与"大萧条"的历史比较与启示》，《中国社会科学院研究生院学报》2009 年第 1 期。

稳定等。但是，从美国次贷危机不断升级深化的过程看，美国金融监管当局监管有效性值得质疑，在金融机构稳健性、消费者保护以及整个体系的稳定性，特别是整个金融体系的系统性风险方面，美国金融监管当局没有发挥应有的监控和监管职能。反思金融危机的过程，系统性风险的监管缺失成为最为重大的监管失败。

2.3.1 美国金融监管体系的目标演进

本轮金融危机之前，美国金融监管体系实行的是以美联储为中心的伞形、双层、多头监管模式。该模式是以联邦政府和地方政府的监管机构为依托、以中央银行（美联储）为核心、各专业金融监管机构为构架的监管系统。在该监管体系下，"伞形"是凸显美联储的核心位置，对大部分的银行（及银行控股公司）拥有基本的监管权；"双层"分为联邦层和州政府层，两个层面都有相关的法律规范，并设有相应的金融监管机构；"多头"是美国联邦层面的金融监管机构。按职能区分，一个"头"基本对应一个监管行业，是美国针对分业经营模式设立的多个监管主体。

美国金融监管模式及其目标随美国金融体系的发展逐步演进，在不同的历史时期，金融监管的政策基础是有所差别的。[①]

1. 20 世纪早期至 20 世纪 50 年代：安全原则

在 20 世纪早期，频繁的金融危机对美国信用体系造成巨大冲击，使得银行体系的稳定与安全成为政府监管的政策目标。1907 年银行危机爆发之后，美国联邦政府出台了《联邦储备法》并建立了相应的监管体系，该法建立在安全性和稳定性的原则基础之上。根据 1907 年的《联邦储备法》，国民银行必须成为美联储的会员银行，各州的银行是否加入则自行决定，但是所有银行必须计提存款准备金。[②] 在 20 世纪

---

① 饶波、郑联盛、何德旭：《金融监管改革与金融稳定：美国金融危机的反思》，《财贸经济》2009 年第 12 期。

② 〔美〕保罗·霍维慈：《美国货币政策与金融制度》，谭秉文、戴乾定译，中国财政经济出版社，1980，第 65 页。

30 年代大萧条之后，美国政府逐步强化了金融监管的安全性原则，并出台了《格拉斯—斯蒂格尔法》，确定了美国分业经营和分业监管的法律基础。弗里德曼和舒瓦茨指出，大萧条造成的影响是极其深远的，这场历史性危机使得美国建立的金融监管规范不再鼓吹市场竞争而是立足稳健安全。[①]

2. 20 世纪 60～80 年代初期：效率优先

20 世纪 60 年代以后，美国监管体系的政策目标从安全第一向效率优先转移。由于金融创新的蓬勃发展，放松金融监管成为美国金融行业的内在需求，监管体系的政策基础随之从安全向效率倾斜。特别是 20 世纪 80 年代初期，美国更加强化市场效率原则，开始逐步放松金融管制、清除重组并购障碍和鼓励市场竞争。20 世纪 80 年代初期的金融管制放松是美国金融部门高度繁荣的重要推动力，金融行业逐步演化为美国经济的三大支柱之一。

3. 20 世纪 80 后期～90 年代末期：审慎监管

不过，美国金融体系的监管放松却导致金融体系风险的累积甚至引发金融危机，特别是 1987 年发生了严重的储贷危机，大量银行破产，金融体系陷入极大的混乱，是大萧条以后截至当时美国经历的最为严重的金融危机。储贷危机的爆发，使得美国金融监管体系重新向安全性倾斜，进入一个理性改革阶段，金融监管的立足点从效率优先转向安全和效率兼顾，即实行理性监管，将监管机构监管、市场约束和金融机构自律等三个要素相互有机地融合。[②] 当然，此时的监管主要体现为针对机构的微观监管，主要通过资本金标准来约束银行的风险，同时监管的重点仍然是商业银行。

4. 21 世纪以来：监管放松

实行一个相对审慎的金融监管制度，维系了美国金融体系的相对稳定和高度繁荣。但是，20 世纪 90 年代中后期以来，金融创新不断发

---

① Friedman, M. and Schwartz, A., *A Monetary History of the United States*: *1867 - 1960* (Princeton, NJ: Princeton University Press, 1963), 21 - 23.

② 项卫星、李宏瑾：《当前各国金融监管体制安排及其变革》，《世界经济》2004 年第 9 期。

展，资本市场的发展速度远远超过银行体系的发展，金融行业的经营模式发生实质性转变，混业经营的模式受到了资本市场主导型金融体系的青睐，美国、英国等原来实行分业经营的经济体开始谋划修改法律，转向混业经营模式。1999年，美国颁布了《金融服务现代化法》，改变了大萧条以来分业经营的市场模式，混业经营成为美国金融体系的经营模式。[①]

在混业经营模式的主导下，特别是网络泡沫之后，美国放松了金融监管，特别是针对微观金融主体的监管标准有所降低，监管力度亦有所放松。比如，房地产抵押贷款的标准不断下降，金融创新有力地实现了"监管套利"。次贷危机的爆发和升级显示，美国金融监管体系以安全和效率为目标的审慎监管并非是真正审慎。至少在金融机构和金融行为等微观层面，市场效率和赢利的重要性远远高于机构的稳健性和安全性，金融监管机构对微观主体的非审慎行为甚至采取"恶意忽视"的态度，而整个体系的稳定更没有得到任何实质性关注。[②]

2.3.2　美国金融监管的反思

从美国次贷危机的爆发和升级的残酷现实出发，美国伞形、双层、多头金融监管体系对金融风险的预警、披露、防范和应对并非有效，安全和效率并重的金融监管模式并没有达到政策框架的预定目标，同时美联储也没用发挥监管核心职能。住房抵押贷款标准的放松、金融创新的"监管套利"、金融机构微观监管的不足以及系统性风险的监管缺失等被认为是风险产生、暴露和升级的重大原因，也是监管失败的重要体现。[③]

---

① 易宪容：《美国金融业监管制度的演进》，《世界经济》2002年第7期。

② 〔美〕保罗·克鲁格曼著《萧条经济学的回归和2008年经济危机》，刘波译，中信出版社，2009，第109页。

③ Baily, Martin Neil, Douglas W. Elmendorf and Robert E. Litan, "The Great Credits Queeze: How it Happened, How to Prevent Another", Brookings Institution Discussion Paper, May. 21, 2008.

Goldstein, Morris, "The Subprime Credit Crisis: Origins, Policy Responses, and Reforms", Peterson Institute for International Economics, Dec., 2008.

即使美国相关专业监管机构具有相对明确的监管职能，也进行一些改革，但是，各个监管机构的监管职责存在一定不必要的重叠，还存在不少严重漏洞，最大的缺陷是缺乏统一监管者。总体而言，美国伞形、双层、多头监管体系在本轮金融危机中暴露出几个重大缺陷。

1. 缺乏系统性风险应对的制度安排

美国监管体系缺乏统一监管者和统一的系统性风险应对制度安排，无法防范系统性风险。美国伞形、双层、多头的监管体系下，没有任何单一金融监管机构拥有监控和应对市场系统性风险所必备的信息与权威，现有金融监管部门之间在应对威胁金融市场稳定的重大问题时缺乏必要的协调，[①] 因此无法应对系统性风险。美国前财长 Paulson 指出，美国金融监管体系几乎是几个专业的金融监管机构"拼凑而成"的，缺乏系统性风险防范和应对机制。[②]

2. 存在重大的监管死角

美国主要金融监管主体职能的僵化分工造成金融监管死角。比如，商业银行通过实施资产证券化，将表内业务转换为表外业务，将信贷风险由信贷市场转移到资本市场成为流动性风险。美联储和联邦存款保险公司没有针对表外业务的有效监管举措，同时证券业务由美国证交会监管，最后造成信贷市场和资本市场的监管体系僵化分割，无法有效识别和监管证券化的金融风险，造成风险的产生及累积。美国金融危机中的CDO（担保债务凭证）和 CDS（信用违约掉期）就是由于缺乏到位的监管而成为"金融海啸"的重要推动力。[③]

3. 监管有效性较低

美国金融监管有效性和效率较低，尤其是缺乏对金融控股公司和大型金融机构的有效监管。在全球化背景下和混业经营日益繁荣的条件下，美国并没有建立功能监管或者统一监管的标准和体系，没有改变其

---

① 赵静梅：《美国金融监管结构的转型及对我国的启示》，《国际金融研究》2007 年第12 期。

② Paulson, Henry, "Reform the Architecture of Regulation", *Financial Times*, Mar. 24, 2009.

③ 张明、郑联盛：《华尔街的没落》，中国财政经济出版社，2009，第34 页。

金融监管架构以提高监管的有效性。金融危机前的美国金融监管体系已经无法适应全球化、现代化的金融发展步伐，多头分散的监管体系对一些大型、复杂的金融机构的监管在一定程度上是低效的，从而缺乏对系统重要性金融机构的风险防范，这是系统性风险的重大根源之一。[①]

2.3.3 系统性风险监管缺失及其制度根源

在美国金融监管体系中，系统性风险的监管失败主要体现在三个方面：一是缺乏系统性风险的权威监管机构，美联储有系统风险管理之名，却无系统性风险应对之实，无法处在实际的监管核心地位，特别是对经济周期的内生性系统风险较不敏感，甚至美联储的一些政策还放大了周期效应，比如所谓的格林斯潘期权（Greenspan Put）；二是缺乏系统性风险的监管机制和协调机制，各专业监管机构只关注本行业的风险防范，而对于所在行业的机构的系统关联性和风险的系统性缺乏足够的重视和警惕，主要监管机构缺乏风险信息和总结，金融宏观审慎管理基本缺失；三是缺乏对系统重要性金融机构的有效监管，对系统重要性机构的冲击力缺乏足够的认识和应对措施。[②]

这种系统风险防范应对措施缺乏制度安排实际上是与美国金融监管体系和金融经营模式的制度性、系统性错配直接相关的。[③] 1999 年《金融服务现代化法》一改《格拉斯—斯蒂格尔法》的分业经营模式，确立了混业经营的金融经营模式，但分业监管的体系并没有相应进行调整，最后造成美国金融分业监管体系与其混业经营市场模式的制度性背离。

---

① Government Accountability Office of U. S, "Financial Regulation: A Framework for Crafting and Assessing Proposals to Modernize the Outdated U. S. Financial Regulatory System", GAO - 09 - 216, 2009, http://www.gao.gov/products/GAO - 09 - 216.

② Brunnermeier, Markus, Andrew Crocket, Charles Goodhart, Avinash D. Persaud and Hyun Shin, "The Fundamental Principles of Financial Regulation", Geneva Report on the World Economy 11.07, May, 2009.

③ 郑联盛、何德旭：《美国金融危机与金融监管框架的反思》，《经济社会体制比较》2009 年第 3 期。

从理论出发，分业经营模式向混业经营模式的转变建立在金融体系不确定性参数、风险回避系数、外部性因素和监管成本等减小的基础之上。① 但是，现实的情况和金融危机的爆发表明，混业经营的风险被低估了，主要没有考虑金融交叉业务导致的风险传染性是非线性的。

美国堪萨斯联储主席霍恩就认为，在新一轮的金融危机中，混业经营和分业监管的背离是危机爆发和升级的一个根本性的制度因素。这一制度错配造成了对风险的产生和积累，特别是形成了系统性风险之后，整个监管体系处于一种"近视"状态，根本无法有效察觉、防范和应对。②

2.4　强化金融宏观审慎管理的必要性

从美国金融监管的政策目标演进看，安全与稳定曾经是美国金融监管体系的重大目标，但是，从美国次贷危机的升级和爆发的现实冲击看，美国并没有真正实行基于安全与稳定的监管原则，甚至连微观层面的机构监管都是不到位的。从次贷问题演变为次贷危机、流动性危机、信用危机和系统性危机的升级过程看，美国金融监管的宏观审慎制度安排是严重缺失的。为此，强化金融宏观审慎管理，建立健全审慎监管框架是极其必要的，③ 以建立一种金融稳定的新机制。④

2.4.1　金融体系的顺周期性

从美国金融体系的几十年发展趋势看，美国金融部门与经济周期存

---

① 谢平、蔡浩仪：《金融经营模式及监管体制研究》，中国金融出版社，2003，第47页。

② Hoenig, Thomas M., "Maintaining Stability in a Changing Financial System: Some Lessons Relearned Again?" *Economic Review*, Federal Reserve Bank of Kansas City, First Quarter (2009): 1 - 18.

③ Caruana, Jaime, "Macroprudential Policy: Working Towards a New Consensus", Speech on Apr. 23, 2010.

④ Taylor, Charles, "Macro-prudential Regualtion and the New Road to Financial Stability", Speech at Chicago Federal Reserve Bank on Sept. 23, 2010.

在明显的顺周期性（或亲周期性），美国房地产抵押贷款就是在经济繁荣阶段不断放松膨胀，进而引发了信贷过度释放和流动性泛滥，催生了资产泡沫，引发了系统性危机；而在流动性紧缩阶段，金融机构的惜贷和流动性储藏行为，又进一步恶化了流动性紧张状况，导致金融紧缩风险急剧放大。为此，缓解甚至消除金融体系的顺周期性成为宏观政策或监管当局的重大任务，这实际上是通过金融宏观审慎管理解决金融风险在时间维度上的产生与累积，以规避潜在的系统性风险。

2.4.2　金融风险的空间传播

顺周期性是金融风险在时间轴上暴露的重要根源，而金融风险更为重大的冲击在于其在空间层面的传播，通过金融机构之间的内在关联以及不同金融领域的相互依存逐步扩散放大风险，更容易引发连锁反应，导致整个金融体系的系统性危机。

金融风险的空间传播可以分为两种方式：一是点到面的发射型传播；二是面到面的层递型传播。发射型传播主要体现为具有系统重要性金融机构对整个行业的重大冲击，比如雷曼兄弟作为最重要的短期债券做市商，其倒闭将导致整个短期债券市场的瘫痪。层递型传播又大致分为两种情况：第一种是金融风险从一个金融部门到另一个金融部门的传递，比如债券市场的危机导致美国国际集团陷入困境，从而引发保险市场的混乱；第二种层递型风险传播是从一个经济体到另外一个经济体，这实际上是在全球化下，金融风险全球分布与传染的体现，这种风险传递方式将导致系统性风险在全球层面的累积和爆发。

金融风险空间传播的阻断需要金融宏观审慎管理框架的政策应对。其一，金融宏观审慎管理必须出台应对具有系统重要性机构的监管举措，防止系统重要性机构对所在行业的冲击；其二，金融风险在不同金融部门的传递需要宏观审慎应对机制来阻断，比如债券市场崩塌之后，金融监管当局必须出台相应的流动性救助机制，合理适度放宽金融机构和整个体系的资本金要求，防止流动性紧缩从债券市场向其他市场扩散；其三，系统性风险在不同经济体的传播，需要不同经济体就风险防范和跨境传染进行监管合作，即宏观审慎管理的全球层面深度合作，这也是金融宏观审慎管理框架的应有内容。

2.4.3 影子银行体系的系统风险性

21世纪以来，全球金融体系的高度繁荣实际上是与金融市场中杠杆倍率大幅放大、投机交易规模急剧增长以及监管当局的"恶意漠视"[①]等直接相关。影子银行比传统商业银行的增长更快速，并游离于美国原有的金融监管系统之外，也不在美国最后贷款人机制的保护范围之内。

影子银行在美国金融危机中表现出严重的系统重要性问题。2007年初现端倪的次级住房抵押贷款问题，直接引发了影子银行的资产负债期限错配缺陷的爆发，从而产生了流动性危机，并逐步蔓延演化为大萧条以来最为严重的全球金融危机。[②]

影子银行体系可能引发系统性危机，本轮金融危机就是最好的例证。在美国资本市场主导的金融体系中，传统商业银行和其他储贷机构基于资产贷款的重要性逐步淡化，而其他可以采取杠杆操作的业务，比如自营业务、做市商、投资银行和风险管理等，却急速扩大。该体系下，影子银行由于受金融监管机构的监管相对有限，只需留存少量准备金（甚至没有留存准备金），资本运作的杠杆率很高，这样整个金融体系的杠杆率随之升高。[③] 影子银行由于金融创新、杠杆操纵和过度交易等带来的风险，自然地转移分散到金融市场的各个角落，这样影子银行体系的风险就演化为整个金融体系的风险。布鲁金斯学会 Baily 等指出，影子银行在信息不透明的条件下进行高杠杆操作，致使流动性更加脆弱，加上这些行为都是规避监管性质的金融活动，系统风险就被放大了。[④]

---

① 〔美〕保罗·克鲁格曼著《萧条经济学的回归和2008年经济危机》，刘波译，中信出版社，2009，第126页。

② 何德旭、郑联盛：《影子银行体系与金融体系稳定性》，《经济管理》2009年第23期。

③ Financial Services Authority, "A Regulatory Response to the Global Banking Crisis", Mar., 2009.

④ Baily, Martin Neil, Douglas W. Elmendorf and Robert E. Litan, "The Great Credits Queeze: How it Happened, How to Prevent Another", Brookings Institution Discussion paper, May 21, 2008.

　　影子银行体系的系统性风险的应对，亦需要宏观审慎监管框架的政策工具。宏观审慎管理并非排除微观审慎监管，相反，宏观审慎管理需要与微观审慎监管相互结合来维系整个金融体系的稳定性。对于影子银行体系的监管更将体现宏观审慎和微观审慎的结合。其一，影子银行体系一直游离于监管框架之外，必须实行必要的微观审慎监管，将影子银行及其市场纳入监管的框架之中；其二，由于影子银行体系规模不断扩大，重要性日益提升，宏观审慎框架将必须考虑其对金融体系中的交易、结算、清算等基础设施及制度的冲击，即必须考虑影子银行体系与市场及制度的相容性；其三，影子银行很多是大型复杂的金融机构，具有系统重要性，同样需要防范点到面、面到面的风险传递性，杜绝系统性风险的累积和爆发。

2.4.4　金融安全

　　金融体系在现代经济中扮演了极其重要的角色，是要素和资源配置的最基本机制，为此金融安全关系中金融稳定和经济社会的稳定。在全球金融危机之中，可以发现，在系统性危机的冲击下，金融稳定和金融安全受到了极大的冲击，为此，从金融安全的视角出发，也应该需要建立健全更加牢固的金融稳定机制。

　　宏观审慎管理框架是防范监管失败、应对顺周期效应带来的风险放大作用、大而不倒的系统性冲击以及影子银行体系等导致的系统性风险，保障金融稳定和金融安全的基础制度之一。

2.5　小结

　　美国次级住房抵押贷款问题引发的金融风险，最后导致爆发了大萧条以来最为严重的全球系统性金融危机。系统性的全球金融危机对全球经济的冲击是极其深刻的，导致全球经济的大幅衰退，同时金融危机对金融体系的影响也是深远的，引发了深层次的制度反思和改革。

　　美国金融危机的爆发和升级就是系统性风险不断累积、爆发和深化的过程，金融风险不断地从"房地产市场—房地产信贷市场—信贷市场—信用体系—整个金融体系—全球经济"这个链条延续传递并逐渐深化，演绎了次贷危机、流动性危机、信用危机、金融危机和全球性的金融危机。

美国金融危机的爆发存在多个层面的根源，其中，金融监管体系的责任不容忽视。从美国次贷危机的爆发和升级现实出发，美国伞形、双层、多头金融监管体系对金融风险的预警、披露、防范和应对并非有效，安全和效率并重的审慎监管并没有达到政策框架的应有职能，同时美联储也没用发挥监管核心职能。在危机中，美国金融监管体系暴露出无法跟随金融业发展步伐、无法防范系统性风险、存在重大监管缺失和监管有效性低下等重大缺陷，即美国没有一个完善的、结合微观审慎和宏观审慎的审慎监管框架。

为了防范系统性风险和类似金融危机的爆发，建立健全金融宏观审慎管理框架是必要的，具有重大的现实意义。金融主体的非审慎行为和金融体系的顺周期性不断累积或放大系统性风险，金融风险在空间层面的传递和放大，以及影子银行的微观和宏观监管缺失等都需要一个有力的审慎监管框架来应对。为此，监管当局的金融宏观审慎管理框架的建立和完善是应对金融危机应有的亡羊补牢之举，具有极大的紧迫性和必要性。

3

金融宏观审慎管理框架：
理论视角

反思金融危机，完善全球金融监管体系，特别是防范和应对系统性风险的累积和爆发成为国际社会一个重大任务。为此，巴塞尔银行监管委员会、国际清算银行、国际货币基金组织、金融稳定理事会等国际组织以及美联储、英格兰银行、欧洲中央银行等中央银行都致力于系统性风险的防范和应对，进行了实质性的金融监管改革，特别是加强了金融宏观审慎管理的建设与完善。据此趋势，金融宏观审慎管理成为宏观稳定和金融体系稳健的一个新的制度性基础。

宏观审慎（Macroprudential）在金融危机之后成为国际学术界和政策界一个热议的词汇，实际上，宏观审慎的概念已经产生了很长时间。在 20 世纪 70 年代末期，国际清算银行在针对国际银行业的整体风险中就采用了宏观审慎的概念。不过其后的一段很长时间内，宏观审慎并没有得到应有的重视，即使在国际清算银行和巴塞尔银行监管委员会，宏观审慎经常是作为轻描淡写的补充和完善。直到美国金融危机爆发之后，系统性风险的爆发，才引发世人对宏观审慎以及金融宏观审慎管理重要性和必要性的警觉。

"十二五"规划纲要立足金融危机的教训，特别强调要"构建逆周期的金融宏观审慎管理制度框架"。中国人民银行针对性地提出了金融宏观审慎管理制度框架的主要内核。不过，国内学术界对宏观审慎和金融宏观审慎管理的讨论仍然处于较为初步的阶段，深入领会金融宏观审慎管理及其制度框架是非常必要的。

本章将就金融宏观审慎管理及其制度框架进行一个理论探讨。第一部分探讨宏观审慎的由来及其定义，明确金融宏观审慎管理的范畴。第二部分区分宏观审慎管理与微观审慎监管的异同，特别是对金融体系整体稳定性的影响。第三部分主要讨论金融宏观审慎管理与宏观经济政策（特别是货币政策）的关联，及其在经济金融体系稳定性中的不同职能。第四部分将重点讨论系统性风险的产生、累积和爆发，及其对金融宏观审慎管理的要求。第五部分讨论金融宏观审慎管理框架的制度安排和政策工具等。

3.1 宏观审慎与金融宏观审慎管理

1979 年 6 月，库克（Cooke）委员会（即巴塞尔银行监管委员会的前身）首次提出"宏观审慎"的概念。① 当时主要针对的是国际银行业快速发展的风险管理问题。委员会认为，国际银行业蓬勃发展，需要关注和警惕国际银行业整体的安全性，需要采取宏观审慎的视角加以关注。不过，当时库克委员会提及的"宏观审慎"也只是一个初步的概念。

宏观审慎的概念提出之后，实际上并没有得到实质性的运用，而且其内涵随着不同情境的变化而不同。比如，国际清算银行（BIS）将其主要应用在国际银行业。② 而国际货币基金组织（IMF）将这个概念用于资产市场。③ 在美国金融危机爆发之后，宏观审慎则主要针对系统性风险的应对。国际社会认为，建立健全宏观审慎政策，特别是加强金融监管④

---

① BIS，"The Term 'Macroprudential: Origins and Evolution'"，BIS Quarterly Review，Mar.，2010.

② BIS，"Recent Innovations in International Banking，Report Prepared by a Study Group Established by the Central Banks of the G10 Countries"，Basel，Apr.（Cross Report），1986.

③ IMF，"Macroprudential Indicators of Financial System Soundness"，Occasional Papers，No. 192，Apr.，2000.

④ Group of Twenty，"Enhancing Sound Regulation and Strengthening Transparency"，G20 Working Group 1，Mar. 25，2009.

以及金融宏观审慎管理是防范和应对系统性风险的重要基础保障。[①]

中国同样关注宏观审慎政策。"金融海啸"爆发之后，中国人民银行《2009 年第三季度货币政策执行报告》首次提出"要将宏观审慎管理制度纳入宏观调控政策框架"。其后中国人民银行在不同场合都强调要研究建立宏观审慎管理制度，有效防范并化解各种金融风险，并在 2010 年《中国金融稳定报告》中进行了详细论述。"十二五"规划纲要针对金融体制改革指出，要"构建逆周期的金融宏观审慎管理制度框架"，将此前关于宏观审慎的讨论提升到政策议程的高度上。中国人民银行[②]、中国银行业监督管理委员会[③]等金融监管当局以及众多学者[④]都进行了较为深入的研究。

3.1.1 国外研究进展

宏观审慎定义的产生是在 1979 年库克委员会讨论国际银行业信贷和期限转换的研讨中产生的。[⑤] 但是，其后近 40 年，学术界和政策界对宏观审慎的研究和理解相当不足。2008 年，"金融海啸"之后，特别是 G20 伦敦金融峰会首度提出审慎政策，其中主要是宏观审慎管理政策。[⑥] 宏观审慎框架旋即成为国际社会的重大关注。学术界和政策界对此进行了较为深入和广泛的研究。

G20 在宏观审慎政策框架的实践中扮演了核心角色。自 G20 伦敦金融峰会提出审慎政策框架之后，G20 成立工作组进行基于国别的政策研究，[⑦]

---

① Brunnermeier, M., A. Crockett, C. Goodhart, M. Hellwig, A. Persaud and H. Shin, "The Fundamental Principles of Financial Regulation", Geneva Reports on the World Economy, No. 11, 2009.

② 周小川：《金融政策对金融危机的响应——宏观审慎政策框架的形成背景、内在逻辑和主要内容》，周小川 2010 年 12 月 15 日在北京大学的讲演，见中国人民银行网站：http://www.pbc. gov.cn/publish/goutongjiaoliu/524/2011/20110104191901596935544/201101041919 01596935544_ .html。
张晓慧：《从中央银行政策框架的演变看构建宏观审慎性政策体系》，《中国金融》2010 年第 23 期。

③ 李文泓：《银行业金融宏观审慎管理：思路和政策框架》，《中国金融》2010 年第 13 期。

④ 夏斌：《宏观审慎管理：框架及其完善》，《中国金融》2010 年第 22 期。

⑤ BIS, "The Term 'Macroprudential: Origins and Evolution'", BIS Quarterly Review, Mar., 2010.

⑥ G20, "Declaration on Strengthening the Financial System", London, Apr. 2, 2009, http:// www. g20. org/pub_ communiques. aspx.

⑦ The G20 Seoul Summit Leaders' Declaration, November11 - 12, 2010, http://www. g20. org/ pub_ communiques. aspx.

并要求国际清算银行及巴塞尔银行监管委员会、国际货币基金组织以及
金融稳定理事会等机构进行相关的研究。在 G20 和各国政府的推动下，
学术界的研究也日益兴起。

在宏观审慎框架及金融宏观审慎管理必要性的研究中，政策当局的
研究占据了主导地位。发端于美国次贷市场的系统性金融危机的重大根
源是监管失败，[①] 为此，需要加大金融体系和金融监管体系改革的力
度，[②] 建立健全金融宏观审慎管理框架。系统性风险的衍生机制以及防
范，是宏观审慎政策和金融宏观审慎管理的最主要任务，[③] 应该建立相
关宏观审慎政策框架，包括金融宏观审慎管理加以应对，[④] 运用审慎政
策框架保障金融体系的系统稳定性。[⑤] 在政策层面的意愿和研究的主导
下，学术界也进行了较为深入的研究。[⑥]

系统性风险的演进和应对是宏观审慎框架研究的核心。美联储主席
伯南克就指出，减少系统性风险是金融监管当局的重大职能。[⑦] 系统性风

① IMF, "World Economic Outlook", Jan. , 2010.
Brunnermeier, Markus. , Andrew Crocket, Charles Goodhart, Avinash D. Persaud and Hyun Shin, "The Fundamental Principles of Financial Regulation", Geneva Report on the World Economy 11. 07, May. , 2009.
European Central Bank, "Financial Stability Review", Jun. , 2009.
② Turner, P. , "Macroprudential Policies and the Cycle", Special report for The Financial Stability Board: An Effective Fourth Pillar of Global Economic Governance, 2010.
King, Mervyn, "Banking: From Bagehot to Basel, and Back Again", Speech on the second Bagehot Lecture Buttonwood Gathering, New York, on Oct. 25, 2010.
③ Bernanke, Ben, "Reducing Systemic Risk", Speech at the Federal Reserve Bank of Kansas City's Annual Economic Symposium, Jackson Hole, Wyoming, 2008.
Financial Stability Board and Basel Committee on Banking Supervision, "Assessing the Macroeconomic impact of the Transition to Stronger Capital and Liquidity Requirements", Aug. , 2010.
④ G20, "Declaration on Strengthening the Financial System", London, Apr. 2, 2009, http://www.g20.org/pub_ communiques.aspx.
⑤ Financial Stability Forum, "Report of the Financial Stability Forum on Addressing Procyclicality in the Financial System", Apr. 2, 2009.
⑥ Borio, C. , "Towards a Macroprudential Framework for Financial Supervision and Regulation?" BIS Working Papers No. 128, Feb. , 2003.
Hanson, S. , A. Kashyap and J. Stein, "A Macroprudential Approach to Financial Regulation", http://www.economics.harvard.edu/faculty/stein/files/JEP - macroprudential - July22 - 2010.pdf.
⑦ Bernanke, Ben, "Reducing Systemic Risk", Speech at the Federal Reserve Bank of Kansas City's Annual Economic Symposium, Jackson Hole, Wyoming, 2008.

险一般是指对整个金融体系和宏观经济造成巨大冲击的风险,[1] 系统性风险的根源一般分为时间维度和空间维度。[2] 从时间维度出发,主要是研究金融体系的顺周期效应及其带来的金融风险,[3] 需要采取资本缓冲、动态拨备、会计准则调整以及评级机构监管等金融宏观审慎管理举措,[4] 当然货币政策中的利率调整是更为基础的逆周期政策。[5] 从空间视角出发,主要需要考虑"大而不倒"效应[6]或系统重要性机构,[7] 以及影子银行体系[8]两个方面的问题。在"大而不倒"效应或系统重要性机构的研究中,主要是基于这些大型复杂机构的规模、集中度（可替代性）和内在关联度等方面进行研究,并出台相应的金融宏观审慎管理措施,包括拆分大型机构、追加额外的资本金要求以及强化微观审慎监管指标等。在影

---

[1] ECB, "Systemic Risk: A Survey", Working Papers, No. 35, 2000.

Goodhart, C., "The Definition and Control of Systemic Financial Risk", Presentation at the Workshop om Towards a New Framework for Monetary Policy? Lessons from the Crisis, Netherland Bank, Sep. 21, 2009.

[2] BIS, Annual Report, June 2001BIS, "Addressing Financial System Procyclicality: A Possible Framework", Apr., 2009.

[3] Bliss, Robert and George Kaufman, "Bank Procyclicality, Credit Crunches, and Asymmetric Monetary Policy Effects: A Unifying Model", *Journal of Applied Finance*, Fall and Winter (2003): 23 – 31.

[4] BIS, "Macroprudential Instruments and Frameworks: A Stocktaking of Issues and Experiences", CGFS Papers No. 38, May., 2010; BIS, "Addressing Financial System Procyclicality: A Possible Framework", Apr., 2009.

[5] Bank of England, "The Role of Macroprudential Policy", Nov., 2009.

[6] Hetzel, Robert L., "Too Big to Fail: Origins, Consequences, and Outlook", *Economic Review*, Federal Reserve Bank of Richmond, Nov./Dec., 1991.

Hellwig, M, "Systemic Aspects of Rrisk Management in Banking and Finance", *Swiss Journal of Economics and Statistics*, 131 (1995): 723 – 737.

Goldstein, Morris and Nicolas Verson, "Too Big to Fail: The Transatlantic Debate", Paper for Conference on Transatlantic Relationships in an Era of Growing Economic Multipolarity, Peterson Institute for International Economics, Oct., 2010.

[7] Rajan, Raghuram G. and Eric Gleacher, "Too Systemic to Fail: Consequences, Causes and Potential Remedies", the Senate Banking Committee Hearing on May. 6, 2009.

G20, "Guidance to Assess the Systemic Importance of Financial Institutions, Markets and Instruments: Initial Considerations", Report to G20 Finance Ministers and Governors by IMF, BIS and Financial Stability Board, Oct., 2009.

James B. Thomson, "On Systemically Important Financial Institutions and Progressive Systemic Mitigation", Federal Reserve Bank of Cleveland, Discussion Paper No. 27, 2007.

[8] McCulley, Paul, "Teton Reflections", PIMCO Global Central Bank Focus, Aug./Sept., 2007.

子银行体系中主要针对影子银行的高杠杆率、高脆弱性和监管套利等，特别是影子银行体系模糊了分业监管的界限，从而产生监管失败，对此，金融宏观审慎管理需要填补监管漏洞、提高监管标准，对大型机构进行额外的审慎监管等。①

美欧在宏观审慎管理框架的研究和实践在全球处于领先地位。本轮金融危机之后，美欧就对其金融监管体系的监管失败进行了深入的反思。② 美国、英国和欧盟等经济体开始着力进行金融体系改革，特别是宏观审慎管理体系的建立健全。③ 对于美国而言，从 2008 年底至 2010 年 7 月，美国金融监管体系改革在微观审慎监管的加强、宏观审慎管理体系的建立与完善以及消费者保护等方面取得了重大进展。其中宏观审慎管理和系统性风险防范是美国金融监管体系改革的核心，建立了金融稳定监察委员会，扩展了美联储的统一监管权，加强了对系统重要性机

① Geithner, Timothy F., "Reducing Systemic Risk in a Dynamic Financial System", Federal Reserve Bank of New York, June. 9, 2008.

Gorton, Gray and Andrew Metrick, "Regulating the Shadow Banking System", Brooking Working Paper, Sep., 2010.

② Baily, Martin Neil, Douglas W. Elmendorf and Robert E. Litan, "The Great Credits Queeze: How it Happened, How to Prevent Another", Brookings Institution Discussion Paper, May. 21, 2008.

Paulson, Henry, "Reform the Architecture of Regulation", *Financial Times*, Mar. 24, 2009.

Hoenig, Thomas M., "Maintaining Stability in a Changing Financial System: Some Lessons Relearned Again?" *Economic Review*, Federal Reserve Bank of Kansas City, First Quarter (2009): 1 – 18.

Goldstein, Morris, "The Subprime Credit Crisis: Origins, Policy Responses, and Reforms", Peterson Institute for International Economics, Dec., 2008.

Government Accountability Office of U. S., "Financial Regulation: A Framework for Crafting and Assessing Proposals to Modernize the Outdated U. S. Financial Regulatory System", GAO – 09 – 216, 2009, http://www. gao. gov/products/GAO – 09 – 216.

Brunnermeier, Markus, Andrew Crocket, Charles Goodhart, Avinash D. Persaud and Hyun Shin, "The Fundamental Principles of Financial Regulation", Geneva Report on the World Economy 11. 07, May., 2009.

③ Bernanke, Ben, "Financial Regulation and Financial Stability", Speech at the Federal Deposit Insurance Corporation's Forum on Mortgage Lending for Low and Moderate Income Households, Arlington, Virginia, Jul. 8, 2008.

The Dodd-Frank Wall Street Reform and Consumer Protection Act, http://banking. senate. gov/public/_ files/070110_ Dodd_ Frank_ Wall_ Street_ Reform_ comprehensive_ summary_ Final. pdf.

Financial Services Authority: A Regulatory Response to the Global Banking Crisis, Mar., 2009.

构和设施的宏观审慎管理，创立了"沃尔克法则"等。一定程度上，美国宏观审慎管理体系改革改变了美国分业监管的模式。欧洲宏观审慎管理改革的进展主要体现在欧盟层面，欧盟宏观审慎管理的主要进展有三个方面：一是建立泛欧的系统性风险应对机制，成立欧洲系统性风险委员会；二是建立欧盟金融监管系统，成立三个监管实体；三是强化微观审慎的监管指标。①

3.1.2　国内研究进展

全球金融危机爆发之后，虽然危机对中国金融体系造成的直接冲击相对有限（除股市外），但是，美欧金融监管失败给中国的金融体系和监管体系提供了警示，中国也积极思考金融危机爆发的根源以及防范机制。② 更重要的是，中国的金融当局对本轮金融危机的产生、发展以及对中国的影响，特别是美国金融危机之后的中国政策应对和金融体系改革进行了深入的研究。③

---

① European Commission, "Proposals For A Regulation of the European Parliament and of the Council on Community Macro prudential Oversight of the Financial System and Establishing A European System Risk Board", Sept. 23, 2009.

② 余永定：《美国次贷危机：背景、原因与发展》，《当代亚太》2008 年第 5 期。
何德旭、郑联盛：《美国新一轮金融危机解析》，《理论前沿》2008 年第 23 期。
郑联盛：《美国金融危机与大萧条的历史比较》，《国际经济评论》2009 年第 1 期。
何德旭、郑联盛：《金融危机：演进、冲击与政府应对》，《世界经济》2009 年第 9 期。
何德旭、郑联盛：《影子银行体系与金融稳定》，《经济管理》2009 年第 23 期。
张明：《美国金融危机的根源、演进及前景》，《世界经济与政治》2008 年第 12 期。
张明：《金融危机的发展历程与未来走势》，《国际经济评论》2009 年第 3 期。
张明、付立春：《次贷危机的扩散传导机制研究》，《世界经济》2009 年第 8 期。
中国社会科学院"国际金融危机与经济学理论反思"课题组：《国际金融危机与凯恩斯主义》，《经济研究》2009 年第 11 期。
中国经济增长与宏观稳定课题组，《全球失衡、金融危机与中国经济的复苏》，《经济研究》2009 年第 5 期。

③ 周小川：《关于储蓄率问题的若干观察与分析》，《中国金融》2009 年第 4 期。
周小川：《关于改革国际货币体系的思考》，《中国金融》2009 年第 7 期。
刘明康：《迎难而上，坚持创新，推动银行业科学发展》，《国际金融》2009 年第 1 期。
尚福林：《在应对挑战中促进资本市场科学发展》，《求是》2009 年第 2 期。
吴定富：《金融危机下的中国保险业：监管与发展》，《中国金融》2009 年第 9 期。
朱光耀：《国际金融危机的起因、特点、影响和我们的对策》，《中国财政》2008 年第 23 期。

在金融监管体系改革方面，特别是金融宏观审慎管理改革的研究中，中国的金融稳定和监管当局成为主导力量。中国金融监管当局积极参与了 G20 和主要国际组织的金融监管改革进程，同时也进行较为深入的专业性研究。其中，中国人民银行对金融宏观审慎管理的政策框架进行了较为系统的研究和论述，并提出了较多的政策建议。[①] 中国银行业监督管理委员会在建立银行业金融宏观审慎管理框架方面的研究也取得了长足的进展，特别是在逆周期的研究方面取得了较大的成果，并提出了较为科学的政策建议。[②]

国内学者对金融宏观审慎管理的研究也逐步兴起。一方面，国内的研究主要体现在美国和欧洲宏观审慎管理框架改革的进展介绍方面；另一方面，结合国内监管体系的实际和金融发展的需要，提出了较多的具有建设性的改革建议，特别是在金融宏观审慎管理框架的建立健全等方面取得了显著的研究进展。[③]

[①] 中国人民银行：《2009 年第三季度货币政策执行报告》，2009 年 11 月 11 日。

周小川：《金融政策对金融危机的响应——宏观审慎政策框架的形成背景、内在逻辑和主要内容》，周小川 2010 年 12 月 15 日在北京大学的讲演，见中国人民银行网站：http://www. pbc. gov. cn/publish/goutongjiaoliu/524/2011/20110104191901596935544/2011010419190 1596935544_. html。

周小川：《建立更加完善的金融宏观审慎政策框架》，《中国金融》2011 年第 1 期。

[②] 中国银行业监督管理委员会：《2009 年年报》，2010 年 6 月 15 日。

李文泓：《关于金融宏观审慎管理框架下的逆周期政策的探讨》，《金融研究》2009 年第 10 期。

李文泓、罗猛：《关于我国商业银行资本充足率顺周期性的实证研究》，《金融研究》2010 年第 2 期。

[③] 李扬等主编《金融危机背景下的全球金融监管改革》，社会科学文献出版社，2010。

周宏：《从美国金融危机看加强金融监管的迫切性》，《求是》2009 年第 9 期。

朱小川：《次贷危机后美国金融监管制度改革方案评析》，《中国金融》2009 年第 10 期。

李文泓、陈璐：《美国、欧盟和英国金融监管改革方案比较：措施、展望与启示》，《中国金融》2009 年第 20 期。

谢平、邹传伟：《金融危机后有关金融监管改革的理论综述》，《金融研究》2010 年第 2 期。

王兆星：《国际银行监管改革对我国银行业的影响》，《国际金融研究》2010 年第 3 期。

郑联盛、何德旭：《美国金融危机与金融监管框架反思》，《经济社会体制比较》2009 年第 3 期。

饶波、郑联盛、何德旭：《金融监管改革与金融稳定：美国金融危机反思》，《财贸经济》2009 年第 12 期。

3.1.3　宏观审慎的含义

1. 宏观审慎的原始含义

从现有的文献看，宏观审慎首次应用于 1979 年的库克委员会（即巴塞尔银行监管委员会前身）。该委员会于 1979 年 6 月 28～29 日讨论国际银行业信贷数据采集和期限转换时认为：委员会关注的微观经济问题开始演化为宏观经济问题，相应的，微观审慎应开始转变为宏观审慎，为此，委员会对宏观审慎问题需要有直接的关注，即微观审慎和宏观审慎都是委员会的职能范畴。[①]

对于宏观审慎，国际清算银行将其主要应用于国际银行业的风险规范上。国际清算银行认为，随着国际银行业的快速发展，宏观风险与国际银行市场本身的性质是相关的，因为在这个全球体系中，国际银行业联系着原始的借款人和最终的贷款人。一个银行的流动性困难可能使得整个国际银行体系出现流动性紧张，这种风险爆发的可能性并不必然是在单个银行的风险管理视野之内，银行资产负债表的期限结构也可能无法显示和防范这样的风险，银行自身的风险管控也无法覆盖银行业整体性风险。

针对国际银行业可能出现的整体风险，国际清算银行指出，对于约束国际银行业信贷投放的无序扩张，采用宏观审慎政策将是一个很好的替代和补充方式，特别是相对于单一银行的微观审慎监管政策而言。宏观审慎政策主要关注于银行业整体业务的稳健性和对储户的保护，通过强化整体性监管，即基于微观审慎监管的原则，同时以更加广泛的视角相匹配，即所谓的宏观审慎。由于宏观审慎考量市场整体而不是单一机构的风险承受问题和监管，为此已经不是一个微观审慎问题。

从国际清算银行提出的宏观审慎概念看，它大致具有以下几个重要特征。其一，其主要目的是防范国际银行业因信贷无序扩张以及国际银

[①]　BIS, "The Term 'Macroprudential: Origins and Evolution'", BIS Quarterly Review, Mar., 2010.

行业的内在关联性而可能引发的系统性风险；其二，宏观审慎政策与微观审慎的原则是相融合的，但是已经超越单一机构的范畴；其三，宏观审慎的主要政策工具是监管，即此时的"宏观审慎政策"基本可以与"宏观审慎监管"相等同。

2. 宏观审慎含义的演进

20世纪70年代末宏观审慎提出之后并没有受到学术界和政策界应有的重视，包括国际清算银行在内的国际组织并没有给出明确的宏观审慎的定义和范畴。宏观审慎的内在含义随着金融体系的发展而变化。

在20世纪80~90年代，金融创新的风险防范一度成为宏观审慎的内在含义。1986年的Cross报告虽然仍然关注国际金融业的过度信贷，但实际上政策的关注重点已经倾向基于国际银行业金融创新所衍生的金融风险的宏观审慎应对举措，即在于提高更加广泛范围的金融体系以及支付清算体系的安全性和稳定性。该报告详细列举了衍生品市场和证券化可能引发系统性风险的七个因素：监管套利、风险定价过低、流动性高估、风险集中、支付清算体系过载、市场脆弱性以及整体债务水平不断上升。[①]

1992年，国际清算银行另一篇报告（Promisel Report）将关注的重点偏向了非传统市场中银行的内在关联性，特别是衍生品市场，研究银行体系内部在非传统市场不同环节的内在关联性及其可能产生的宏观层面的风险和影响。[②]

20世纪90年代末期以来，宏观审慎主要关注金融体系的整体稳定。20世纪80~90年代中期，主要关注银行业的宏观审慎及其政策并没有受到应有的重视，主要经济体基本没有所谓的宏观审慎政策框架。1997年东亚金融危机之后，由于危机从货币市场向金融市场以及实体经济的迅速传染并向东亚地区蔓延，使得国际社会开始警惕单一经济体

---

① Committee on Banking Regulations and Supervisory Practices, "Report on the Use of Certain Prudential Measures to Contrain the Growth of Banks' International Lending" (Cross Report), Feb., 1980.

② BIS, "Recent Development in International Bank Relations", Sept., 1992.

的系统关联性，羊群效应等市场溃败机制研究开始广泛出现于学术界。[1] 宏观审慎在东亚金融危机之后开始应用于银行体系的风险应对之外，还应用于地区经济体系之中。IMF 指出，东亚金融危机显示金融监管是存在重大缺失的，为了弥补这样的失误，需要在微观和宏观层面作出具有针对性的应对和改革。[2] 其后，IMF 认为宏观审慎政策需要更加完善的监控机制来评估和应对金融体系的脆弱性，并建立了宏观审慎指标（Macroprudential Indicators）。[3]

不过，在东亚金融危机之后，东亚经济体实现了卓有成效的改革、转型及升级，而且全球经济处在一个长波繁荣阶段，美国网络泡沫之后也迎来了新一轮繁荣，全球经济和国际金融市场进入一个快速发展和繁荣阶段，金融风险被广泛低估或漠视，宏观审慎也没有受到学术界和政策界的关注。

3. 全球金融危机后的宏观审慎

由美国次贷问题引发的全球金融危机，重创了全球金融体系和全球经济体系，系统性风险和宏观审慎政策成为国际社会的重大议题。对宏观审慎政策的研究开始兴起并不断深入，学者、国际金融组织和政策决策主体等成为这场讨论的重要参与者。

在国际社会方面，G20 峰会是宏观审慎政策框架形成的主要推动力量。2009 年 4 月，G20 伦敦峰会首度提出宏观审慎政策框架，此后每次 G20 峰会都将宏观审慎作为一个重要内容写入峰会公报。2010 年 11 月在韩国首尔召开的 G20 峰会，正式批准了"宏观审慎政策框架"的基础性内容，各个成员国家都需要贯彻执行此框架。

宏观审慎是从宏观层面关注系统性风险的。全球金融危机的重大教训之一就是系统性风险的产生、累积和爆发的防范与应对需要强化，而

---

[1] IMF, "Financial Crisis: Causes and Indicators", World Economics Outlook, May., 1998. Allen, F. and Gale, D., "Financial Contagion", *The Journal of Political Economy*, 108 (2000): 1 – 33.

[2] IMF, "Towards a Framework for a Sound Financial System", Jan., 1998.

[3] IMF, "Macroprudential Indicators of Financial System Soundness", IMF Occasional Papers, No. 192, Apr., 2000.

宏观审慎政策将是系统性风险应对的核心举措。系统性风险产生和累积是宏观审慎框架研究的核心内容之一。

国际清算银行在系统性风险的研究中处在前沿位置。国际清算银行指出了系统性风险产生的两个维度：时间维度和空间维度。[①]

时间维度（Time Dimension）是指金融风险在时间维度上的演进过程，特别是在经济周期中金融体系和实体经济如何相互作用并放大风险，即金融体系的顺周期性。

空间维度（Cross-Sectional Dimension）是指在特定时点上，风险是如何在不同经济部门间传染的，即从跨部门视角研究风险，主要关注具有相似风险暴露的机构以及内在联系性，并关注金融体系的风险如何向其他部门传染。详细而言，空间维度可以分为三种情况：一是点到面的风险传递，即从单一机构向整个部门的传染；二是面到面的传染，即金融部门向其他部门的传染；三是跨境传染。这三种情况虽然涉及的主体对象不一样，但都具有"系统重要性"的秉性。为此，空间维度实际上是关注系统重要性风险"点"或"面"可能引发的系统性危机。

从本轮金融危机的经验教训出发，宏观审慎以防范系统性风险为根本目标，将金融体系作为一个统一的整体，既防范金融行业内外关联可能导致的风险传染，又关注金融体系在跨经济周期中的风险累积，从而有效管理整个金融体系的风险，维系金融体系的安全性和稳定性。

3.1.4 宏观审慎监管

从国际清算银行提出的宏观审慎概念出发，加强宏观审慎实际上相当于加强银行体系在宏观层面的安全性和稳定性，主要的政策措施就是强化宏观层面的监管，一定意义上，宏观审慎政策与宏观审慎监管的内容是基本相同的。

[①] BIS, Annual Report, "Addressing Financial System Procyclicality: A Possible Framework", Apr. , 2009.

当然，从定义出发，宏观审慎政策实际上融合了微观审慎政策，为此，宏观审慎监管也融合了微观审慎监管。国际清算银行的宏观审慎一定程度上是基于微观审慎的基础，Cross 报告指出，宏观审慎政策需要与微观审慎政策的基本原则保持一致。[①]

在政策举措方面，国际清算银行在不同的历史时期对宏观审慎的政策工具的界定和区分是不完全一致的，只是笼统地认为需要在宏观层面加强监管，确保国际银行体系的整体稳定和安全。在监管指标上，取得最大进展的就是巴塞尔银行监管委员会，该委员会制订了银行业监管的资本协议，成为国际银行业监管的标杆，特别是巴塞尔资本协议 II 成为了很多经济体银行业监管的蓝本。中国也是巴塞尔资本协议 II 的缔约方，基本按该协议的政策框架来监管银行业。

G20 是建立宏观审慎政策框架的主要推动力量，其宏观审慎政策主要是指宏观审慎监管。2009 年 4 月，G20 伦敦峰会首次提出审慎政策（Prudential Policy）。[②] 政策的内容绝大部分是与金融监管相关：一是保持最低资本充足率水平不变；二是根据经济条件不同，高于最低资本充足率的资本缓冲允许适度下降以匹配借贷需求；三是如果经济复苏确立，审慎监管标准需要强化；四是金融稳定理事会、巴塞尔银行监管委员会等需对逆周期政策提出政策建议；五是要求基于风险的资本要求需采取简单、透明、风险中立原则，并适当考虑表外风险暴露；六是巴塞尔银行监管委员会和各国监管当局需要强化证券化的风险管理；七是G20 国家需要有效推进巴塞尔资本协议 II 的改革；八是巴塞尔银行监管委员会和各国监管当局应对包括跨境金融机构在内的机构的流动性缓冲机制作出安排。这八个方面的安排既有微观指标，也有宏观审慎安排，但都是集中在金融监管方面。此时，宏观审慎政策可以与宏观审慎监管

---

① Committee on Banking Regulations and Supervisory Practices, "Report on the Use of Certain Prudential Measures to Contrain the Growth of Banks' International Lending" (Cross Report), Feb., 1980.

② Declaration on Strengthening the Financial System-London, Apr. 2, 2009, http://www.g20.org/pub_ communiques.aspx.

相等同。

为了应对系统性危机，防范监管缺失造成的系统风险，G20 伦敦峰会对监管范畴（The Scope of Regulation）也作出了系统的安排，要求所有具有系统重要性的金融机构、市场和工具需要纳入适度的监管范畴：一是将传统银行、影子银行和私人股权基金等机构可能累积的宏观风险纳入监管体系；二是大型复杂金融机构由于其系统重要性需要更加严格的监管；三是各国监管者有权力收集所有金融机构、市场和工具的信息，以评估机构的破产可能导致的系统性风险；四是防范监管套利；五是加强对对冲基金以及商业伙伴或对手为对冲基金的机构的监管；六是加强对评级机构的监管；七是调整监管框架的监管范畴以适应金融体系的发展步伐和国际适宜性。①

从伦敦峰会的初衷看，宏观审慎政策主要是意在宏观审慎监管。经过几次峰会之后，在 2010 年 11 月的首尔峰会上，G20 领导人批准了宏观审慎政策框架（Macroprudential Policy Frameworks）：一是新兴经济体应更具前瞻性地改革金融监管体系；二是强化对影子银行的监管；三是加强对大宗商品衍生品市场的监管；四是提高市场的统一性和有效性；五是加强消费者利益保护；六是 IMF 和世界银行的治理结构改革；七是建立健全更加稳健的国际货币体系，包括全球金融安全网。② 可以看出，G20 首尔峰会的宏观审慎政策框架的主要政策举措仍然是关注于金融监管，只是范围更加广泛，更具全球性。不过，与伦敦峰会相比较，首尔峰会通过的宏观审慎政策框架的范畴更加广泛而多元，已经不局限于金融监管。

3.1.5　宏观审慎管理

从国际清算银行、巴塞尔银行监管委员会等国际机构对宏观审慎的

---

① Declaration on Strengthening the Financial System-London, Apr. 2, 2009, http：//www. g20. org/pub_ communiques. aspx.

② "The G20 Seoul Summit Leaders' Declaration", November11 - 12, 2010, http：//www. g20. org/pub_ communiques. aspx.

定义看，并没有出现明确的宏观审慎管理定义。但是，中国人民银行、"十二五"规划纲要等国内官方文件都明确提到了宏观审慎管理框架。宏观审慎与宏观审慎管理是一致，还是有所区别呢？

从上文看，在金融危机爆发之后，宏观审慎主要是应对系统性风险的防范，即防范系统性风险是宏观审慎政策的根本目标。在学术界和国外政策界的讨论中，宏观审慎政策主要集中在金融监管领域。为此，从一定意义上说，宏观审慎政策与宏观审慎监管具有相通之处，甚至宏观审慎政策可以与宏观审慎监管相等同。

也有国内学者认为："在中国，人们从英语翻译后常提到的'宏观审慎性'、'宏观审慎管理'、'宏观审慎政策'、'宏观审慎监管'等词，其实都是国际讨论中围绕这一核心内容在不同场景的表述：相对于关注单个金融机构稳定的微观审慎，宏观审慎则关注整个金融体系的稳定。"[1]

不过，从中国人民银行 2010 年《中国金融稳定报告》看，宏观审慎管理的范畴要远远大于宏观审慎监管。报告指出，"宏观审慎管理以防范系统性风险为根本目标，将金融业视做一个有机整体，既防范金融体系内部相互关联可能导致的风险传递，又关注金融体系在跨经济周期中的稳健状况，从而有效地管理整个体系的金融风险"。

中国人民银行认为，宏观审慎管理框架主要由三个方面组成：一是宏观审慎分析，以识别系统性风险；二是宏观审慎政策选择，以应对所识别的系统性风险隐患；三是宏观审慎工具的运用，以实现宏观审慎政策目标。在宏观审慎管理的政策工具中，大致分为四类：其一是服务于宏观审慎目标的微观监管政策工具；其二是宏观调控工具，比如总量层面的新增贷款、货币供应，行业层面的指标要求，机构层面的风险要求；其三是财税会计工具；其四是中央银行的最后贷款人职能以及破产机构的处置机制。[2]

---

[1]　夏斌：《宏观审慎管理：框架及其完善》，《中国金融》2010 年第 22 期。

[2]　中国人民银行：《2010 年中国金融稳定报告》，http://www.pbc.gov.cn/publish/jinrongwendingju/363/index.html.

从中国人民银行的表述看，宏观审慎管理框架范畴要远远大于宏观审慎监管。其一，中国人民银行将总量政策工具，比如新增贷款、货币供应量等作为宏观审慎管理的一个有机组成部分，而新增贷款和货币供应量是典型的货币政策工具，也就是说宏观审慎管理框架与货币政策框架具有交集。其二，微观审慎工具作为宏观审慎管理目标的一个政策举措，即将微观审慎监管都纳入宏观审慎管理框架，也就是说不同的行业监管工具或政策指标都是宏观审慎管理的一个部分，从这个层面讲，中国"一行三会"都是宏观审慎管理的组成部分。其三，部分财税会计工具也是宏观审慎管理的一个有机部分，即财政政策的部分内容也是宏观审慎管理的组成。为此，从广义上讲，宏观审慎管理框架主要目标是金融稳定，可以包括多种政策措施（见表 3 – 1）。

表 3 – 1　金融稳定的政策框架

政策类型	政策目标	主要工具
微观审慎	单一金融机构的稳健性	资本金的数量和质量要求、杠杆率、债务收入比等
宏观审慎	防范金融体系的系统性危机，防止GDP 增长的损失	资本缓冲机制、动态拨备、沃尔克法则等
货币政策	物价稳定	利率、汇率、公开市场操作、外汇储备等
财政政策	管理总需求	税收、自动稳定器等，公共支出等
资本管制	限制系统性的货币错配	外汇头寸管制、币种结构限制、外汇交易限制等
基础设施建设	强化市场深度和广度，提供金融服务功能	市场建设、电子化等

资料来源：Hannoun[*]，BS2[**] Borio[***]，作者根据相关资料整理。

[*] Hannoun, H, "Towards A Global Financial Stability Framework", Speech at the 45th SEACEN Governors Conference, Feb. 26, 2010.

[**] BIS (Galati, Gabrele and Richhild Moessner), "Macroprudential Policy- A Literature Review", BIS Working Papers No. 337, Feb., 2011.

[***] Borio, C. and White, W., "Whither Monetary and Financial Stability? The Implications of Evolving Policy Regimes", BIS working papers, No. 147, Feb., 2004.

3.1.6　金融宏观审慎管理

整体而言，国内的宏观审慎管理框架包含了宏观审慎监管、行业监管、货币政策以及部分财政政策等宏观稳定因子。对于中国而言，在一定程度上，宏观审慎管理可能是宏观调控在后金融危机时代的贴切表述，中国的宏观审慎管理比 G20 的宏观审慎政策框架的范畴更加广泛。

自从中共中央"十二五"规划建议提出了金融宏观审慎管理制度框架的概念之后，中国人民银行开始进行相关的研究和界定。中国人民银行行长周小川指出，按照国务院统一部署，中国人民银行着手研究加强系统性风险防范、构建逆周期金融宏观审慎管理制度框架的有关工作，重点是建立逆周期信贷调控机制和强化系统重要性金融机构的宏观审慎管理。主要工作包括五个方面。

一是建立金融体系稳健性分析监测和评估制度，强化宏观审慎分析，把握宏观经济走势及其风险变化，建立系统稳健性监测评估指标体系。

二是建立和完善逆周期的货币信贷动态调控机制。把货币信贷和流动性管理的总量调节与构建宏观审慎政策框架结合起来，实施差别准备金动态调整措施，丰富和补充政策工具，引导货币信贷适度增长，提升金融机构抗风险能力。研究建立逆周期的动态资本缓冲和前瞻性拨备安排，维护金融体系稳定，提升金融支持经济增长的可持续性。

三是强化系统重要性金融机构、市场和工具的监管制度。建立和完善我国金融控股公司监管规则和制度，督促金融控股公司加强公司治理和风险管理，弥补监管真空和不足。

四是构建多层次的金融体系，完善金融市场价格发现功能，完善有序的风险处置安排，建立存款保险制度。降低金融体系的关联性，防止金融主体"羊群效应"等。

五是加强部门配合，实现宏观审慎管理与微观审慎监管的有效协调和补充。中国人民银行和金融监管部门根据职责分工实现统筹协调，加强对系统性金融风险的分析和研判，促进货币政策和监管政策措施的协调，强化金融风险化解和处置行动的配合，加强金融稳定信息共享等。①

这五个方面主要涉及金融风险和金融稳定的监测、评估和预警，货币、信贷和流动性的顺周期性，系统重要性金融机构、市场和工具的监管，风险处置机制以及金融监管协调等方面，这些内容与 G20 的审慎政策（特别是宏观审慎监管）的基本内容大体是一致的。

为了适应国内金融体系改革和政策的现实，下文将以金融宏观审慎管理作为论述的重点。出于行文的方便，下文"宏观审慎监管"为 G20 的定义范畴，与中国人民银行所述"金融宏观审慎管理"基本是同义的。

3.2 金融宏观审慎管理与微观审慎监管

3.2.1 微观审慎监管

从金融监管的发展过程以及国际社会的关注看，应该是先有微观审慎监管，再有金融宏观审慎管理的。2000 年国际清算银行的研究人员相对明确地区分了微观审慎（Microprudential）和宏观审慎（Macroprudential）两个层面，将两个层面的目标、风险秉性、关联性以及标准等作了区分，并指出审慎监管是审慎政策的内核。②

微观审慎监管是指旨在保障单一金融机构稳健运行的一系列监管政策和工具，重点在于防范单一金融机构的个体违约或破产风险。而金融宏观审慎管理则主要关注系统性风险，旨在防范系统性风险对整个金融体系和经济产出的潜在冲击。

除了目标的区别，宏观审慎和微观审慎的重大区别在于风险的根源。微观审慎监管在于防范单一机构的风险，其应对风险的行为被认为是独立于机构之外的，即风险是外生的。更重要的是，微观审慎监管没有考虑单一机构的"理性"行为会对金融体系产生意外的冲击，

---

① 周小川：《建立更加完善的金融宏观审慎政策框架》，《中国金融》2011 年第 1 期。

② Crockett, Andrew, "Marrying the Micro-and Macro-prudential Dimensions of Financial Stability", BIS, Sept., 2000, www.bis.org/review/rr000921b.pdf.

即出现明显的负的外部性。而从宏观审慎管理的视角考虑，应该将金融体系作为一个整体，目的在于防止金融风险暴露时付出过高的经济成本，即产出大幅下降，而且金融体系的整体风险取决于金融机构及其相关机制（比如支付清算体系）的个体或集体行为，风险是内生的。

从政策的内涵上，微观审慎监管和宏观审慎管理都是金融体系稳定的基础保障。但是，二者的政策目标、政策对象、风险模型以及内在关联性等方面存在实质性的区别（表3-2）。

表3-2　金融宏观审慎管理与微观审慎监管的差异

	金融宏观审慎管理	微观审慎监管
直接目标	防范金融体系的系统性危机	防范单一金融机构的破产
最终目标	防止 GDP 增长的损失	保护消费者（投资者或储户）
风险秉性	内生性（一定程度上）	外生性
金融机构相关性及风险暴露关联性	关联性是重要的	不相关
审慎监管的衡量标准	以整个体系为考察对象、自上而下的衡量方法	以单一金融机构为对象、自下而上的衡量方法

资料来源：Borio，C.，"Towards a Macroprudential Framework for Financial Supervision and Regulation?" BIS Working Papers No. 128，Feb.，2003。

3.2.2　审慎框架

在东亚金融危机之前，宏观审慎政策主要集中于国际银行业及其金融创新所蕴藏的系统性风险，而东亚金融危机之后，特别是本轮金融危机爆发以来，宏观审慎政策则主要关注金融体系整体的系统性风险的产生、积累、爆发及其对实体经济的巨大冲击。不过，学术界和政策界对于审慎政策的职能都没有实质性分歧，认为审慎政策主要是保障单一金融机构和整个金融体系的安全与稳定。

审慎框架包括微观审慎和宏观审慎，微观审慎和宏观审慎互为表里，相辅相成。国际清算银行前总裁 Crockett 认为，在一个审慎的框架中，不可避免地应该包括宏观和微观两个层面。[①] 微观审慎主要关注于单一机构的稳健和安全，这是金融行业整体稳定的微观基础。微观审慎体现为每个金融机构都应该保持自身的稳健性，而监管当局需要通过强有力的监管来督促微观主体保持运行的稳健。但是，单一机构的稳健并不必然代表整个金融体系是安全的，即微观审慎的总和不等于宏观审慎，[②] 需要以更加广阔的视角（即宏观审慎）来保障整个体系的稳健性。为此，一个审慎框架需要宏观和微观层面的相互配合协调。G20 在几次峰会上关于宏观审慎政策框架的内容也是微观和宏观并重。

3.3 金融宏观审慎管理与货币政策

3.3.1 政策目标的差异性

一般而言，货币政策主要是为了应对金融货币体系的失衡。货币政策的基本目标是稳定物价的整体水平，促进经济平稳增长，实现充分就业，并实现国际收支平衡等四个方面。[③] 货币政策的主要操作工具包括再贴现、法定存款准备金、利率、汇率和公开市场操作等，货币政策通过各种工具及其组合调节货币供应量，影响利息率及经济中的信贷供应程度来间接改变微观经济主体的行为，从而改变整体的总供给和总需求的动态关系，使之趋于均衡。

宏观审慎政策的目标是防范系统性风险，特别是时间维度和空间维度的风险传播和升级，促进金融体系的自我修复，保障金融体系整体的

---

① Crockett, Andrew, "Marrying the Micro-and Macro-prudential Dimensions of Financial Stability", BIS, Sept., 2000, www.bis.org/review/rr000921b.pdf.

② 周小川：《金融政策对金融危机的响应——宏观审慎政策框架的形成背景、内在逻辑和主要内容》，周小川 2010 年 12 月 15 日在北京大学的讲演，见中国人民银行网站：http://www.pbc.gov.cn/publish/goutongjiaoliu/524/2011/20110104191901596935544/20110104191901596935544_.html。

③ Lenza, M., Pill, H. and Reichlin, L., "Monetary Polciy in Exceptional Times", ECB Working Papers, No. 1253, Oct., 2010.

安全性和稳健性，并确保经济周期中金融服务的稳定供给，有效发挥金融体系在资源配置中的基础作用，即金融宏观审慎管理重在稳定金融体系。

　　货币政策的目标在于物价、增长、就业和国际收支失衡等，而宏观审慎政策重在金融体系的稳定性，为此，货币政策的目标范畴比金融宏观审慎政策目标更为基础，但二者并非隔离，而是相互影响和渗透，都有利于各自政策框架的完善和效力的发挥。[①] 宏观经济的整体稳定性，特别是物价水平的平稳和增长的持续是金融机构持续运营和金融体系持续稳定的基础。当然，金融体系的稳定性对于物价水平的稳定、经济稳健增长和良好就业目标的实现，以及经济体内外均衡都是强有力的支撑。

3.3.2　逆周期的协调性

　　在审慎监管框架下，微观审慎主要关注于单一机构的破产风险，而宏观审慎则主要防范系统性风险，特别是系统性风险在经济周期中的累积，即顺周期效应，以及风险在空间维度的传播。但是，宏观审慎政策在熨平信贷周期乃至经济周期大幅波动方面的效果是有限的。[②] 比如，由于资本的自由流动和跨境交易，一个开放的经济体很难完全控制国内信贷的总体规模，不能完全熨平顺周期效应。

　　宏观审慎政策不能完全解决顺周期问题，而货币政策是传统的逆周期政策工具，为此在应对顺周期问题中，宏观审慎政策与货币政策应该是协调统一的。但是，在职能区分上，货币政策的逆周期性的地位应该是主导性的，而宏观审慎的逆周期性应该是辅助性的。[③] 英格兰银行也认为，在针对顺周期性方面，宏观审慎政策目标是货币政策目标的有益

---

① Borio, C. and White, W., "Whither Monetary and Financial Stability? The Implications of Evolving Policy Regimes", BIS Working Papers, No. 147, Feb., 2004.

② Bank of England, "The Role of Macroprudential Policy", Nov., 2009.

③ Borio, C. and Shim, I., "What Can Macroprudential Policy Do to Support Monetary Polciy?" BIS Working Paper, No. 242, Dec., 2007.

补充。[①]

在实际的操作过程中，货币政策往往也具有顺周期性，比如在网络泡沫之后，美联储持续过度放松货币政策，降低基准利率，出现了顺市场预期的政策调整趋势，即所谓的格林斯潘期权（Greenspan Put）。美联储的这一现象被广为诟病，甚至有学者认为次贷危机是格林斯潘时代的遗产。为此，应对顺周期问题，货币政策的作用更加根本而实质。英格兰银行认为，仅仅以宏观审慎政策来应对顺周期效应，而将货币政策等搁置，是本末倒置的失误。[②]

3.3.3 金融稳定与金融安全

货币政策和宏观审慎政策在维系金融体系的稳定性方面都具有实质性作用。首先，货币政策的适宜性是金融机构稳健、金融体系安全和宏观经济平稳发展的基础，如果货币政策存在系统性失误，那金融体系和经济体系的稳健是没有保障的。弗里德曼和舒瓦茨（Friedman and Schwartz）在研究20世纪30年代的大萧条中指出，美联储失当的货币政策将第一波银行危机引向更为严重的第二波银行危机，并导致系统性的大萧条。[③] 弗里德曼还指出，货币供给的不连续性以及过度的紧缩或增加，是金融和经济不稳定的根源之一。[④]

金融宏观审慎管理是维系金融体系稳定和金融安全的动态政策工具。[⑤] 在特定的货币环境和宏观环境下，单一金融机构和金融体系的稳定性主要是内生性的，即风险由内而生。此时，风险的产生、集中和爆发以及蔓延成为宏观审慎政策的目标所在。而金融风险是动态变化的，

---

① Bank of England, "The Role of Macroprudential Policy", Nov., 2009.

② Bank of England, "The Role of Macroprudential Policy", Nov., 2009.

③ Fridman, M. and Schwartz, A., *A Monetary History of the United States, 1867–1960*, (Princeton: Princeton University Press, 1963), 32–33.

④ 〔美〕米尔顿·弗里德曼著《货币稳定方案》，高德步译，上海人民出版社，1991，第86页。

⑤ Borio, C. and Shim, I., "What Can Macroprudential Policy Do to Support Monetary Polciy?" BIS Working Paper, No.242, Dec., 2007.

这就要求宏观审慎政策具有针对性和灵活性，以防范金融风险，特别是系统性风险在时间以及空间维度上的传染。金融宏观审慎管理更像一种动态监控机制，也是一种相对常规的风险管理，利用各种微观和宏观的审慎指标来评估判定风险的大小，并作出有效应对，相当于一种日常的动态管理机制。

不过值得注意的是，金融宏观审慎管理并非是万能的。英格兰银行认为，对于控制金融体系的总体性失衡，宏观审慎管理框架是一种有效的机制，但是如果仅仅利用宏观审慎政策来应对金融体系失衡，可能并不是一个好的政策选择，因为宏观审慎框架中比较难以寻找到相应的具有针对性的总量政策工具，金融失衡的总量调整不是金融宏观审慎管理机制所能完全解决的。[1] 英格兰的结论，得到了其他研究的支持，博瑞尔和德瑞曼（Borio and Drehmann）认为，仅利用宏观审慎政策来应对金融失衡，反而可能导致金融不稳定性，政策的结果可能适得其反。[2]

在政策行为主体上，货币政策的施政者一般是中央银行，宏观审慎政策的主导者目前主要的建议也是由中央银行来执行。因为中央银行对于宏观经济形势的走势，金融体系的运行以及金融风险的传递机制更为了解，同时相对于行业监管主体而言，中央银行的视角更为宏观而全面。以美国为例，联邦存款保险公司主要针对国民银行实施审慎监管，而如果银行将业务转移至资产负债表之外，联邦存款保险公司就无法有效监管。美国金融监管改革之后，美联储成为超级监管主体，拥有监管具有系统重要性机构的权力，而不管其风险在资产负债表之内还是之外。在本轮金融危机之后，国际货币基金组织和金融稳定理事会明确指出，执行宏观审慎政策应是中央银行的重要职责。[3]

---

① Bank of England, "The Role of Macroprudential Policy", Nov., 2009.

② Borio, C. and Drehmann, M., "Towards an Operational Framework for Financial Stability", BIS Working Papers, No. 284. Jun., 2009.

③ Financial Stability Board, "Progress Since the Pittsburgh Summit in Implementing the G20 Recommendations for Strengthening Financial Stability", Report of the Financial Stability Board to G20 Finance Ministers and Governors, Nov., 2009.

3.4 系统性风险与金融宏观审慎管理

在美国金融危机之前，系统性风险一般只是作为一个政策的关注，即使在东亚金融危机等区域性金融危机中，系统性风险也没有得到足够的重视。人们将危机反思的重点倾向于危机产生的根源，比如货币错配、期限错配等。但是，在本轮金融危机之后，由于巨大的危机发生在金融制度最为完善的美国，为此，学术界和政策界对系统性风险的认识提升到一个更高的层次，并认为系统性风险处置是未来金融监管体系政策目标（特别是金融宏观审慎管理框架）的核心。

3.4.1 金融不稳定性与系统性风险

在美国金融危机之前，一般更愿意用金融不稳定性，而非系统性风险，来形容金融体系的风险爆发。金融宏观审慎管理是本轮金融危机之后国际社会的重点关注，而系统性风险是本轮金融危机升级的核心要素，关于金融宏观审慎管理框架和系统性风险的热烈讨论都是在本轮金融危机之后。①

金融不稳定性是此前金融风险和金融危机研究的重点，但是金融不稳定性基本不是以系统性风险作为研究的基础。艾伦和伍德（Allen and Wood）将金融体系稳健性的外部冲击因素作为研究的重点，认为外部冲击往往是金融风险产生和金融危机爆发的重大根源，特别是流动性冲击和资产价格冲击。② 斯根纳斯（Schinas）则将研究的重点置于金融体系的内部，认为金融体系的内生风险引致的冲击是金融不稳定的重大根源。博瑞尔和德瑞曼的研究更加关注金融紧缩时段金融体系的表现，认为金融不稳定性是金融体系为应对一般性冲击

---

① Borio, C. and Drehmann, M., "Towards an Operational Franmework for Financial Stability: 'Fuzzy' Measurement and its Consequences", BIS working papers, No. 284, Jun., 2009.

② Allen, F. and Wood, G., "Financial Fragility, Liquidity and Asset Prices", *Journal of the European Economic Association*, No. 2 (2004): 1015 – 1085.

而引致的紧张局势所导致的脆弱性。[1] 实际上，金融危机的研究大致可以分为三个类别：其一，D－D 模型[2]（及其后的挤兑模型）是一个外部冲击的经典模型，形成了金融危机微观分析的初步框架，认为外部冲击引致市场预期变化时多重均衡中不合意均衡产生的决定性因子是危机的根源。其二，艾伦等[3]发展的传染模型，认为危机是通过信息、信贷和价格等渠道进行传染的。其三，明斯基[4]和金德尔伯格[5]等研究的内生模型，指出金融不稳定性来自于金融体系内生循环累积的风险。不过，鲜有研究将金融不稳定性归咎于金融体系内的系统性风险，明斯基和金德尔伯格的内生模型与系统性风险的演进较为相似。

美国金融危机之后，系统性风险替代金融不稳定性成为金融体系研究的重点，系统性风险被认为是本轮金融危机爆发的根源，当然系统性风险产生的机制和表现形式不尽相同。国际清算银行[6]等对系统性风险的定义和防范做出了基础性研究，并率先区分了系统性风险产生的时间和空间维度。欧洲中央银行[7]也对系统性风险作了一定的基础研究。金融危机爆发之后，金融监管当局，比如美联储[8]、英格兰银行[9]和 IMF 等[10]

---

① Borio, C. and Drehmann, M., "Towards an Operational Franmework for Financial Stability: 'Fuzzy' Measurement and its Consequences", BIS working papers, No. 284, Jun., 2009.

② Diamond, D. and Dybvig, P., "Bank Runs, Deposit Insurance and Liquidity", *Journal of Political Economy*, Vol. 91, No. 3 (1983): 401－419.

③ Allen, F. and Wood, G., "Financial Contagion", *The Journal of Political Economy*, 108 (2000): 9－18.

④ Minsky, H. P., "The Financila Instability Hypothesis", NBER Working papers No. 74, 1992.

⑤ 〔美〕金德尔伯格：《疯狂、惊恐和崩溃：金融危机史》，朱隽等译，中国金融出版社，2007，第四版。

⑥ BIS, Annual Report, "Addressing Financial System Procyclicality: A Possible Framework", Apr., 2009.

⑦ ECB, "Systemic Risk: A Survey", Working papers, No. 35, 2000.

⑧ Bernanke, Ben, "Reducing Systemic Risk", Speech at the Federal Reserve Bank of Kansas City's Annual Economic Symposium, Jackson Hole, Wyoming, 2008.

⑨ Bank of England, "The Role of Macroprudential Policy", Nov., 2009.

⑩ IMF, "World Economic Outlook", Jan., 2010.

国际组织加强了对系统性风险的研究和政策应对，古特哈德（Goodhart）[1] 等学者对系统性风险的研究也逐步加深，基于系统性风险研究的金融宏观审慎管理框架也不断完善。

3.4.2 系统性风险：根源、触发和传染机制

1. 系统性风险的根源

本轮金融危机之后，学术界和政策界对系统性风险的研究不断深入，不过，基本都是基于国际清算银行 2001 年年度报告中关于系统性风险是时间维度和空间维度的研究框架，主要从时间维度和空间维度两个层面对系统性风险的产生、累积、升级和爆发等进行深入的研究，并提出相关的政策措施或建议。

系统性风险产生的根源是首要的研究重点。顺周期效应是系统性风险产生的时间维度根源。在时间维度方面，系统性风险主要来自金融体系的顺周期效应，即在经济周期波动中，金融体系自身放大了金融风险及冲击。除了国际清算银行的基础性研究之外，凯雷（Carey）以信贷作为观察指标，分析了信贷风险及其引发的准备金要求将会对经济产生内生性的顺周期行为。[2] 罗伯特和考夫曼（Robert and Kaufman）对银行体系的顺周期效应进行了深入的分析，认为银行自身的顺周期行为，可能引起信贷的进一步紧缩，并在宏观上将会导致货币政策传导的非对称性。[3] 伯南克（Benanker）等则从资产负债表的分析出发，认为金融机构的资产负债表调整存在放大周期波动的内在效应。[4] 金融危机

---

[1] Goodhart, C., "The Definition and Control of Systemic Financial Risk", Presentation at the Workshop on Towards a New Framework for Monetary Policy? Lessons from the Crisis. Netherland Bank, Sept. 21, 2009.

[2] Carey M., "Dimensions of Credit Risk and Their Relationship to Economic Capital Requirements", NBER Working Papers 7629, 2000.

[3] Bliss, Robert and George Kaufman, "Bank Procyclicality, Credit Crunches, and Asymmetric Monetary Policy Effects: A Unifying Model", *Journal of Applied Finance*, Fall and Winter (2003): 23 – 31.

[4] Bernanke, Ben and Gertler, Mark, "Inside the Black Box: The Credit Channel of Monetary Policy Transmission", NBER Working Papers 5146, 1995.

之后，BIS[1]、布罗米尔（Brunnermeier）等[2]和 Shin[3]对顺周期效应及其导致的系统性风险的研究更加深入，更具针对性。

系统性风险产生的空间维度是系统性风险根源的另一个重要方面。实际上，此前的金融危机模型或隐或现地对金融风险的跨机构和跨行业传播进行了一定的研究，比如艾伦和伍德（Allen and Wood）的金融风险传染模型。早在 20 世纪 90 年代，海威（Hellwig）就曾经论述过银行体系的金融风险对整个金融体系的冲击，[4]但是，没有较为系统地论证"空间维度"及系统性风险的理论框架。在本轮金融危机前后，系统性风险的空间视角得到一定的重视，比如，欧洲中央银行认为金融风险的跨机构和跨区域传染是系统性风险产生和升级的重要方面，为此欧洲未来金融监管体系改革的重要方面就是防范系统性风险在欧盟层面的跨境传播，[5]当然市场失灵往往也是金融风险跨机构和跨市场传播的重要体现。[6]不过，金融危机之前后，关于跨空间的金融风险传播主要集中在金融体系的内在关联性（interconnection）或是复杂性。除了 BIS 和 IMF 等的研究之外，霍姆斯（Hommes）[7]，勒巴朗（Lebaron）等[8]指出现行的金融体系是一个更为复杂和相互交叉的金融体系，存在明显的越来越紧密的内部关联性、非线性以及不可预测性，这些是金融风险跨机构和

---

①　BIS, "Macroprudential Instruments and Frameworks: A Stocktaking of Issues and Experiences", CGFS Papers No. 38, May, 2010.

②　Brunnermeier, Markus, Andrew Crocket, Charles Goodhart, Avinash D. Persaud and Hyun Shin, "The Fundamental Principles of Financial Regulation", Geneva Report on the World Economy 11. 07 May, 2009.

③　Shin, H. S., "Financial Intermediation and the Post-crisis Financial System", Princeton University, mimeo, 2009.

④　Hellwig, M., "Systemic Aspects of Risk Management in Banking and Finance", *Swiss Journal of Economics and Statistics*, 131 (1995): 723 – 737.

⑤　European Central Bank, "Financial Stability Review", Jun., 2009.

⑥　Calomiris, C., "Banking Crises and the Rules of the Game", NBER Working Papers, No. 15403, Oct., 2009.

⑦　Hommes, C., "Interacting Agents in Finance", *New Palgrave Dictionary of Economics*, Vol. 4, 2008.

⑧　LeBaron, B. and Tesfatsion, L., "Modeling Macroeconomies as Open-ended Dynamic Systems of Interacting Agents", *American Economic Review*, 98 (2009): 246 – 250.

跨区域传染的微观机制。塔拉什夫（Tarashev）等[①]、黄（Huang）等[②]对单个金融机构系统性风险的跨机构传播进行了深入研究，认为单个机构如果足够重要的话，可能会引发重大风险，并通过内在关联性向其他机构传染，甚至蔓延至其他市场或不同经济体。

2. 系统性风险的触发因素

目前，国内外学术界对系统性风险爆发的触发因素进行了较为深入的研究。IMF 认为，非审慎的宏观经济政策往往是触发系统性风险爆发的重大根源，不过政策的负面效果是需要一定时间累积的。[③] 英格兰银行则主要关注短期的风险触发因素：公共政策的预期外冲击、信息不对称、集体行动困境等市场失灵。[④] 国际清算银行基本认同英格兰银行的观点，不过国际清算银行更关注金融体系内的因素，认为金融体系的内在脆弱性暴露以及金融体系内的风险动态放大机制等是系统性危机的触发因素。[⑤]

在系统性风险和金融宏观审慎管理的研究方面，国内的中国人民银行、中国银行业监督管理委员会等政府部门的研究较为深入。中国人民银行行长周小川在分析宏观审慎框架形成的逻辑中指出，危机的传染性、标准问题、集体失误等是危机爆发和升级的触发因素，也是强化宏观审慎政策框架的必要性和重点之所在。[⑥] 王信和周晴对"大而不倒"机构对系统性风险的触发机制的研究较为深入，认为"大而不倒"机

[①] Tarashev, N., C. Borio and K. Tsatsaronis, "The Systemic Importance of Financial Institutions", BIS Quarterly Review, Sept., 2009.

[②] Huang, X., H., Zhou and H. Zhu, "Assessing the Systemic Risk of a Heterogeneous Portfolio of Banks During the Recent Financial Crisis", Board of Governors of the Federal Reserve System Finance and Economics Discussion Series, 2009 - 44, 2009.

[③] IMF, "World Economic Outlook", Jan. 2010.

[④] Bank of England, "The Role of Macroprudential Policy", Nov., 2009.

[⑤] Borio, Claudio, "Towards a Macroprudential Framework for Financial Supervision and Regulation?" BIS Working Papers No. 128, Feb., 2003.

[⑥] 周小川：《金融政策对金融危机的响应——宏观审慎政策框架的形成背景、内在逻辑和主要内容》，周小川 2010 年 12 月 15 日在北京大学的讲演，见中国人民银行网站：http://www.pbc.gov.cn/publish/goutongjiaoliu/524/2011/20110104191901596935544/20110104191901596935544_.html。

构在金融危机的触发中具有重要的作用。[①] 中国银行业监督管理委员会等监管机构在系统性风险的产生、演进、爆发和政策应对等方面也进行了较为深入的研究。[②]

虽然不同研究人员对系统性风险爆发和蔓延的触发因素的研究视角不同，衡量的标准也有所区别，但大致可以归纳为：公共政策的预期外冲击、信息不对称、集体失误、系统重要性机构破产以及制度不适宜性等。

3. 系统性危机的演进

不同类型的系统性金融危机，其演化过程存在很大的区别，很难将不同的金融危机纳入一个统一的分析框架中。很多研究都对金融危机的演化过程或阶段进行了研究，基于不同的分析框架和金融危机的类型，这些研究仍然无法全面概括金融危机的演进特征。比如，明斯基、金德尔伯格等[③]侧重于一般性金融危机的研究分析，卡明斯基和雷因哈特（Kaminsky and Reinhart）[④] 关注银行危机和货币危机的双重危机分析，IMF[⑤]、克鲁格曼（Krugman）[⑥]、艾肯格林（Eichengreen）[⑦] 等主要分析新兴经济体的金融危机，特别是货币危机和债务危机。艾伦（Allen）等[⑧]侧重于基于金融中介或市场等微观基础引致的银行系统性危机。

[①] 王信、周晴：《"大而不倒"问题的解决方案：以次贷危机中的美国金融机构为例》，《经济社会体制比较》2010 年第 6 期。

[②] 中国银行业监督管理委员会：《2009 年年报》，2010，www.cbrc.gov.cn/chinese/info/twohome/index.jsp。

[③] Minsky, H. P., "The Financial Instability Hypothesis", NBER Working Paper No. 74, 1992.
金德尔伯格著《疯狂、惊恐和崩溃：金融危机史》，朱隽等译，中国金融出版社，2007，第四版。

[④] Kaminsky, G. and Reinhart, C., "The Twin Crises: The Causes of Banking and Balance-of-Payments Problems", *American Economic Review*, 89 (1999): 473 – 500.

[⑤] IMF, "World Economic Outlook", Jan., 1999.

[⑥] Krugman, P., "A Model of Balance-of-Payments Crises", *Journal of Money Credit and Banking*, 11 (1979): 311 – 325.
Kaminsky, G. and Reinhart, C., "Balance Sheets, the Transfer Problem, and Financial Crises", *Journal of International Tax and Public Finance*, 6 (1999): 469 – 472.

[⑦] Eichengreen, B., Rose, A. K. and Wyplosz, C., "Contagious Currency Crises". NBER Working Papers 5681, 1998.

[⑧] Allen, F. and Gale, D., "Optimal Financial Crisis". *The Journal of Finance*, LIII (4) (1998): 1245 – 1284.

为了对系统性风险的演进进行更加深入的研究，本书将对系统性风险及其引发的金融危机进行较为深入的研究和探讨。具体将在本书的第四章进行分析。

3.5 金融宏观审慎管理框架

由于系统性风险和金融宏观审慎管理框架是美国金融危机之后刚刚兴起的重大政策议题，金融宏观审慎管理框架总体而言仍然处在一个研究和规则的制定进程中，处在研究和实践的基础阶段。美国和欧盟较为领先，已经完成了宏观审慎管理制度框架的立法过程，具体的金融宏观审慎管理框架也已经基本建立起来，新框架已经开始运行。但是，美欧新的宏观审慎框架有效性的发挥可能还需要一段较长的时间，同时还会面临较多的实践困难，存在不适应或缺陷，需要一个较长的时期进行完善。为此，金融宏观审慎管理框架仍然是一个较为初步的体系。

不过，根据相关的研究和美欧的实践，以及 G20 领导人峰会大致确立的宏观审慎框架，金融宏观审慎管理框架涉及几个主要的元素：宏观审慎的主要监管主体、监管体系的框架设计、宏观和微观审慎指标体系以及相应的法律、制度和规范等。由于法律、制度和规范等差异性较大，本书主要讨论监管主体、架构和监管工具。

3.5.1 金融宏观审慎管理主体

在金融宏观审慎管理框架中，最为重要的就是金融宏观审慎管理主体，即由哪些机构负责对金融体系的宏观审慎和微观审慎监管。由于各个经济体现行的金融体系中，都已经建立了相应的金融监管框架，都有相应的监管主体。为此，这个问题主要涉及两个方面：一是哪个监管主体必须对系统性风险承担主要责任或最终责任，同时具有系统性风险防范和应对的直接权力，特别是直接的监管权和行政层面的权威性。二是相应的监管主体需要进行哪些改革，以实现从微观审慎为主导向宏观审慎和微观审慎并举的方向转化，比如，银行监管主体如何建立应对顺周期效应的金融宏观审慎管理机制等。

美欧在选择系统性风险最终责任主体方面存在差异。对美国来说，根据新的金融监管体系安排，美国金融稳定监察委员会对系统性风险负责，处在金融宏观审慎管理体系的最上层，具有直接监管金融机构的权力。如果金融机构的风险存在引发系统性风险的隐患，委员会可以授权美联储实行更加严格的微观审慎标准，更重要的是，在必要条件下，可以拆分大型复杂金融机构。同时，美联储是系统性风险的最大监管者，它拥有对大型金融机构进行监管的权力，而不管机构是否属于银行业。对欧盟来说，欧盟建立了系统性风险委员会，是欧盟层面金融宏观审慎管理的最高决策机构，是金融宏观审慎管理原则和法律的决策者。欧盟具体的金融宏观审慎管理的实践者是三个监管局，不过他们只是针对欧盟层面的监管，而非对金融机构的直接监管。

系统性风险的权威负责机构是金融宏观审慎管理框架的关键。在很多研究中，建议由各经济体的中央银行来负责金融宏观审慎管理的职能，并应参考美国的金融监管体系改革路线赋予央行相应的直接权力。欧盟的金融宏观审慎管理主要是基于欧盟层面跨境的风险管理，和单个经济体的金融宏观审慎管理还存在实质性区别。

建议由央行来进行金融宏观审慎管理的主要理由有三个：一是央行是货币政策的执行者，货币政策与金融宏观审慎管理是相辅相成的，由央行来统一操作更具合理性和针对性。二是央行更具宏观视角，在货币政策的执行中，掌握了宏观经济、金融体系和金融机构更多的信息，比较熟知金融体系的整体运行和不同金融部门的相互关联性。三是央行负责金融体系的整体稳定性，降低了行业监管者"狭隘"的行业视角，并降低了被行业机构寻租的可能性，更有利于提高政策的针对性和有效性。

3.5.2 金融宏观审慎管理的架构

在本轮金融危机之前，基于不同的金融监管体系，各个经济体都相应建立了金融监管架构。比如，美国是一种联邦和地方共同监管的双层多头的分业监管体系。英国是统一监管模式，英国金融服务局对英国的金融体系和金融机构进行统一的监管,英国相应建立以金融服务局为全能金融监管机构的统一监管体系。欧盟基于莱姆法路西框架建立了四层、分业监管体系。

在全球金融危机之后,美国、欧盟和英国等对金融监管体系进行了较为重大的改革,特别是美国和欧盟,基于此,美欧的金融监管架构也出现相应的调整。

美国金融监管体系的架构发生了较大的变化。在美国联邦层级的监管框架中,原来主要监管主体大致平行,美联储相对核心,故为伞形,但是在新的监管框架中,新成立的金融稳定监察委员会是高于所有监管主体的,为此,相当于是联邦层级的监管体系被分为两个层次,第一个层次是金融稳定监管委员会,第二个层次是联邦监管机构。但是由于美联储具有一定的"统一"监管权,所以美联储仍然比其他机构高"半级"。相对而言,美国新的监管框架更加复杂。

就整体而言,欧盟金融监管体系的整体架构没有出现实质性的变化,仍然是四层监管体系。只是基于莱姆法路西体系的四个层级中的机构职能出现了实质性的变化,特别是欧洲系统性风险委员会的建立,相当于提升了欧盟层级金融宏观审慎管理的原则制定和立法权力。第二个实质性变化是原有三个只有建议权的金融委员会提升为具有监管权的监管主体,分别对银行、证券和保险行业进行监管。

3.5.3 金融宏观审慎管理工具

金融宏观审慎管理框架的基础是监管实践,而监管实践是必须依赖于监管工具的,为此,金融宏观审慎管理工具和微观审慎监管工具是整个监管体系的"血肉"。如果没有监管政策和监管工具的充实,监管体系将是毫无监管有效性的"骷髅"。鉴于此,发展和完善监管工具,对于建立和完善金融宏观审慎管理框架是极为重要的。

由于系统性风险的产生主要来自时间维度和空间维度两个方面,金融宏观审慎管理工具对应地也可以分为两个方面。不过,更一般的方法是将其分为宏观审慎管理工具和微观审慎监管工具,具体到监管实践中，微观审慎监管是宏观审慎管理的基础，然后再将宏观审慎管理工具区分为与时间维度和空间维度对应的政策工具。

1. 金融宏观审慎管理的总量指标

从宏观审慎框架的角度出发，所有的宏观政策都是与宏观审慎相关的，比如货币政策、财政政策。不过，从金融危机以来的发展看，宏观审慎框架更加关注货币政策，特别是总量指标，比如利息水平、货币供应量、信贷规模等的增长率。选择金融宏观审慎管理的工具时，利率水平、货币供应量和信贷规模的增长率等都是重要的政策工具，M1 或 M2/GDP、信贷总量/GDP 等可以作为风险预警指标。更重要的是，利率工具是货币政策当局最主要的相机抉择工具，是抵御顺周期效应最为有力和有效的工具。如果是一个开放经济体，则需要考虑外汇头寸的规模大小、币种结构和期限结构，经常项目和资本项目顺差或逆差的规模及其占 GDP 的比重也是重要指标。

2. 金融宏观审慎管理的逆周期指标

金融体系的顺周期效应是系统性风险产生的时间维度根源，防范金融风险在周期演进中产生、累积和爆发，是金融宏观审慎管理体系的重大任务。具体而言，防范顺周期效应的金融宏观审慎管理指标主要包括：货币政策中的利率调整、资本金动态调整机制以及动态拨备机制等，同时还包括会计准则和评级机构行为的顺周期效应的改革，比如定价方式采取合理定价法以取代以市定价法。

3. 微观审慎的监管指标

在对金融机构的微观审慎监管中，涉及的监管指标非常广泛，大体可以分为：总量指标、关联性指标以及特定风险指标。

从总量指标看，主要是为了限制金融机构的风险过度扩张，以总量限制达到控制金融机构风险的目的，具体分为信贷风险控制和增长速度限制，前者包括：贷款价值比、债务收入比、外币资产规模及结构限制、短期负债上限；后者包括：总体信贷增长上限或速度上限、风险头寸上限。

从金融机构关联性指标看，主要可以分为杠杆率和集中度指标。杠杆率包括：基于资产规模的杠杆率上限、风险总资产规模上限、系统重要性机构的额外资本金要求、自营交易的资本金最低规模、衍生品交易规模的上限等。集中度指标主要有同业和与其他行业机构之间风险头寸的交叉持有规模限制、兼并重组限制以及拆分政策。

从其他特定风险指标看,主要涉及流动性风险和货币风险。流动性风险包括:存贷比、准备金要求、核心资本充足率等;货币风险是特定货币头寸、货币衍生品交易限制等。

BIS 和 G20 曾将金融宏观审慎管理归纳为表 3 - 3 所示的内容。

表 3 - 3　金融宏观审慎管理框架

系统性风险	政策框架	主　要　工　具
顺周期效应	逆周期的政策措施	宏观指标:利率、信贷规模限制、公开市场操作等货币政策工具; 审慎指标:贷款价值比、债务收入比、外币资产规模及结构限制、短期负债上限、总体信贷增长上限或速度上限、风险头寸上限,改变顺周期的会计准则及评级方式
系统重要性机构	"大而不倒"效应的应对; 内在关联性的应对; 集中度的应对	额外资本金要求,动态拨备,破产有序处置,拆分; 限制杠杆率、风险资产、自营交易及交叉业务规模; 不同机构之间风险头寸限制,兼并重组限制
影子银行	强化影子银行的监管	纳入监管体系,实施微观审慎监管指标:比如资本金、交易头寸及品种等持仓限制;并适用顺周期和系统重要性的金融宏观审慎管理指标
市场基础设施	加强市场和制度等的建设与维护	交易、支付和清算系统的灾难备份; 防范技术性问题导致的市场危机; 改革制度性错配; 完善风险定价模型,特别是置信区间外的潜在风险
特定风险	流动性风险	核心资本充足率、存贷比、准备金、杠杆率等; 建立健全危机情况的流动性支持启动机制
	货币风险	敞口头寸的规模,限制货币衍生品交易品种或规模; 规定相应的币种结构; 一定条件下,实行资本管制
	政治风险	设定内部和外部政治冲击的应对机制,比如某个国家对本国宣战

资料来源:BIS*,G20**,作者根据相关资料整理。

　* BIS, "Macroprudential Instruments and Frameworks: A Stocktaking of Issues and Experiences", CGFS papers No. 38. May. , 2010.

　BIS, "Addressing Financial System Procyclicality: A Possible Framework", Apr. , 2009.

　** G20, "Guidance to Assess the Systemic Importance of Financial Institutions, Markets and Instruments: Initial Considerations", Report to G20 Finance Ministers and Governors by IMF, BIS and Financial Stability Board. Oct. , 2009.

3.6 小结

宏观审慎首次应用于 1979 年的 Cooke 委员会。该委员会于 1979 年 6 月 28 ~ 29 日讨论国际银行业信贷数据采集和期限转换时认为：委员会关注的微观经济问题开始演化为宏观经济问题，相应地，微观审慎应开始转变为宏观审慎，委员会对宏观审慎问题需要有直接的关注，即微观审慎和宏观审慎都是委员会的职能范畴。宏观审慎主要关注于银行业整体业务的稳健性和对储户的保护，通过强化整体性监管，即基于微观审慎监管的原则，同时以更加广泛的视角相匹配，即所谓的宏观审慎。

美国金融危机之后，G20 是宏观审慎政策框架建立的主要推动力量，其宏观审慎政策主要是指宏观审慎监管。2009 年 4 月，G20 伦敦峰会首次提出审慎政策。经过几次峰会之后，在 2010 年 11 月的首尔峰会上，G20 领导人批准了宏观审慎政策框架（Macroprudential Policy Frameworks），对这个政策框架进行了系统性的描述和界定。自从"十二五"规划纲要提出金融宏观审慎管理制度框架的概念之后，中国人民银行开始进行相关的研究和界定，主要是加强系统性风险防范、构建逆周期金融宏观审慎管理制度框架的有关工作，重点是建立逆周期信贷调控机制和强化系统重要性金融机构的宏观审慎管理。

微观审慎监管和宏观审慎管理的区别体现在目标、风险秉性、关联性以及标准等方面。微观审慎监管是指旨在保障单一金融机构稳健运行的一系列监管政策和工具，重点在于防范单一金融机构的个体违约或破产风险。而金融宏观审慎管理则主要关注系统性风险，旨在防范系统性风险对整个金融体系的潜在冲击。

宏观审慎管理与货币政策是相辅相成的关系，货币政策更为基础。宏观审慎政策的目标是防范系统性风险，特别是时间维度和空间维度的风险传播和升级，促进金融体系的自我修复，保障金融体系整体的安全性和稳健性，并确保经济周期中金融服务的稳定供给，有效发挥金融体系在资源配置中的基础作用。货币政策的目标在于物价、增长、就业和国际收支失衡，而宏观审慎政策重在稳定金融体系，为此，货币政策的目标范畴比金融宏观审慎政策目标更为基础，二者并非隔离，而是相互影响渗透的，有利于各自政策框架的完善和效力的发挥。

金融宏观审慎管理框架涉及以下主要元素：宏观审慎的主要监管主体、监管体系的框架设计、宏观和微观审慎指标体系以及相应的法律、制度和规范等。系统性风险的权威负责机构是金融宏观审慎管理框架的关键。

4

系统性风险、金融安全与
宏观审慎管理：理论分析

    2007 年开始的全球金融危机重创了美国和欧洲等发达经济体，对国际金融市场和全球经济增长也带来极大冲击。直至 2010 年底，金融危机的影响仍然在深化。国际货币基金组织对金融危机剖析后指出，危机爆发存在三大根源：一是金融监管的失败；二是宏观经济政策和金融体系制度特别是货币政策和制度错配助长了系统性风险的产生与积累；三是全球金融体系内生的风险因素。这三个方面都涉及系统性风险问题，金融监管机制没有对系统性风险作出理性的判断和有效的应对，宏观政策负有"系统性责任"，全球金融体系的脆弱性使得系统性风险在全球传播成为现实。

    系统性风险及其传染机制在金融危机之后的金融监管反思中处于核心位置，防范和治理系统性风险成为后危机时代学术界、政策界的重大任务。为此，系统性风险如何产生、系统性风险的传染机制以及系统性风险的防范和应对成为主要讨论的问题。本章首先将讨论系统性风险的产生机制，其次分析系统性风险的累积与触发机制，再次分析系统性危机的演进，然后将基于系统性风险的触发因素和传染机制，针对性地分析系统性风险治理的宏观审慎框架，最后是简单的小结。

4.1　系统性风险

4.1.1　系统性风险的原始含义

系统性风险最原始的含义来自证券市场投资。一般的，证券市场投资将会面临两种类型的风险：系统性风险和非系统性风险。如果根据风险形成的根源分析，二者分别对应于外生性风险和内生性风险，前者是投资者无法控制的，后者则是投资者自身的问题。此时，系统性风险是指由于整体性的共同冲击引起的投资者投资收益的潜在变化。这种冲击将对整个证券市场以及绝大部分证券产品产生普遍性的负面冲击。由于这种风险是不能通过所谓的分散投资来"此消彼长"，所以在证券市场中又被认为是不可分散风险。

证券市场中的系统性风险是投资者面临的外部因素，是不可控的冲击，一般是由政治、经济或外交等宏观因素造成的，可以分为政策风险、利率风险、购买力风险以及市场风险等，其中政策风险和利率风险的系统性冲击最强。由于此类系统性风险是无法通过分散投资来规避的，最好的应对措施有三个：一是时刻警惕宏观政治、经济局势是否可能发生逆转；二是严格控制投资头寸；三是严格执行止盈与止损的投资纪律。

4.1.2　全球金融危机中的系统性风险

相对于证券市场系统性风险的外生性而言，本轮金融危机所体现出来的系统性风险则是一种内生性风险，是指金融体系作为一个整体可能存在的风险及其可能对金融体系本身以及实体经济所造成的冲击。此时，系统性风险的传染是一种由内而外的风险传播机制，不同于证券市场中由外而内的冲击方式。为此，本轮金融危机所展示的系统性风险是一种对金融体系整体稳定性和经济平稳发展产生影响的不确定因素，是一种内生性的、由内而外的风险。

系统性风险最重要的特征就是内生性的风险具有极大的负面外部性，即这类风险的风险收益具有不对称性。一个金融行为事件对于单一机构可能是有利的，但是对其他机构、整个市场乃至实体经济的冲击是难以评估的。系统性风险的存在和爆发，可能导致金融市场失灵，引起市场的极度恐慌，使得金融体系丧失基本的资金融通功能，甚至使得经济陷入一个严重的衰退泥潭。

从历史的经验教训可以看出，系统性风险一般可以分为两类，都可能对金融体系造成实质性的冲击。第一类是以大萧条为代表的"集体失败"，即大部分金融机构几乎遭遇类似的系统性冲击，这与证券市场的系统性冲击有些相似，不过这些"集体失败"的风险实际上还是内生的。第二类是以次贷危机引发的全球金融危机为代表，主要是金融系统重要性市场、机构的失败引发了金融体系的整体性危机。

4.1.3　系统性风险的根源

1. 与大萧条的历史比较

从上文提及的系统性风险的两个类别的区分看，不同系统性风险产生的根源是不一样的。从大萧条和本轮金融危机的比较中可以发现，金融风险的逐步升级的机制及其潜在的根源是有差异性的。[①]

大萧条是一次银行危机，也是一次广泛的清偿危机。大萧条主要来自两个传导渠道，一是长期以来的通货紧缩引起的银行危机，这种通货紧缩来自美联储的紧缩政策以及银行体系内部的惜贷，实际上是一个顺周期效应的体现；二是名义工资相对价格变动调整不充分，造成实际工资高于市场出清水平，最后造成了产能的严重过剩。[②] 相对而言，第一个因素更加根本，因为美联储实行了不恰当的顺周期紧缩政策，使得第一波银行危机引发第二波银行危机，并将金融经济体系拉入大萧条的泥潭。这意味着系统性危机可能来自于顺周期效应，是一个时间维度的

---

①　郑联盛：《美国新金融危机与大萧条的历史比较》，《国际经济评论》2009 年第 1 ~ 2 期。

②　Bernanke, Ben, "The Macroeconomics of the Great Depression: A Comparative Approach", *Journal of Money, Credit and Banking*, XXVII (1995): 1 – 28.

问题。

本轮金融危机首先是一个流动性危机，而流动性危机则发端于流动性泛滥。投资银行、对冲基金等金融机构所从事的证券化和高杠杆操作，使得金融体系流动性的易变性和脆弱性上升，流动性在金融局势不同情况下可能被数倍放大或者缩小。金融创新和杠杆操作使货币供应在一定程度上脱离中央银行的控制，而更多地受制于经济体系内部因素的支配，比如货币乘数的顺周期变化，从而严重削弱了中央银行对货币供应的控制能力。值得注意的是，创新型金融产品和资本运作在金融繁荣阶段对信用创造的作用非常大，同时对流动性的依赖程度更加敏感，金融创新产品和高杠杆交易运营在金融局势紧张的条件下更容易丧失再融资功能，从而使得流动性循环的链条断裂，导致市场的整体流动性大幅萎缩，产生流动性危机。① 更为严重的是，在流动性危机出现之后，金融市场开始出现严重的惜贷行为又进一步导致信用紧缩，大型金融机构面临流动性枯竭而陷入危机，给市场带来了巨大的信心冲击，引发了更为严重的信用危机和系统性危机。相对大萧条而言，本轮金融危机的更为显著的特征是大型金融机构的轰然倒塌，尤其短期融资市场最主要的做市商雷曼兄弟破产以及美国"五大"投资银行的整体"消失"，以及房利美、房地美这两个具有政府隐性担保的机构和 AIG 等大型金融机构的危机，使得基于信用和流动性的资本市场主导型金融体系在短时间内陷入系统性危机。

在大萧条和本轮金融危机的比较中，大萧条与本轮金融危机具有相似的风险传递机制要素，同样具有顺周期问题，比如金融体系内生的流动性创造就具有极为明显的顺周期效应。但是，与大萧条不一样的是，本轮金融危机的升级主要是由系统重要性机构引发的，从雷曼兄弟到债券市场，从债券市场到整个金融体系，从金融体系到宏观经济体系，从美国到全球逐步升级，即存在一个风险的点到面、面到面的传递，突出

---

① Reinhart, Carmen and Kennerth S. Rogoff, "Is the 2007 Subprime Financial Crisis So Different?" An International Historical Comparison, Draft, Feb., 2008.

表现为空间维度的风险传染。

2. 系统性风险的两个维度

综合历史经验分析，理论上可以将系统性风险的产生根源分为两类：时间维度和空间维度。[①] 时间维度（Time Dimension）是指金融风险在时间维度上的演进过程，特别是金融体系和实体经济在经济周期中如何相互作用并放大风险，即金融体系的顺周期性。时间维度主要关注的变量及机制体现在两个方面：一是在金融体系的自我反馈效应中，系统性风险是如何随时间变化和放大的；二是系统性风险如何与金融、经济中的周期性变量相互叠加与强化，特别是信用和资产价格的涨跌。

空间维度（Cross-Sectional Dimension）是指在特定时点上，风险是如何在不同部门以及整个金融体系内蔓延，即从跨部门视角研究风险问题，主要关注具有相似风险暴露的机构以及内在关联性，并关注金融体系的风险如何向其他部门传染。在风险传染的方式上，可以分为三种情况：一是点到面的风险传递，即从单一机构向整个部门的传染；二是面到面的传染，即金融部门向其他部门的传染；三是跨境传染。实际上，跨部门和跨境的风险传递带来的冲击可能更为巨大，因为风险可能不再局限于金融体系而是整个经济体系，可能不限于单一经济体而可能是一个地区甚至全球性的，东亚金融危机以及本轮金融危机都是很好的例证。空间维度的主要关注点在于三个方面：其一，单一机构和单一部门的风险头寸，比如本轮金融危机中 AIG 的住房抵押贷款头寸以及投资银行的住房抵押贷款头寸；其二，机构和部门的脆弱性，比如"两房"的杠杆率超过 60 倍，应对风险冲击的能力是极其脆弱的，对冲基金行业的杠杆率也非常之高，可能引发"羊群效应"；其三，风险传播的机制，点到面和面到面将呈现不同的风险等级与冲击力。

[①] BIS, "Addressing Financial System Procyclicality: A Possible Framework", Annual Report, Apr., 2009.

4.2 系统性风险的触发因素

系统性风险的产生和积累需要一个较长的时间，其产生可能具有一定的偶然性，不过系统性风险的产生和爆发在偶然中总是有必然的因素。一般而言，系统性风险产生和累积往往是静悄悄的，经常在市场参与者和政策决策者的视野之外，但是，系统性风险的爆发却是暴风骤雨式的，往往出乎市场和政府的预期，也就是说金融体系的运行在系统性风险的影响下呈现不对称的走势。

4.2.1 系统性危机触发因素的偶然性与必然性

在考察全球金融历史上几次重大的金融危机之后，可以发现系统性风险的爆发和严重的金融危机的产生往往具有不同的触发因素，即金融不稳定性往往具有偶然性特征：1987 年美国储贷危机源自美国股票市场的"黑色星期一"，1987 年 10 月 19 日道琼斯指数暴挫 22.6%，远远超过 1929 年 10 月 29 日的 12.8% 的历史纪录；东亚金融危机的导火线是泰铢的大幅贬值，幅度为 17%；美国金融危机升级的促发因素是流动性枯竭，TED 利差（泰德利差，LIBOR 短期拆借利率减去 FED 基准利率）单日涨幅高达 400 多个基点。

但是，考察系统性金融危机爆发的触发因素的偶然性，其实可以发现其背后的必然性，即经济运行规律将对此前不合理的制度和市场进行清算。比如储贷危机背后是美国私人部门和政府部门的过度负债；东亚金融危机的罪魁祸首是债务的币种和期限错配及其相关的汇率制度问题；美国金融危机的升级则是缘于流动性运行机制对系统重要性机构的过度依赖等。

关于系统性风险的触发因素的研究中，不同研究人员研究系统性风险爆发和蔓延的研究触发因素的视角不同，衡量的标准也有所区别，但大致可以归纳为：公共政策的预期外冲击、信息不对称、集体失误、系统重要性机构破产以及制度不适应性等。

4.2.2　政策的预期外冲击

公共政策的预期外冲击往往是引爆系统性危机的最重要引信。一般而言，系统性风险在经济繁荣阶段由于顺周期性开始产生和累积，金融市场出现系统性风险迹象的时刻往往是公共政策开始逆转的时刻，即开始从宽松向中性甚至紧缩转换，在这个过程中可能开始弱化金融稳定的基础，点燃系统性危机爆发的引信。当然，这个过程是政策当局所没有意料到的，或者对政策的负面冲击的估计不足。

政策冲击引发的系统性危机最为经典的就是大萧条。美联储不恰当地紧缩政策被认为是大萧条爆发的重大政策根源。20 世纪 20 年代末期，当时，国际货币体系仍然是金本位，不过已经摇摇欲坠。由于黄金大量流入美国，使得美国的货币供给大幅度增加（数倍于黄金流入增量），带来了严重的市场投机。1928 年，美联储为了抑制股票市场的投机，转向了紧缩货币政策，以冲销黄金流入带来的流动性泛滥。但是，这一重大的紧缩措施使得流动性陷入短缺状态，各地处在联邦存款保险制度之外的中小银行和农村地区的银行随着商品和股票价格的大幅下跌发生了严重的倒闭现象，即第一轮银行危机爆发。如果此时美联储能够放松货币政策，采取流动性注入等紧急措施，那么严重的萧条可能可以避免。①

本已处在不断深化的通货紧缩在 1931 年秋天被美联储演变成大萧条，利率的意外提高和黄金的外流带来了更多的银行破产以及经济活动更大的衰退。由于英国、德国放弃金本位而导致美元遭抛售，美联储为了维系已不适应时代要求的金本位，不顾经济和金融的紧张状况，在 1931 年 10 月提高了贴现率。持续不断的通货紧缩的恶性循环使借款者违约率不断升高，同时，金融机构被迫出售资产以满足资金需求，资产价格大幅下挫。资金需求上升和资产价格下跌再次掀起了银行危机。联

---

① 〔美〕米尔顿·弗里德曼著《货币稳定方案》，宋宁等译，上海人民出版社，1991，第 83 页。

邦储备体系在解决银行偿付能力和系统性危机方面基本没有有效措施。1932 年第 4 季度美国银行体系遭遇了新一轮危机，并出现更为严重的流动性紧缩直至枯竭，最后直接导致了 1933 年的"银行休假"和史无前例的大萧条。Temin 甚至认为，美联储的不当政策措施下，大萧条已经难以避免。①

4.2.3　信息不对称

在行为金融学中，基于信息不对称的金融行为研究十分深入，但此前信息不对称研究主要基于单一机构或市场，而信息不对称对系统性风险特别是交叉风险的研究是近期才不断深化的。英格兰银行认为，信息不对称是系统性风险爆发的最基本的因素之一。② 实际上，传染机制中的"羊群效应"、"动物精神"、"蝴蝶效应"等也与信息不对称相关。

信息不对称对系统性风险的影响首先表现在逆向选择。在美国次贷危机中，逆向选择的作用十分明显，本来难以获得住房抵押贷款的客户在信贷标准人为降低之后成为"房东"，次贷市场的发展远快于优质抵押贷款市场，住房抵押贷款市场的资产质量整体不断下降，从而逐步累积系统性风险。在宏观经济政策，特别是货币政策转向之后，这批偿付能力较差的群体成为次贷危机爆发的第一个环节，他们的止赎率不断提高，并于 2006 年底开始冲击次贷市场，最后引发次贷危机。

信息不对称可能引发道德风险，这主要体现在政府政策上面。如果政府对于某些金融交易或行业发展提供显性或隐性的担保，那么金融机构或行业就可能产生道德风险问题，比如政府的安全网将潜在地降低金融机构的风险溢价水平，使得这些机构持有过多的风险头寸，特别是那些"大而不倒"的金融机构。同时，投资者的信息和风险评估也可能被政府政策的稳健性目标和机构保护所扭曲。比如，在本轮金融危机中，美国政府强力救援了贝尔斯登，市场预期美国政府也将救援其他陷

---

① 〔美〕恩格尔曼等著《剑桥美国经济史》（第三卷），高德步等译，中国人民大学出版社，2008，第 387 页。

② Bank of England, "The Role of Macroprudential Policy", Nov., 2009.

入困境的机构，当雷曼兄弟爆出破产风险的时候，市场主体基本没有对雷曼兄弟破产采取应有的风险应对措施，而在政府声明不救援雷曼兄弟时，系统性危机已经难以避免。

信息不对称将使风险定价过低、风险暴露相似。由于在市场中，很大一部分参与主体对信息的了解是片面甚至扭曲的，所以他们作出了一个较为理性的选择，那就是采取"跟随"策略。这种跟随的对象往往是主要的市场参与主体或者大型机构，而这些主体或机构往往被认为是行业"标兵"，对信息的掌握相对更全面，他们此前的风险收益也是较高的。这样，很多投资者就有内心的冲动采取跟随策略，不过高收益一般是与高风险相联系的，导致整个金融投资行为对风险的定价过低以及对风险资产的过度偏好，更为严重的是，持有相似的风险资产。投资者在金融体系相对稳定阶段，就集体性地低估了风险估值的应有水平，并忽视了金融稳定性逆转的可能性，即出现"风险近视症"。

信息不对称往往是金融危机升级的重大因素。在金融危机拉开序幕时候，市场参与者可能会出现恐慌，比如一个银行出现破产的虚假传闻，就可能引发市场的恐慌，由于储蓄采取先到先得原则，可能导致挤兑行为的发生，最后真的使得银行破产了，此即为预期的自我实现效应。对于金融体系的整体而言也是如此，如果单一银行破产导致了市场主体强化了其他银行破产的预期，那么其他银行也可能发生挤兑破产，从而升级为整个银行体系的危机。

不合理的薪酬机制背后就是信息不对称引致的委托—代理问题。信息不对称最为经典的例子就包括委托—代理问题，而这个问题在金融体系表现得淋漓尽致。在金融机构中，管理人员的薪酬是与当期（或相对长期，比如3年）机构的业绩直接相关的，而股东的利益则体现在长期稳定的回报，这种基于当期收益的薪酬制度使得管理者更愿意持有更大的风险头寸以获得更高的风险收益，当这种行为成为一种集体性行为时，就可能引发系统性风险。比如，AIG就是为了获得更高的收益，而持有过多的抵押贷款支持债券，最后导致AIG危机。

4.2.4 集体失误

集体行为是在特殊的社会场合下基于规则或无规则，以给定社会场景为基础的群体性行为。集体行为可以分为有组织的和无组织的。在经济范畴内，经常也会出现集体性行为，比如在某一家银行存在破产风险时，就可能发生集体性的提款行为，即发生挤兑。从理论上讲，一个有效市场其本身功能是完善的，投资者是经济理性的，价格能够充分反映所有信息，即市场是出清的，为此，市场供求平衡时价格是均衡的，此时金融市场是有效市场。

但是，历史表明，市场出清只是一种理论境界，现实几乎达不到这样的局面，特别是当市场参与主体发生趋势一致的行为的时候，市场将是混乱而恐慌的，甚至出现趋势性的集体性溃败。在面临金融风险时候，个体的理性行为往往是集体性的，虽然这样的集体行为可能不是经过协调一致之后的集体行动，但是个体的理性行为对于个体是利益最大化，但对市场整体而言并非是最优均衡，往往引发集体性的溃败，比如经常会出现羊群效应、动物精神、非理性躁动、恐慌等市场失误，[①] 最后的结果就是系统性危机的爆发和升级。

羊群效应（Herd Behavior）是我们最为熟知的集体性失误的典型代表。羊群效应在经济学范畴内是指经济行为个体的从众心理和行为。羊群效应在金融风险暴露初期十分明显，是危机升级的重要催化剂。在金融危机的初期，市场的信息是混乱无序的，市场主体实际上没有理性判断和行为的基础。此时如果有一个标志性主体（头羊）执行了趋势性行为，那么其他主体将会据此做出判断和效仿，导致羊群效应的产生，而这种集体性行为将是一个自我强化的过程，将导致整个市场情绪的趋势性恐慌，使得金融危机不断升级。

---

① 周小川：《金融政策对金融危机的响应——宏观审慎政策框架的形成背景、内在逻辑和主要内容》，2010 年 12 月 15 日在北京大学的讲演，见中国人民银行网站：http：//www.pbc.gov.cn/publish/goutongjiaoliu/524/2011/201101041919015596935544/20110104191901596935544_ .html。

4.2.5　系统重要性机构

在系统性金融危机的爆发和升级中，市场处在一种混沌和无序之中，经常会出现羊群效应等集体性失误，但是，羊群效应的产生往往是需要一只"头羊"的，在金融体系中，这只"头羊"往往是具有系统重要性的市场参与主体。为此，在系统性危机的演化中，系统重要性机构往往扮演了重大的角色。

在东亚金融危机中，出现了集体性的货币抛售，这种行为就是羊群效应的一种体现。当时，扮演"头羊"角色的主要是投机资本，特别是对冲基金。对冲基金大肆做空泰铢等东亚国家货币，使得这些货币的持有者产生恐慌情绪，也大肆卖出此类货币资产，从而强化了这些货币的贬值趋势，使得货币危机爆发。① 在 20 世纪 90 年代初期的英镑和意大利里拉危机中，"头羊"同样是对冲基金。

在本轮金融危机中，扮演"头羊"角色的就是美国五大投资银行，他们基于自身资产负债表管理，在金融风险爆发之际，通过筹集新的资本金或出售风险资产来保障自身的稳健性，但是当市场出现集体性的资本金缺乏和风险资产出售狂潮之后，就产生了流动性的严重紧缺和资产价格的下跌螺旋，最后导致流动性的枯竭和信用体系的动摇，引发了系统性危机。

当然，在不同的危机情境中，系统重要性机构的界定是不一样的，一般而言，具有系统重要性的机构往往是大型的金融机构。政府一般在金融局势紧张时也会救助大型金融机构，以防止其倒闭产生的系统性冲击，所以就产生了所谓的"大而不倒"效应。但是，也并非所有的系统重要性机构都是大型机构，比如支付清算机构也可能是系统重要性机构，信用评级机构也可能是具有系统重要性的，很多对冲基金也不算是大型机构却可能具有系统重要性。

---

① Eicheengreen, B. and Donald, M., "Hedge Funds and Financial Market Dynamics", IMF Occasional Paper No. 166, 1998.

鉴于系统性风险和系统重要性机构在金融危机中的重要性，下文将对"大而不倒"效应和影子银行体系进行较为深入的剖析与讨论。

4.2.6 制度不适宜性

一个金融体系，一般是金融制度、金融机构和金融市场等要素的有机组合。金融制度是金融机构业务运行和金融市场功能发挥的重要基础。但是，由于制度的调整和改革往往是滞后的，经常会出现制度无法适应金融机构和金融市场的发展需求，金融制度可能成为制约金融体系发展的要素，甚至可能引发金融风险。

在本轮金融危机中，金融监管制度和会计准则是受到极大质疑的两个基础制度。研究认为，美国基于分业监管的伞形、多头、双层的监管体系无法适应美国金融行业混业经营模式的现实需求，从而导致金融监管漏洞的产生，金融监管在宏观审慎方面的职能缺失非常严重，是系统性风险产生的重大制度基础。[1] 而以市定价的会计准则则被认为是金融危机升级的重要推手，因为以市定价使得金融机构的资产负债表随着相似资产价格的下跌而被动紧缩，导致资本金需求的进一步提高，加大流动性紧张的局势，同时引致资产价格的自我强化的下跌螺旋。[2]

在以前的系统性危机中，制度因素也是十分明显的。大萧条的爆发中，对金本位制度的迂腐维系是导致美联储货币紧缩的根源，可以说金本位是大萧条的重大的制度根源。在 20 世纪 90 年代初期英镑危机中，固定汇率制度下的英镑高估是危机爆发的重大因素，对冲基金做空英镑就是针对其制度的不可维系性。而在东亚金融危机中，同样是由于汇率制度问题引致货币危机，第 356。[3]

---

[1] Hoenig, Thomas M., "Maintaining Stability in a Changing Financial System: Some Lessons Relearned Again?" *Economic Review*, Federal Reserve Bank of Kansas City, First Quarter (2009): 1 – 18.

[2] Financial Stability Forum, "Report of the Financial Stability Forum on Addressing Procyclicality in the Financial System", Apr. 2, 2009.

[3] 何德旭、郑联盛：《世界金融危机的回顾与反思》，载邹东涛主编《中国经济发展和体制改革报告：金融危机考验中国模式》，社会科学文献出版社，2010，第 356 页。

4.3 系统性危机演进及其对金融安全的影响

4.3.1 系统性危机的区分

系统性金融危机是对经济和金融体系中的不适应性和风险进行的内生性的自我矫正，尤其是对市场和制度失灵的"清算"。上文提及触发系统性金融危机的因素有内部、外部和内外结合之别。当金融危机发生时，全部或者部分金融指标（比如短期利率、资产价格、企业破产数和金融机构倒闭数等）都发生了急剧的恶化甚至造成整个金融行业的困顿，并对经济基本面产生巨大的冲击，导致产出的大幅减少。[①]

4.3.2 系统性危机的演进过程

由于不同危机的类型及其所处环境迥异，对金融危机演进的理解和研究存在较大的差异。但是，基于明斯基和金德尔伯格的一般性分析框架（主要基于系统性银行危机），还是基本能够概括金融危机的演进过程。[②] 同时考虑到其他一些相关的经验和理论研究，本节将以系统性银行危机为例做一个简单的危机进程描述。

1. 系统性危机孕育阶段

政府政策过失和制度缺陷是金融风险产生的重大根源，是金融危机的重要基础。明斯基和金德尔伯格等的研究认为，危机孕育阶段的风险内在机制就是"错位"（displacement），包括政策与制度之间的错位、政府与市场之间的错位等。克鲁格曼等研究不同新兴经济体的货币危机时得出相似的结论：新兴经济体的制度错配、政府过度扩张的财政和货币政策是系统性危机的重大根源。国际货币基金组织基于 1970～2007

---

① IMF, "World Economic Outlook", May, 1998.

② 何德旭、郑联盛：《金融危机演进、冲击和政府政策》，《世界经济》2009 年第 9 期。

年共计 42 次系统性银行危机的研究发现：金融危机经常是非审慎的宏观经济政策、过度的信用扩张和外部冲击等的产物。金融危机的风险初始来源一般和经济衰退萧条中的扩张性宏观政策紧密相关，与经济扩张相伴随的信用扩张一般是金融风险产生和累积的主要来源之一，尤其是银行危机大部分是与信用过度扩张直接相关的，即经济和金融体系中的顺周期效应。[①] 孟多扎（Mendoza）等对 1960 ~ 2006 年间 49 次信用扩张（工业化国家为 27 次，新兴经济体为 22 次）进行归纳研究指出，经济扩张过程中信用急剧扩张带来了公司、银行业和整体经济的潜在脆弱性和整体性风险，虽然不是所有的信用过度扩张都会引发系统性的金融危机，但是大部分金融危机和信用扩张存在明显的相关性。[②]

系统性风险产生具有顺周期性。在系统性风险孕育阶段，宏观经济一般处在一个上升趋势中，金融体系大多也是处在繁荣阶段，风险的累积往往是静悄悄的。在政府扩张性的政策引导下，加上金融自由化的强大支撑，一个经济体的总需求是不断扩张的。经济向好和信用扩张使得微观层面企业或行为主体杠杆倍率大幅上升，外部融资的依赖性也日益明显。在银行等金融部门，资产规模、利润和信贷出现膨胀。私人部门投资需求不断增长，银行大肆发放非审慎的贷款，特别是在资产证券化的推动下，资金流动速度加快，货币乘数变大，即产生了货币创造的过程，[③] 整个经济体系的货币供应量扩大，投机需求大规模浮现，同时产生了过度交易的情况。此时，金融市场就进入到上升阶段，由于投机需求已经转化为对商品和金融资产的有效需求，结果是商品和资产价格快速上涨。价格的上涨又带来了更多的赢利机会，吸引更多的投资者进入市场。在金融中介和金融业务的推动下，尤其是银行信用扩张，使得总需求水平不断偏离真实需求水平，资产价格也偏离了资产的价值，经济

---

① Laeven, L. and Valencia, F., "Systemic Banking Crises: A New Database", IMF Working Paper08/224, 2008.

② Mendoza, E. G. and Terrones, M. E., "An Anatomy of Credit Booms: Evidence From Macro Aggregates and Micro Data", FED, Discussion Papers No. 936, Jul., 2008

③ Allen, F. and Gale, D., "Financial Intermediaries and Markets". *Econometrica*, 72 (2004): 1023 – 1061.

和金融体系都出现了非理性的繁荣。[①]

非理性繁荣往往是金融和经济繁荣自身的掘墓人。以北欧国家的银行危机为例，芬兰银行贷款占 GDP 的比例从 1984 年的 55% 狂升至 1990 年的 90% 多，挪威、瑞典等经济体也大致相似。[②] 如果政府能够在这个阶段采取果断的应对措施，特别是控制货币扩张和放大，及时实行相对稳健的"降温"措施，金融风险和不稳定性可能会缓和甚至大部分消除。但是，北欧国家并没有收紧政策，最终导致银行危机的爆发。希尔研究认为，格林斯潘在 1996 年底就已经意识到非理性繁荣及其危害性，但是美联储并没有采取紧缩性货币政策，特别是在网络泡沫之后，格林斯潘期权（Greenspan Put）却愈演愈烈。[③] 这是美国金融体系重大风险之源。

2. 系统性危机引发阶段

随着经济繁荣和投机性繁荣的升级，货币流通速度加快，资产价格急速上升，交易量数倍放大。更重要的是，市场预期已经发生重大改变，资产价格暴涨使得市场预期未来资产的价格将再创新高，市场预期和信用扩张进一步推高资产价格，市场沉浸在极度繁荣和极其疯狂的情绪中。整个金融系统已经成为一座由价格节节攀升"建造"的摩天大厦，金融体系的脆弱性和风险程度大大提高，这个时刻往往是非理性繁荣和泡沫经济的巅峰时刻，往往也是金融风险显性化的开端。金融危机的爆发可能已经不可避免，只是时间早晚而已。

金融危机爆发的时间实际上取决于外部冲击的大小和"内部人"的行为。一方面，如果此时遭遇一个严重的外部冲击，比如货币政策当局急速收紧货币，那么由价格上涨预期累积的疯狂情绪将会逆转，危机将接踵而来。另一方面，金融体系内的"内部人"基于理性的判断认为非理性繁荣或虚高的资产价格难以持续，开始抛售资产，以锁定利润，或

---

① 罗伯特·希尔著《非理性繁荣》，李心丹等译，中国人民大学出版社，2008，第二版，第43 页。

② Drees. B. and Pazarbasioglu. C., "The Nordic Banking Crises: Pitfalls in Financial Liberalization", World Bank Working Paper95/61 - EA, 1995.

③ Mendoza, E. G. and Terrones, M. E., "An Anatomy of Credit Booms: Evidence From Macro Aggregates and Micro Data", FED, Discussion Papers No. 936, Jul., 2008.

者外部冲击使得投资者作出了卖出的决定，市场疯狂下的脆弱均衡逐渐被打破。随着"内部人"的连续行动或外部冲击逐步深化，资产价格开始明显下跌，对投资者的资产负债表开始产生实质性影响，特别是在以市定价的会计准则下，金融机构不得不进行资产减计。由于某些金融机构的过度冒险，持有过多的风险头寸，在资产价格大幅下跌过程中首先成为遭殃者，由此面临巨大的财务困难，2007年底贝尔斯登旗下的几只专注于次贷债券投资的基金就面临如此困境，很多机构也面临了巨额的财务亏损。

3. 危机爆发阶级

在金融危机爆发初期，如果金融机构是以自有资金进行交易和偿还债务，那么资产价格下跌仅仅会影响到金融机构自身的资产负债表，系统性风险可能不会被引发。不过，在危机之前，金融机构经常完全超乎"中介"的职能，而成为积极的市场投资者，持有大量的风险头寸使得杠杆率很高，而且资产负债表往往存在期限错配。如果金融体系由众多此类金融机构组成，那么这个金融体系就是以流动性为依托的有机体，单一金融机构的过度冒险行为就可能导致其他金融机构出现资产负债表问题，并引发连锁反应，这就是现代金融体系内生的内在传染性。①

风险的内在传染性使得金融机构的财务困难并不是问题的终结，而往往是系统性风险传递的开始，甚至会演化为系统性危机。投资者和金融机构开始急需流动性，同时整个金融体系的流动性发生逆转，市场开始出现巨量的恐慌性抛售，资产价格急剧下挫并引发价格下跌螺旋，投资者纷纷溃逃，大量金融机构破产，最后升级为系统性危机。

系统性危机主要是通过信息渠道、信贷渠道、资产负债表渠道和制度渠道传染的，其中信贷和资产负债表效应更为明显。传染过程通常具有几个典型的特征：资产价格快速大幅下跌，产生大量有毒资产，金融机构破产盛行，流动性在短期内从相对充足甚至泛滥逆转为紧缺甚至枯竭，金融市场的资金融通功能受到严重冲击。其中，流动性状况的逆转

---

① Allen, F. and Gale, D., "Financial Contagion". *The Journal of Political Economy*, 108 (2000): 1–33.

和金融市场的资金融通功能受到冲击，使得市场的整体流动性大幅萎缩（即信用骤停），产生流动性危机，[①] 进而产生信用的大幅萎缩，即从信用急剧扩张骤变为信用的极度紧缩（见图4－1），即"骤变"阶段[②]，这在新兴经济体表现更为明显。

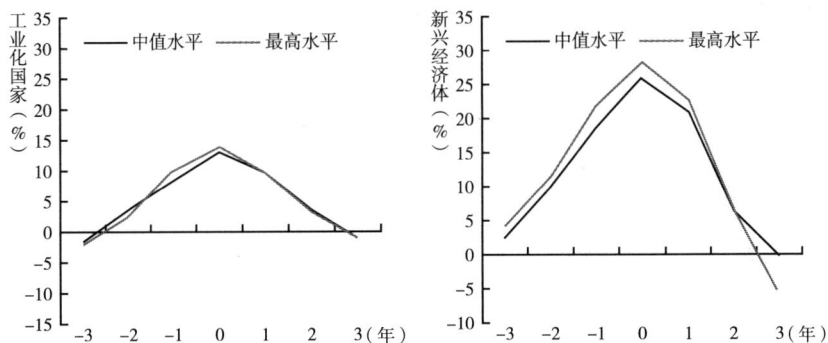

图4－1　金融危机前后三年信贷的人均水平变化趋势

注：横轴0代表金融危机发生的基期，刻度为年，以工业化国家27次金融危机、新兴经济体22次金融危机为样本，数据经过H－P滤波处理。

资料来源：Mendoza, E. G. and Terrones, M. E., "An Anatomy of Credit Booms: Evidence From Macro Aggregates and Micro Data", FED, Discussion Papers No. 936, Jul., 2008.

4. 系统性危机深化阶段

当金融危机爆发之后，资产价格大幅下挫，金融机构大量破产，金融市场资金融通和资源配置功能受到重创，金融危机对实体经济部门开始产生重大影响，即金融危机深化为经济危机。当然，并不是所有的金融危机都会引发经济危机，这主要取决于金融危机的严重程度和政府应对政策的有效性。

金融危机深化的另一个表现是金融危机的国际传染，由于金融机构的多国经营造成不同市场的溢出效应、蝴蝶效应和羊群效应，贸易和金融渠道等使得金融危机可能在区域（东亚金融危机）甚至全球范围内（美国次贷危机）传导，进而对区域经济和全球经济产生重大的负面影

---

① Reinhart, C. M. and Rogoff, K. S., "Is the 2007 U. S. Subprime Crisis So Different? An International Historical Comparison". *American Economic Review*, 98(2008): 339－344.

② Minsky, H. P., "The Financial Instability Hypothesis", NBER Working Paper No. 74, 1992.

响和冲击。①

次贷危机在 2008 年引发金融海啸，并对市场和经济造成巨大冲击。直至 2010 年底，其系统性冲击仍在深化，美国仍然在为经济增长和就业实行第二轮量化宽松政策，欧洲债务问题仍然存在重大风险，而日本又陷入通缩萧条（见表 4-1 和图 4-2）。②

表 4-1 2011 年全球经济前景仍然堪忧

经 济 体	2008 年	2009 年	2010 年	2011 年
全球经济	2.8	-0.6	5.3	3.9
发达经济体	0.2	-0.6	3.2	1.6
美 国	0.0	-2.6	3.0	1.7
欧 元 区	0.5	-4.1	1.9	1.4
德 国	1.0	-4.7	3.6	3.1
日 本	-1.2	-5.2	4.4	-0.7
英 国	-0.1	-4.9	2.1	0.7
新兴经济体	6.0	2.5	7.5	6.2
中 国	9.6	9.1	10.4	9.2
印 度	6.4	5.7	10.6	7.2
巴 西	5.1	-0.2	7.5	2.7

注：表格中数值为各经济体国内生产总值（GDP）年度同比数据。
资料来源：IMF，"World Economic Outlook"，Apr.，2012。

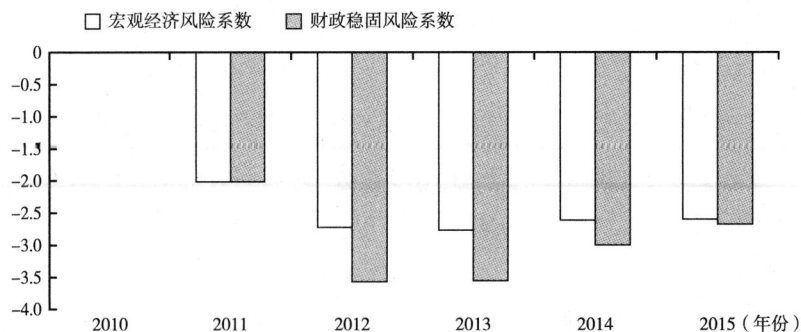

图 4-2 发达经济体风险系数在 2012 年最高

资料来源：IMF，"World Economic Outlook"，Oct.，2010。

① 何德旭、郑联盛：《世界金融危机的回顾与反思》，载邹东涛主编《中国经济发展和体制改革报告：金融危机考验中国模式》，发展和改革蓝皮书，社会科学文献出版社，2010，第 372 页。
② 郑联盛：《量化宽松政策：原因、趋势及影响》，《中国金融》2010 年第 23 期。

4.4　金融安全、系统性风险与金融宏观审慎管理

系统性风险可能引发系统性危机，其造成的金融体系混乱、经济增长损失和社会福利损失是严重的。为此，防范系统性风险，有效应对系统性危机是宏观审慎政策的重大目标，也是金融宏观审慎管理政策的立足点和出发点。这里将基于金融安全的视角，从系统性风险产生的根源、系统性危机的触发因素以及危机的演进过程来分别讨论。

4.4.1　基于系统性风险根源的金融宏观审慎管理分析

从系统性风险产生的时间维度和空间维度出发，可以看到系统性风险的产生、累积和集中爆发主要根源于：政策、监管和金融体系的顺周期性、系统重要性机构破产引发的系统性风险传染以及基于金融机构内在关联性的不同层次的风险传递。从这个角度出发，金融宏观审慎管理应该加强对顺周期效应的审慎监管和政策应对，强化对系统重要性机构的监管，以及评估金融体系的内在关联性。

顺周期效应主要体现在银行体系、资产价格和金融监管等方面的顺周期行为。对于以银行主导的金融体系而言，减少银行顺周期行为的应对主要集中在资本金、贷款损失计提准备以及风险定价模型等方面。特别是资本金的逆周期性成为金融危机之后解决顺周期效应的主要政策讨论重点之一。巴塞尔银行监管委员会认为在资本金方面，应对的举措主要包括两个方面：一个方面是提高资本金充足水平，这主要是通过限制银行的杠杆率降低风险暴露和顺周期效应；另一个方面是建立缓冲资本机制，主要在于应对顺周期效应，特别是在金融和经济紧张局势下。整体而言，应该建立逆周期的资本要求、逆周期的拨备要求、逆周期的信贷政策、建立金融体系的自动稳定器和相应调整的资本缓冲规模等。①

---

① Basel Committee on Banking Supervision, "Countercyclical Capital Buffer Proposal", Jul., 2010.

当然，这些工具有些是微观审慎和宏观审慎指标并举的，但整体而言都是属于金融宏观审慎管理的范畴。

在应对系统性风险过程中，特别是应对风险的空间传播中，日常的监测机制是非常重要的，尤其是对特定领域和大型机构的监测。IMF认为，需要建立宏观审慎指标和早期预警指标来完善金融宏观审慎管理，监测金融体系的系统性风险。[①] IMF框架下的宏观审慎指标主要分为两个组：其一是微观审慎变量；其二是特定宏观经济变量。这两组变量都是对金融体系具有潜在重大影响的因素。早期预警机制是对金融体系中的系统风险进行量化评估并引发预警的制度性安排。2006年IMF归纳编制了金融健全指标（Financial Soundness Indicators，FSI）共计39个指标，其中包含了5类12个核心指标（core set）与27个参考指标（encouraged set）。5类指标分别为：资本充足率、资产质量、赢利性、流动性以及市场风险敏感性。[②] 除了进行日常性的监测之外，一些研究认为需要对银行体系进行压力测试，来评判银行或金融体系在遇到宏观经济冲击或异常事件冲击时的敏感性和波动性，其目的是通过评估银行在遭遇冲击时可能存在的潜在风险及其系统性影响。[③]

关于顺周期效应及其宏观审慎应对，将在下文单独讨论。

4.4.2 基于系统性风险触发因素的金融宏观审慎管理工具

系统性风险的触发实际上已经意味着金融危机已经初现端倪。就基于风险产生的宏观审慎举措，针对风险触发的因素的监管而言，此时的金融宏观审慎管理严格意义上算是风险应对的政策。从上文的分析看，

① Evans, O., Leone, A., Gill, M. and Hilbers P., "Macro-prudential Indicators of Financial System Soundness", IMF Occasional Paper, No. 192, Apr., 2000.

② IMF, "Financial Soundness Indicators (FSIs) and the IMF", http://www.imf.org/external/np/sta/fsi/eng/fsi.htm.

③ Martin Cihak, "Stress Testing: A Review of Key Concepts", Research and Policy Notes 2004/02, Czech National Bank, 2004.
European Central Bank, "EU Stress Test Exercise-Key Messages on Methodological Issues", Jul., 2010, http://www.ecb.int/pub/pdf/other/eustresstestexercisekeymessagesmethodologi calissues 201007en.pdf.

能够触发危机的因素主要有：公共政策的预期外冲击、信息不对称、集体失误、系统重要性机构以及制度不适应性等。

一般的，公共政策方向的转换及其带来的预期外冲击以及制度不适应性等宏观因素在以往的金融危机中屡见不鲜，这类因素的教训就是对宏观政策的适宜性提出了更高的要求，特别是政策的副效应或负面冲击需要更严格地评估。而制度性错配也考验政府的治理水平以及深化改革的决心，错配问题往往是被政府或监管当局忽视了。

信息不对称和集体失误是行为金融中的重要研究内容，是金融体系风险强化的内在机制的重要体现，这两个方面实际上有相通之处，都是基于信息不对称下的行为选择，对风险的升级都具有催化甚至放大作用。针对此类缺陷，宏观审慎政策主要的应对措施就是信息透明和及时有效的应对策略。比如在银行发生挤兑时，监管当局如果承诺对该银行的储蓄进行完全的担保，将极大地缓解恐慌情绪和挤兑的可能性。当然，监管当局缓释紧张局势，一方面需要强化信息透明，增强信心，另一方面需要密切关注流动性紧张程度，在必要时及时足额地注入流动性，这比道义劝说更具现实意义。

本轮金融危机与以前危机存在的较大的触发因素差异在于系统重要性机构。系统重要性机构可以是一个单一金融机构，也可以是一个金融控股集团，它们对系统性危机的传染的推动作用在本次危机中已经被国际社会充分认识。为此，应对系统重要性问题成为强化金融宏观审慎管理的重大任务。比如，针对"大而不倒"效应的监管应对研究就十分深入，[1] 也提出了很多政策建议，特别是所谓的"沃尔克法则"。[2]

本书将把系统性重要机构区分为大型复杂金融机构及其引致的

---

[1]　IMF, "Lessons and Policy Impilcations from the Global Financial Crisis", IMF Working Paper 10 - 44, 2010.
　　ECB, "Has the Financial Sector Grown Too Big?", Speech by Lorenzo Bini Smaghi, Apr. 15, 2010, http://www.ecb.int/press/key/date/2010/html/sp100415.en.html.

[2]　Volcker, Paul, "How to Reform Our Financial System", New York Times, Jan.30, 2010.

"大而不倒"效应，以及以影子银行体系为代表的系统重要性机构。这在后面的两章中将分别进行探讨。

4.4.3 基于危机传播的宏观审慎政策

此前，关于金融宏观审慎管理政策的研究一般主要关注于危机爆发之前的防范和预警，而对危机爆发之中的风险处置以及危机之后的政策应对研究相对薄弱，特别是后危机时期的宏观审慎政策没有引起足够的重视，危机应对政策的评估和反思也相对缺乏。①

一般的，对于系统性危机爆发期间的宏观审慎政策包括资本缓冲机制的逆周期运作、流动性的及时注入、问题资产的担保与处置以及宏观财政货币政策的支持等。监管当局应该临时适度放松监管指标的要求，以缓释流动性紧缩趋势。金融危机之后的宏观审慎政策包括有毒资产的处置、金融机构的重建、金融市场功能的恢复以及金融安全网的重新构建等，特别应对金融危机之前、之中的政策进行评估和反思，并进行相应的制度和政策改革，以夯实金融稳定的制度、市场和机构等的基础。

4.5　小结

系统性风险是指金融体系作为一个整体可能存在的风险及其可能对金融体系本身以及实体经济所造成的冲击，是一个由机构和市场组成、具有内在关联性金融体系产生损失的可能性，是一种对金融体系整体稳定性和经济平稳发展潜在的巨大不确定因素，是一种内生性的、由内而外的风险。系统性风险在本轮金融危机的爆发和深化中处于核心地位。

理论上，系统性风险的产生根源有两个维度：时间维度和空间维度。时间维度是指风险在时间维度上的演进过程，特别是金融体系和实体经济在经济周期中如何相互作用并放大金融风险，即是金融体系的顺周期性。时间维度主要关注的变量及机制体现在两个方面：一是在金融

---

① 何德旭、郑联盛：《金融危机演进、冲击和政府政策》，《世界经济》2009 年第 9 期。

体系的自我反馈效应中，系统性风险是如何随时间变化和放大的；二是系统性风险如何与金融、经济中的周期性变量相互叠加与强化，特别是信用和资产价格的涨跌。空间维度是指在特定时点上，风险是如何在不同部门以及整个金融体系内蔓延，即从跨部门视角研究风险问题，主要关注具有相似风险暴露的机构以及内在关联性，并关注金融体系的风险如何向其他部门传染。当然，还包括风险在不同经济体的传染和深化。

系统性风险的产生和积累一般是一个相对平静的过程，系统性危机的爆发一般都需要特定的触发因素。不同研究方法对系统性风险爆发和蔓延的触发因素的研究视角不同，衡量的标准也有所区别，但大致可以归纳为：公共政策的预期外冲击、信息不对称、集体失误、系统重要性机构破产以及制度不适应性等几个因素。其中，系统重要性机构对危机深化作用在本轮金融危机中表现得淋漓尽致。

系统性金融危机根据不同的类型具有不同的演进过程，但银行主导的金融体系的系统性危机一般还是有章可循的，其危机的演进大概包括危机孕育、危机引发、危机爆发和危机深化等不同阶段，在这个过程中，信息渠道、信贷渠道、资产负债表渠道和制度渠道等的传染作用十分明显，对于银行业危机而言，信贷渠道和资产负债表渠道传染是主导性的。

系统性风险和危机需要金融宏观审慎管理框架加以应对，宏观审慎政策应该基于系统性风险的产生、触发和危机的演进的不同视角加以区分。从危机产生的根源看，金融宏观审慎管理应该加强对顺周期效应的监管和政策应对，强化对系统重要性机构的监管，以及评估金融体系的内在关联性并作出风险应对安排。

从危机触发因素分析的宏观审慎政策也是多方面的：其一，对宏观政策的适宜性提出了更高的要求，特别是政策的负面冲击需要更严格评估，监管当局需要对政策的副作用作出适度的风险应对安排；其二，对于信息不对称和集体性失误，金融宏观审慎管理要强调信息透明和及时披露，并出台及时有效的紧急应对策略；其三，对于系统重要性机构，应该加强危机前的风险防范和危机中的政策应对，特别是对大型复杂金融机构和影子银行体系的监管需要强化审慎标准。

　　从危机传播机制的角度出发，金融宏观审慎管理在危机之前需要强化防范和预警金融风险的职能。在系统性危机爆发期间的宏观审慎政策包括资本缓冲机制的逆周期操作、流动性的及时注入、问题资产的担保与处置以及宏观财政货币政策的支持等，监管当局应该临时适度放松监管指标的要求，以缓释流动性紧缩趋势。金融危机之后的宏观审慎政策包括有毒资产的处置、金融机构的重建、金融市场功能的恢复以及金融安全网的重新构建等，危机应对政策的评估及后危机时期政策的调整和完善也是重要的工作。

5

顺周期性、金融风险与
宏观审慎管理

美国次贷问题引发的金融危机是大萧条以来全球最为严重的金融危机，对美国经济和金融市场以及全球经济和国际金融市场造成巨大冲击，截至 2010 年底，危机对金融体系和实体经济的影响尚未根本消除，预计危机的负面影响可能延续至 2012 年。

在金融危机的反思中，金融体系内生的顺周期性（或称为"亲周期"，procyclicality）以及金融监管的顺周期性被认为是危机爆发和深化的一个重大诱因。相关研究认为，顺周期性是导致金融风险累积和危机爆发的内生性因素，是导致监管失败的重大根源，也是危机爆发之后导致金融体系进一步紧缩和市场预期恶化的原因。①

为此，针对顺周期效应的讨论和改革成为金融危机之后国际社会的一个重大任务，巴塞尔银行监管委员会、国际清算银行、国际货币基金组织和金融稳定理事会等纷纷进行学术研究和政策研讨，希望通过金融

---

① Basel Committee on Banking Supervision, "Countercyclical Capital Buffer Proposal", Jul. , 2010.
Financial Stability Forum, "Report of the Financial Stability Forum on Addressing Procyclicality in the Financial System", Apr. 2 , 2009.
Brunnermeier, Markus, Andrew Crocket, Charles Goodhart, Avinash D. Persaud and Hyun Shin, "The Fundamental Principles of Financial Regulation", Geneva Report on the World Economy 11. 07 May. , 2009.

体系改革，特别是金融监管体系的改革和金融宏观审慎管理框架的完善，来改变金融体系的顺周期性。中国银行业监督管理委员会等机构也对中国商业银行的顺周期效应进行了较为深入的研究。[①]

5.1 顺周期性的经济逻辑

一般的，顺周期性是指一个经济变量跟随经济周期波动趋势而产生方向相同的变化，比如在一个经济周期中，信贷会随着经济的繁荣而膨胀，随着经济的萧条而萎缩。[②] 这种顺周期的经济行为实际上是经济行为主体应对风险收益抉择的一个自然的逻辑，而这些经济行为可能进一步强化周期波动的趋势特征，比如在经济下行阶段，受到监管资本的要求，银行将理性地减少信贷供给，这将进一步造成信用紧缩，甚至引发非线性和不连续的冲击以及系统性风险。[③]

顺周期性长期以来一直存在，并在金融风险的累积和金融危机的升级传染中发挥了重要的作用。顺周期特征的产生根源，成为学术界研究的一个重点，也是政策制定者出台相应的政策措施时一个重要的考察对象。但是，基于不同的分析框架，顺周期性产生的根源是相异的，银行内生性的顺周期行为、资本价格的周期波动特征以及金融监管等都可能是顺周期效应产生的根源之所在。

5.1.1 银行体系的顺周期性

在现有的国际金融体系中，金融体系一般可以分为以资本市场为主导的金融体系和以银行为主导的金融体系，前者主要以美国、英国为代

---

① 李文泓、罗猛：《关于我国商业银行资本充足率顺周期性的实证研究》，《金融研究》2010年第2期。
李文泓：《关于金融宏观审慎管理框架下的逆周期政策的探讨》，《金融研究》2009年第10期。

② Fama K. and Eugene F. , "Term Premiums and Default Premiums in Money Markets", *Journal of Financial Rconomics*, 17 (1986): 175 – 196.

③ Bernanke, Ben and Lown, Cara S. , "The Credit Crunch", *Brookings Papers on Economic*, No. 2 (1991): 204 – 239.

表，后者主要有日本、德国、中国等更多的经济体。即使在资本市场主导的金融体系中，银行业也是其最具系统影响力的部门之一。为此，银行体系的顺周期性成为学术界和政策界研究的一个重点领域。[①]

基于资本充足率的风险管理机制是银行产生顺周期性的制度性基础。资本充足率（Capital Adequacy Ratio）是资本总额与加权风险资产总额之比，它反映银行在存款人和（或）债权人资产遭遇损失前，银行能以自有资本承担的损失大小。资本充足率是现行银行体系资产负债比例管理中最重要的一个监管指标，也是巴塞尔资本协议Ⅱ三大支柱的首要支柱。[②]

资本充足率是通过信贷的缩放产生顺周期效应的。[③] 当经济上行时，加权风险资产总额由于风险系数和结构的变化会降低，这样资本充足率就相对提高，银行就可以投放更多的信用，从而导致整个信贷周期的膨胀；相应的，在经济下行阶段，风险资产价格下降，加权风险资产总额将上升，比如本来风险系数为 50% 现提高到 100%，那么银行相应的资本充足率就降低，银行不得不减少信用规模，从而使得信贷周期紧缩。

银行的风险偏好也是具有顺周期效应的。在经济周期的演进中，银行通过资本充足、贷款质量、贷款拨备和赢利水平等内在要素以及新资本补充的成本、资产变现的难易成本等来衡量整体的风险水平。但是，这些因素部分是具有主观性的，比如，银行贷款质量主要取决于银行内部评级、外部评级和风险模型等，而内部评级和风险模型甚至外部评级可能都有不客观因素，银行可能会顺周期高估或者低估信贷违约率，进

---

①　Borio, C, Furfine, C. and Lowe, P., "Procyclicality of the Financial System and Financial Stability: Issues and Policy Options", BIS Papers, No. 1, Mar., 2001.
Brunnermeier, Markus, Andrew Crocket, Charles Goodhart, Avinash D. Persaud and Hyun Shin, "The Fundamental Principles of Financial Regulation", Geneva Report on the World Economy 11. 07 May., 2009.

②　BIS, "Addressing Financial System Procyclicality: A Possible Framework", Note for the FSF Working Group on Market and Institutional Resilience, Sept., 2008.

③　Shin, H. S., "Financial Intermediation and the Post-crisis Financial System", BIS working papers, No. 304, Mar., 2010.

而影响风险偏好。由于贷款违约率具有周期性，这将直接导致银行风险偏好的变化以及顺周期性行为的出现。[①]

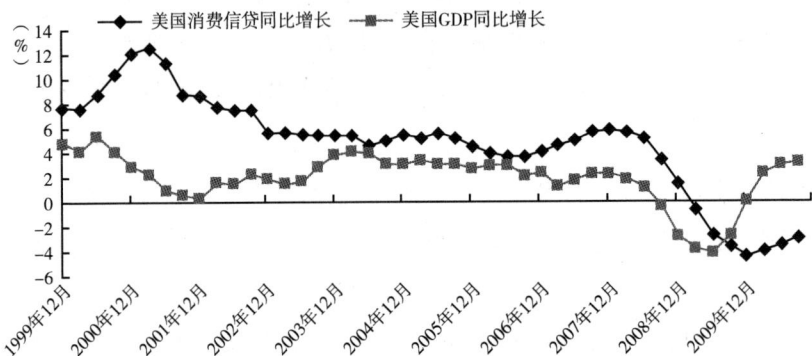

图 5-1 美国信贷增长与 GDP 增长的相关性

资料来源：CEIC。

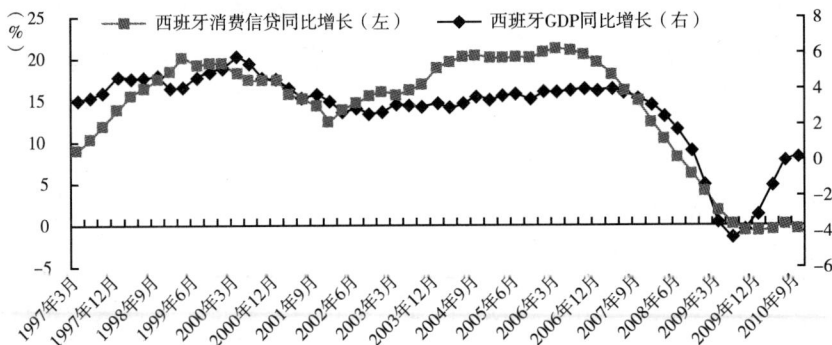

图 5-2 西班牙信贷增长与 GDP 增长的相关性

资料来源：CEIC。

会计准则是银行顺周期行为的催化剂。美国金融危机之前，国际金融市场主要是采取"以市定价"（Mark to Market）为基础的公允价值会计准则（Fair Value Accounting, FVA）和风险价值（Value at Risk,

---

[①] Borio, C. and Zhu, H., "Capital Regualtion, Risk-taking and Monetary Policy: A Missing Link in the Transmission Mechanism", BIS Working Paper, No. 268, Dec., 2008.

VaR）为基础的资产负债管理模式。①

"以市定价"是以美国和英国为主的资本市场主导型金融体系和金融机构资产定价和资产管理的主要会计准则，是在发生"安然事件"之后实行的较为严格的会计准则。以市定价准则最主要的目的是防止资产定价虚高。该准则具有三个原则：一是如果金融机构持有的资产是日常交易频繁的资产，则按交易价格定价；如果是交易较为寡淡的市场，则按一定时期内的平均交易价格定价；如果金融市场没有该资产交易，则按相似资产交易价格为定价基础。为此，只要特定金融产品价格下降，同类产品和类似产品价格就主动下调，从而引发价格下跌螺旋，恶化了经济下行的周期特征。风险价值管理模式要求在资产价格下降时，要么出售风险资产来偿还债务，主动收缩资产负债表，要么通过吸引新的股权投资来扩充自有资本规模。这两种情况要么导致资产价格下降，要么导致流动性更加紧张，都会加剧金融紧张阶段的周期性特征。

5.1.2 资产价格的顺周期性

资产市场是反映经济基本面、市场流动性和行为预期等要素的一个复杂的市场，资产价格周期与宏观经济周期方向基本保持相似节奏。只是资产市场价格的波动周期一般要提前于经济周期，其波动幅度一般也大于经济周期的波动幅度，这是由资产市场由更多因素和更多博弈方组成所决定的。

资产价格是经济体系的内生变量之一，将会反映实体经济的周期波动。理论上，在市场出清的条件下，资产价格将是经济基本面的价格反映，即经济周期与金融周期的匹配，这个逻辑最早是由巴林哈特（Bagehot）提出来的：当真实经济有效扩张之后，真实利率、商品价格和资产价格就将上升。② 而当经济处于下行阶段，总需求水平降低，对商品和资产的需求随之下降，价格也会下跌，如果经济出现剧烈的下

---

① 张明、郑联盛：《华尔街的没落》，中国财政经济出版社，2009，第8页。
② Bagehot, Walter, *Lombard Street: A Description of the Money Market* (London: Henry S. King and Co., 1873), 37, http://www.gutenberg.org/ebooks/4359.

挫，那么资产价格下跌往往也是巨幅的。博瑞尔等的研究也发现，从
20 世纪 80 年代初期开始，美国、日本、英国和荷兰等主要发达经济体
都经历股票市场、房地产市场价格波动周期与实体经济周期相互映射的
趋势，① 即展示出顺周期的特征。

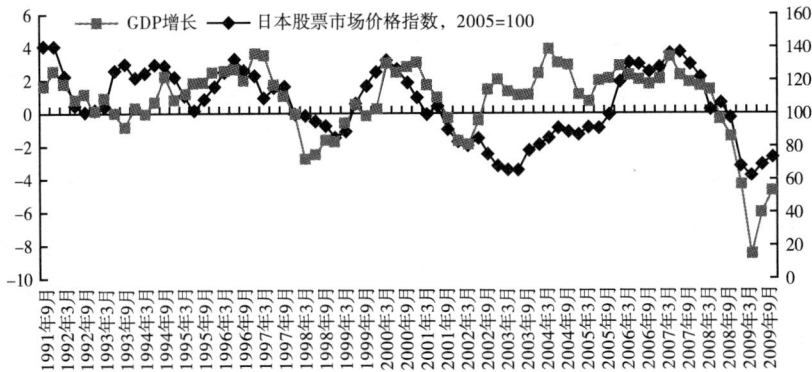

图 5 - 3　日本经济增长与股票市场价格指数的相关性

资料来源：CEIC。

　　资产价格变动将会冲击经济周期趋势，从而带来顺周期效应的放
大。一般的，资产价格的变化将会影响经济主体的消费和投资行为。在
消费方面，资产价格变化将会导致财富效应的缩放从而影响经济主体的
消费支出，特别是在经济繁荣阶段，资产价格的财富效应更加明显。在
投资方面，资产价格变化反映经济基本面，从而会使得经济主体对未
来增长和市场需求作出理性预期，进而对当期投资产生影响；同时，
资产价格变化会影响企业的资产负债表，将改变企业的融资行为和融
资成本。

　　资产价格的变化与经济周期的双向顺周期映射，无疑会扩大顺周期
的特征，更重要的是，资产价格周期性波动还会影响整个金融体系，比
如资产价格的变化将会导致银行体系资产负债表的资产变化和信贷行为

---

① Borio, C. E. V., Kennedy, N., and Prowse, S. D., "Exploring Aggregate Asset Price
Fluctuations Across Countries: Measurement, Determinants, and Monetary Policy Implications",
BIS Economics Papers No. 40, Apr., 1994.

的调整。繁荣阶段，资产价格上涨，银行加权风险资产总额降低，资本充足率相对提高，信贷进一步扩张，总需求扩大，商品和资产价格又继续上扬，即资产价格放大了周期特征在银行体系中的作用。伯南克（Bernanke）[1]、辜朝明[2]和 IMF[3] 等的研究都表明，资产价格的资产负债表效应将强化顺周期特征，从而对金融体系的整体稳定造成实质性影响，进一步放大周期的趋势。

5.1.3　金融监管的顺周期性

以银行业为例，行业受到的监管主要来自两个方面：一是中央银行的法定存款准备金，二是行业监管当局的资本充足率监管，即银行主要面临准备金和资本的双重约束。为此，中央银行的准备金管理和行业监管主体的资本约束都会对银行体系的信贷缩放产生实质性影响。不过，比利斯和孝天曼（Bliss and Kaufman）的研究认为，当存款准备金满足央行的管理水平时，银行体系的信贷决定力量来自于资本充足率。[4] 而上文提及资本充足率是典型的顺周期指标，特别是最低资本要求将会对银行的资产组合风险产生实质性影响，是风险敏感型指标，会放大银行体系的顺周期特征，为此巴塞尔资本协议的监管要求会强化内生性的信贷周期与经济周期的协同效应。[5] 特别是在萧条阶段，银行贷款违约率和损失率会提升，巴塞尔资本协议中的风险资本监管规定将放大各种贷款的风险权重，为此，顺周期特征将被放大，进而扩大了经济周期本身的波动趋势。[6]

实际上，金融监管顺周期性并非主要来自监管主体的监管行为，而

---

① Bernanke, Ben and Gertler, Mark, "Inside the Black Box: The Credit Channel of Monetary Policy Transmission", NBER Working Papers 5146, 1995.

② 辜朝明：《大衰退》，喻海翔译，东方出版社，2008，第25页。

③ IMF, "Macroprudential Indicators of Financial System Soundness", Occasional Papers No. 192, 2000.

④ Bliss, Robert and George Kaufman, "Bank Procyclicality, Credit Crunches, and Asymmetric Monetary Policy Effects: A Unifying Model", *Journal of Applied Finance*, 13 (2003): 23 - 31.

⑤ Borio C., "Towards a Macroprudential Framework for Financial Supervision and Regulation?" CESifo Economic Studies, Vol. 49, No. 2003 - 2, 2003.

⑥ Repullo. R. and Suarez, J., "Monitoring, Liquidation, and Security Design", Papers 273, Banca Italia, 2000.

来自监管的指标体系。相对于监管主体行为而言，监管指标体系更具公信力和影响力。一般的，审慎监管的指标包括：资本充足率、信贷风险权重、贷款损失计提方式以及抵押率等。而这些指标大部分都具有顺周期特征，甚至是强化周期特征。

本轮金融危机爆发之后，巴塞尔银行监管委员会反思：金融危机之前的银行顺周期行为、会计准则放大周期趋势等实际上是金融监管的指标体系的一种衍生效应，为此，监管的指标体系处在顺周期效应的一个重要位置。作为一个针对性措施，应该在银行业审慎监管方面采取一种资本缓冲机制，作为一个逆周期的制度性应对，以保障银行体系在经济周期波动中不是放大而是熨平不确定性。[①] 为此，金融监管体系改革是一个必然，顺周期特性必须得到实质性转换，同时改革还必须与宏观审慎框架的其他要素、货币政策框架等相匹配。

5.2　顺周期性、金融风险与金融安全

在金融危机之前的制度框架下，不管是银行体系、资产市场，还是金融监管，都存在明显的顺周期效应，这无疑会放大金融体系的风险，从而造成整个金融体系的不稳定性，并对金融安全和经济体系稳定造成负面冲击。顺周期效应通过什么机制产生作用，将金融风险逐步累积，最后造成风险的爆发甚至是危机，危及金融安全，是本小节重点关注的内容。

5.2.1　信贷渠道

在传统的银行主导的金融体系中，信贷是影响投资、价格和宏观经济的重要变量，众多研究认为，信贷途径在银行体系的顺周期效应传导中扮演了核心作用，不管是在经济上行阶段还是经济萎缩阶段。IMF 认

---

① Basel Committee on Banking Supervision, "Countercyclical Capital Buffer Proposal", Jul., 2010.

为，贷款与当期 GDP 的比例反映了经济走势的未来，是一个领先指标，同时也作为银行危机的一个警示指标。[①]

信贷在银行的顺周期行为以及扩大银行体系的顺周期效应中发挥主要作用。一般情况下，银行的顺周期行为最原始的根源在于信息不对称，由于对借款人道德风险的防范，银行最理性的行为是将贷款发放给信息最透明和信用水平最高的企业和个人，对于信息了解不够的贷款主体，银行将拒绝贷款或者提高贷款成本。在经济上行阶段，由于对整体风险评估处在一个较低水平，从而可能对企业和个人的风险定价给予相应的较低水平，银行乐于向客户发放贷款，同时由于抵押品价格的上升以及市场竞争，银行甚至会放松对抵押品数量、质量以及风险定价的标准，这样就导致经济上行阶段信贷的不断扩大，即产生顺周期效应。同时，由于贷款条件放松、贷款风险溢价的降低以及对抵押品评估的非审慎，导致贷款平均质量下降，这为在经济衰退时的金融紧缩和顺周期效应强化埋下种子。[②]

在经济下行阶段，情况正好相反。甚至在经济下行中，信贷渠道的反馈效应更加明显，使得整个金融体系的信贷水平和流动性显得更加紧张，从而信贷渠道成为金融体系风险的放大器，金融体系可能由此导致信用骤停，信贷渠道陷入枯竭。[③] 伯南克与盖特尔（Bernanke and Gertler）认为，在经济紧张阶段，借款人违约率和抵押品价格的变化趋势具有强化信贷周期负面冲击的效应：违约率随信贷紧缩周期到来而增加，资产价格随信贷紧缩周期而下降，违约上升、资产价格下降和信贷紧缩相互强化，从而造成了金融体系信用及流动性的进一步紧缩和经济的萧条。[④]

---

① IMF, "Macroprudential Indicators of Financial System Soundness", Occasional Papers No. 192, 2000.

② Carey M., "Dimensions of Credit Risk and Their Relationship to Economic Capital Requirements", NBER Working Papers 7629, 2000.

③ Financial Stability Forum, "Report of the Financial Stability Forum on Addressing Procyclicality in the Financial System", Apr. 2, 2009.

④ Bernanke, Ben and Gertler, Mark, "Inside the Black Box: The Credit Channel of Monetary Policy Transmission", NBER Working Papers 5146, 1995.

金融紧张局势将给信贷流动渠道造成大量渠道外的变动，扰乱信贷配置的过程，市场的流动性变得更加敏感且不稳定。当整个金融部门都缩紧流动性，金融中介行为的实际成本大幅提高，借款人就会发现信贷成本极高，而且难以获得，信贷紧缩就会演变为投资的收缩以及宏观经济总需求的萎缩，最终演变成为一次经济衰退。而衰退持续的时间长短取决于两个要素：一是在信贷混乱之后，建立新的信贷渠道或者重塑旧的信贷渠道的时间；二是债务人恢复正常经营和偿还能力的时间。[①]

5.2.2 资产负债表渠道

银行信贷渠道顺周期效应的产生实际上与资产负债表是直接相连的。银行在发放贷款中，除了考虑宏观经济的基本面之外，还要指标化考察贷款人的信用。衡量企业和个人的信息和信用最主要的方式就是资产负债表，而上文提及资产价格强周期变量，这样最终导致银行信贷行为的周期特征。在经济上行中，整个经济体系的资产价格是上涨的，贷款人用以抵押贷款的抵押品价格也水涨船高，这就推高了银行的顺周期行为。

银行在经济繁荣阶段的顺周期行为为其在经济衰退和萧条时的金融风险播下了种子。在经济向上、没有系统性风险阶段，银行机构的顺周期行为使得风险头寸不断攀升，资产负债表不断膨胀，但是一般都没有相应地提高资本和流动性缓冲的边际要求以防范潜在的风险冲击，资产负债表膨胀的过程也是风险累积的过程。一般的，信贷疯狂扩张往往导致风险溢价长期处在较低水平，同时资产价格迅速上涨，最后甚至可能导致严重的银行危机。这个逻辑在理论和现实中都找到了佐证。[②]

---

① Bernanke, Ben, "Non-Monetary Effects of the Financial Crisis in the Propagation of the Great Depression", *American Economic Review* 73 (1983): 257 - 276.

② IMF, "Macroprudential Indicators of Financial System Soundness", Occasional Papers No. 192, 2000. Financial Stability Forum, "Report of the Financial Stability Forum on Addressing Procyclicality in the Financial System", Apr. 2, 2009.
Gourinchas, Pierre-Olivier, Rodrigo Valdes and Oscar Landerretche, "Lending Booms: Latin America and the World", NBER Working Papers No. 8249, 2001.

在金融体系紧张阶段，资产负债表效应的顺周期特征更为明显，风险更大。金融机构为了整固资产负债表，只有两个选择：一是出售风险资产，降低加权风险资产的整体暴露头寸；二是重新募集资本金，做大自有资本的规模，提高风险资产的缓冲水平。但是，在金融体系危急时刻，竞相出售风险资产，将导致资产价格的螺旋下降；而募集新的资本，将进一步提高流动性的紧张程度。两个方面都将强化金融危急时刻的顺周期效应。资产负债表在单个机构的风险管理和应对中具有核心作用，是金融体系顺周期行为的触发机制，是金融风险集中和迅速爆发的重大原因。

总体而言，资产负债表渠道最为典型的顺周期冲击就是债务型通货紧缩。[1] 在金融风险开始暴露之后或危机的前期，资产和商品价格明显下降，对债务人构成巨大的偿还压力，债务人不得不贱卖自己的资产，引起资产价格进一步下跌，金融环境更加窘困。比如金融机构由于债务偿还压力加大，再融资成本增加且渠道急剧减少，可能导致机构自有资金、流动性资产和非流动性资产的不匹配，进而导致现金流不足或资不抵债。如果债务型通缩足够严重，就会危及银行和其他金融中介机构（产生"对手风险"），直接造成银行的实际或潜在的贷款损失，影响金融机构的资本实力，损害金融机构的经济效益，最后导致金融市场资金融通功能的丧失，这就产生了引致性金融危机（Induced Financial Crisis）；如果金融市场资金融通功能丧失逐步累积，储蓄转化为投资的渠道被堵塞，那么最后的宏观表现就是经济危机。[2] 为此，在美国金融危机中，对大萧条具有深入研究的伯南克，不惜持有金融机构大量的资产，扩大美联储的资产负债表，向金融体系注入近 2 万亿美元的短期流动性，极大地缓解和改善了美国金融体系的流动性状况。

---

① 郑联盛：《美国新金融危机与大萧条的历史比较》，《国际经济评论》2009 年第 1~2 期。
② Eichengreen, Barry and Eichard Grossman, "Debt Deflation and Financial Instability: Two Historical Explorations", Working Paper, University of California at Berkeley, 1994.

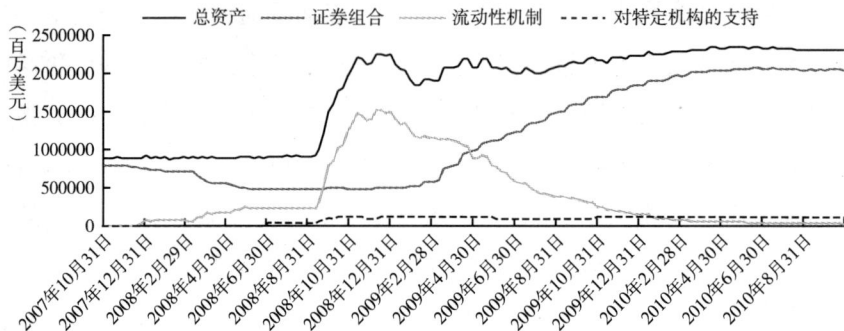

图 5－4　美联储的资产负债表扩张路径

资料来源：Bloomberg。

5.2.3　制度性渠道

不管是银行的信贷渠道，还是机构及个人的资产负债表渠道，主要都是集中在微观层面的，但是，金融风险的累积和集中爆发还包括宏观甚至是制度性因素。全球金融稳定理事会（Global Financial Stability Board）的前身——金融稳定论坛（Financial Stability Forum）在反思美国金融危机的过程中就提出，顺周期效应存在于宏观层面，特别是制度性的"放大器"，这种放大效应更加具有系统性冲击，也是更加危险的。

信贷渠道和资产负债表渠道都只能解释金融风险在特定行业的累积与传播，却无法解释金融风险在不同部门、整个经济体甚至全球层面的传染，金融稳定论坛认为制度性渠道可能是跨部门、跨地区风险传递的根源之一。

制度性顺周期效应和风险的传染主要有两个根源：一是对金融风险定价的系统性缺陷，二是价格、风险和融资关联性的根本性扭曲。[①]

在风险定价方面，风险测度衡量具有系统的顺周期性，比如短期波动性、资产和违约相关性、违约概率和违约损失的测度都是顺周期的，这样就造成风险评估的周期取向，在经济向好时低估风险，

[①] Financial Stability Forum, "Report of the Financial Stability Forum on Addressing Procyclicality in the Financial System", Apr. 2, 2009.

在经济紧急时却高估风险。而且，风险测度的假设是基于历史和短期，而利用短期和历史的数据实际上无法描绘整个信贷周期的风险图谱。对于单个金融机构，其风险测度往往是基于短期的现实，即"盯住"短期（即静态方式，Point-in-time）。[1] 当金融紧张局势出现之后，短期的变量发生实质性改变，风险模型对机构应对冲击的脆弱性的评估就显得太低了。风险定价的系统性问题最为明显的案例就是国际会计准则，[2] 特别是基于以市定价和风险价值的资产负债管理会计制度。

在价格、风险和融资的关系上，现有金融体系都是将资产价格、风险系数和融资水平高低建立起直接的关联性，并用特定的指标来衡量，但是，这种关联性本身就存在因果关系的非必然性。更重要的是，这种直接关联性是基于资产负债表，在金融体系紧张情况下，这种关联性被特意强调，而关联性的系统影响却被忽视，这往往造成系统性冲击，[3] 即单个机构的理性行为演绎成为整个体系的信用崩溃。

当然，在金融机构的顺周期行为、金融风险的产生和累积，以及风险在行业内和不同行业之间的传播中，除了信贷渠道、资产负债表和制度性因素等之外，还有其他重要因素，比如货币政策、市场预期在金融风险的累积、传递和爆发中的顺周期效应不容忽视。[4] 货币政策顺周期将在下文货币政策与金融宏观审慎管理框架关系中论述。在全球性金融风险的传播中，溢出效应[5]、羊群效应和蝴蝶效应[6]等都是重要因素。但是，这些风险的宏观性表现基本可以从信贷、资产负债表和制度性要素中寻找到理性的颗粒，为此，在风险扩散和深化中，微观个体和宏观

---

① Bank of England, "The Role of Macroprudential Policy", Nov., 2009.

② Bank of England, "The Role of Macroprudential Policy", Nov., 2009.

③ Krugman, Paul, "Balance Sheets, Transfer Problem, and Financial Crisis", *Journal of International Tax and Public Finance*, 6 (4) (1999): 469–472.

④ IMF, "Financial Crisis: The Causes and Indicators", World Economic Outlook, May, 1998.

⑤ IMF, "Financial Crisis: The Causes and Indicators", World Economic Outlook, May, 1998.

⑥ Allen, F. and Gale, D., "Financial Contagion", *The Journal of Political Economy*, 108 (2000): 1–33.

效应的作用方向基本是一致的，最后可能带来金融风险的爆发甚至是系统性危机。

5.3　顺周期性与宏观审慎管理

上文两个小节对金融体系中顺周期行为的表征和渠道进行了论述。可以看出，在金融体系顺周期效应发生的过程中，有金融机构微观层面的因素，也有监管制度等宏观方面的原因；既有微观监管指标的缺陷和微观监管的漏洞，也有宏观稳健性监管的不足。为此，顺周期效应及其对金融风险累积与放大效应的应对，应该包括微观和宏观两个层面的举措，即要建立一个基于微观审慎和宏观审慎相结合的审慎监管框架。

5.3.1　微观审慎指标

对于单个金融机构而言，其顺周期性行为既有内生的因素，比如对风险的最低水平防范，也有外生的因素，比如监管体系的要求，特别是对资本充足率的要求。为此，如果将微观审慎指标置于整个金融体系中，那可能就是宏观审慎指标，二者的划分是不明确的，关键在于这些指标应用的对象以及目的的区分。我们这里先以微观层面的意义来论述。

学术界对于减少金融机构顺周期效应的研究在金融危机之后不断发展深化，特别是中央银行、金融监管当局以及国际清算银行、国际货币基金、金融稳定理事会等国际金融组织都进行了深入的学术研究和政策探讨。

对于以银行为主导的金融体系而言，减少银行顺周期行为的应对主要集中在资本金、贷款损失计提准备以及风险定价模型等方面。实际上，这些指标基本上都是以风险为基础的审慎标准，具有相似的作用和地位。巴塞尔资本协议 II 将银行的损失分为两个部分：预期损失和非预期损失。预期损失是资产的平均损失，一般是经验和统计的结果，可以通过贷款损失计提准备金来弥补；非预期损失是对预期损失的偏离，用资本金来弥补;[①] 而预期损失和非预期损失水平的高低都需要通过风险模型来计算。为此,资本金、贷款损失计提准备金和风险定价都是风险管理下的指标反映。

5.3.2 资本金:微观的维度

在资本金方面,应对的举措主要是两个方面:一个方面是提高资本金充足水平,主要是通过限制银行的杠杆率降低风险暴露头寸和顺周期效应;另一个方面是建立缓冲资本机制,主要在于应对顺周期效应,特别是在金融和经济危急局势下。[②]

关于提高资本充足率,国际社会已经取得了实质性进展。2010 年 9 月,巴塞尔银行监管委员会 27 个成员单位就巴塞尔资本协议Ⅲ达成一致,并对银行业监管提出更高的要求:截至 2015 年 1 月,全球各商业银行的一级资本充足率下限将从现行的 4% 上调至 6%,由普通股构成的"核心"一级资本占银行风险资产的下限将从现行的 2% 提高至 4.5%。

巴塞尔银行监管委员会积极倡导以建立缓冲资本金作为银行体系顺周期效应的应对举措,委员会一致同意各家银行应设立"资本缓冲资金",资本缓冲资金的总额不得低于银行风险资产的 2.5%,该规定将在 2016 年 1 月至 2019 年 1 月之间分阶段执行。[③]

5.3.3 风险定价:制度约束

提高资本金水平等审慎举措是以本次危机的损失作为参照物,对本轮金融危机的一次主动反应。但是金融危机并非以相同或者重复的方式

---

① 巴曙松等:《金融危机中的巴塞尔新资本协议:挑战与改进》,中国金融出版社,2010,第 27 页。

② Basel Committee on Banking Supervision, "International Framework for Liquidity Risk Measurement, Standards and Monitoring", BIS, Dec., 2009.
BIS, "Group of Central Bank Governors and Heads of Supervision Reinforces Basel Committee Reform Package", BIS Press Release, Jan., 2010.

③ Basel Committee on Banking Supervision, "An Assessment of the Longterm Economic Impact of Stronger Capital and Liquidity Requirements", Sept., 2010.

出现，所以这些指标有效性仍然有待检验。更重要的是，这些指标没有充分考虑银行体系从政府干预和隐性担保中获得的利益。提高资本金水平并不一定能够有效地预防下一次危机，除非是将资本金水平提到很高的程度。为此，英格兰银行行长默文·金（Mervyn King）在评价巴塞尔资本协议Ⅲ时强调，提高资本金水平并非是解决金融风险的全部答案。

风险计量对于单一金融机构而言是微观审慎问题，对整个体系而言就是一个宏观审慎概念，同时也是一个制度约束。巴塞尔银行监管委员会对资本金的要求是建立在风险权重资产衡量的基础之上的，即要求资本金要达到风险权重资产的一定比例，比如8%。但是，风险权重主要来自过去的经验和数据，即是一种静态的方法（point-in-time）。而众多危机的教训表明，应该采取结合经济周期波动的动态方式（through-the-cycle）来评估风险并设置风险权重。

更重要的是，风险的定价基本是以资产负债表为基础的，而以资产的风险性来判断不同资产类别的风险权重是不全面的，关键是风险评估没有将资产的流动性和负债结构的匹配性相统一。英格兰银行将这种错配称为转换错配（Transformation Mismatch），特别是其中的期限错配（Maturity Mismatch），使得风险在信贷扩张和经济繁荣阶段被低估；在信贷紧缩和经济萧条阶段，价格信号失灵，风险往往被高估，资产价格可能出现严重的超调。[①]

为此，针对上述提及的制度性顺周期传导机制的应对，应该集中在资产负债表及其相关的风险加权资产的计量上。一是剖析资产负债结构的匹配性，特别是妥善计算资产的流动性和负债结构的错配风险，比如在信贷扩张时要相应提高风险系数而不是降低系数，更不能一味提高资产的流动性水平。二是资产负债管理方法的改革，特别是以以市定价和风险价格管理为基础的资产负债方式。

第一个方面现在仍然处在政策的讨论之中，而以市定价等会计准则

---

① King, Mervyn, "Banking: From Bagehot to Basel, and Back Again", Speech on the Second Bagehot Lecture Buttonwood Gathering, New York, Oct. 25，2010.

在金融危机之后得到了修正。"金融海啸"爆发之后，美国金融会计标准委员会决定，允许金融机构在证明市场流动性呈现非正常状态的情况下，可以根据其他"合理的价格估算方法"来估算所持有的资产的价格。该决定虽然没有中止"以市定价"的会计准则，但相当于宣布在金融体系危急时刻"以市定价"的会计准则可以不适用，而可以采用"合理方法"用合理的价格来评估其资产价值，进而避免对资产负债表造成被动性的影响，避免顺周期的负面冲击的扩大。该改革实际上是创造一种制度弹性，防止金融机构顺周期行为和金融体系顺周期效应放大风险，造成实际产出的损失。

5.3.4 资本缓冲机制：宏观审慎的视角

资本金和风险计量等的改革，对于单个金融机构而言是一种微观审慎管理的方式，但对于整个体系而言，实际上也具有宏观审慎管理的含义。但是，一些政策当局认为，顺周期问题更需要以防范顺周期效应机制的建设为基础，特别是建立逆周期的资本缓冲机制，甚至将其纳入原则监管体系中。一般的，金融监管当局在金融紧急状况下仍实施严格的资本金要求，对于防范单一机构的违约风险或者确保市场继续为问题银行融资而言，是低效的，甚至会适得其反，将问题银行拉入破产困境。因此需要建立一个更加宏观的审慎管理体系。[①]

对于逆周期缓冲资本机制，巴塞尔银行监管委员会和英格兰银行等认为其是更为有效应对顺周期效应的宏观审慎举措，应成为金融监管体系的重要内核。英格兰银行行长默文·金表示，提高资本充足率水平是有益的，对于防范系统性风险的重要性是明显的，但对于降低顺周期性而言，其有效性相对有限。他认为巴塞尔资本协议Ⅲ"并不是一个完整的答案"，在当前的金融环境下，应重申巴塞尔资本协议的基本原则，即要求银行保持高于最低要求的资本缓冲，并在当前环境下建立起

---

① Hanson, S., Kashyap A. and Stein, J., "A Macroprudential Approach to Financial Regulation", http://www.economics.harvard.edu/faculty/stein/files/JEP-macroprudential-July22-2010.pdf.

这种缓冲机制，这对于熨平周期趋势、稳定金融体系可能更有益。①

逆周期资本缓冲的运行机制实际上是一个削峰填谷的策略。逆周期资本缓冲机制的主要目标是鼓励银行在经济繁荣时期积累资本缓冲，在经济衰退时期可以用来应对金融体系的紧缩和吸收损失。国际清算银行指出，资本缓冲不能理解成最低资本要求，相反的，资本缓冲是超出最低资本金要求之余的自由资本（unencumbered capital）。一般的，逆周期资本缓冲机制有两个紧密联系的最终目标：一是通过增强金融机构应对危机的灵活性，降低银行系统大规模紧缩的风险；二是平抑银行行为对经济波动的顺周期放大效应。②

当然，对于逆周期资本缓冲机制中的缓冲资本提取方式现在仍然存有争议，大致有三种方法（见图5-5）：第一种是固定比例法，即在繁荣阶段以风险加权资产固定比例来计提缓冲资本，比如2%；第二种是边际递增法，随着繁荣不断走向高潮，缓冲资本的比例不断提高至一个较高水平，比如3%。这两种方法在金融紧缩和经济衰退时，不计提缓冲资本。第三种就是在经济下行或者金融紧缩阶段，边际递减计提缓冲资本直至不计提，即双向边际法。第二种方式受到了较好的评价，但是操作难度相对较大，因为繁荣的程度是难以衡量的。正是因为边际量的判定涉及较大的不确定性和系统性，国际清算银行认为应该由中央银行来操作，或者由行业监管者在央行的指导下进行。

5.3.5 动态计提贷款损失准备金：西班牙的经验

在以银行为主导的金融体系中，贷款损失准备金计提是风险防范的一个重大举措。一般贷款损失准备计提包括两个方面：一般性贷款损失准备和特殊性贷款损失准备。而中国人民银行规定，贷款损失准备包括一般准备、专项准备和特种准备。一般准备是根据全部贷款余额的一定

---

① King, Mervyn, "Banking: From Bagehot to Basel, and Back Again", Speech on the Second Bagehot Lecture Buttonwood Gathering, New York, Oct. 25, 2010.

② Basel Committee on Banking Supervision, "Countercyclical Capital Buffer Proposal", Jul., 2010.

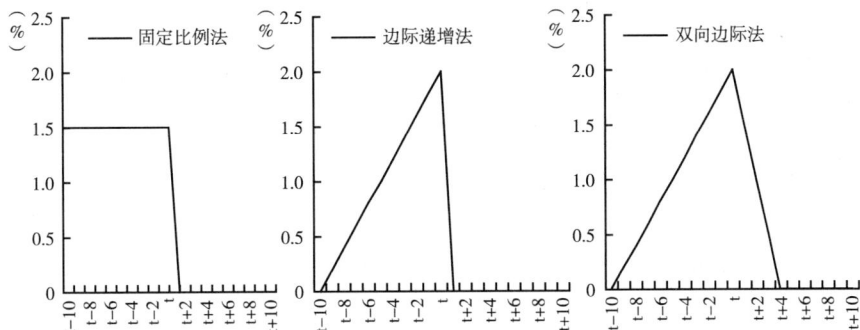

图 5 – 5 逆周期资本缓冲计提的方式

资料来源：Basel Committee on Banking Supervision, "Countercyclical Capital Buffer Proposal", Jul. , 2010。

比例计提的、用于弥补尚未识别的可能性损失的准备；专项准备是指根据《贷款风险分类指导原则》，对贷款进行风险分类后，按每笔贷款损失的程度计提的用于弥补专项损失的准备。特种准备指针对某一国家、地区、行业或某一类贷款风险计提的准备。[①]

中国人民银行的贷款损失准备制度和国际上很多国家相似，但是，一些研究认为，传统型贷款损失准备金计提方式（包括一般性准备和特殊性准备，不是中国人民银行三类口径），是顺周期效应的重要推手，存在放大金融风险和周期冲击的可能性，[②] 为此应该建立一种动态贷款损失准备金制度（Dynamic Provision）。目前，西班牙、葡萄牙、乌拉圭等国家就是实行这样的制度。

动态贷款损失准备金制度要求银行在经济繁荣时期多计提贷款损失准备金，用以提高银行的风险防范水平，特别是提高银行应对未来或有的金融紧缩阶段的偿债能力；而在经济收缩和金融紧缩阶段时可少提贷款准备金，以增加银行的利润和维持资本充足率的水平（见图 5 – 6）。[③] 这种策略与逆周期资本缓冲机制的机理是相似的，只是政策操作的对象不一样而已。

---

① 中国人民银行：《贷款损失准备计提指引》，详见人民银行网站。
② The World Bank, "Dynamic Provisioning: The Experience of Spain", Jul. , 2009.
③ The World Bank, "Dynamic Provisioning: The Experience of Spain", Jul. , 2009.

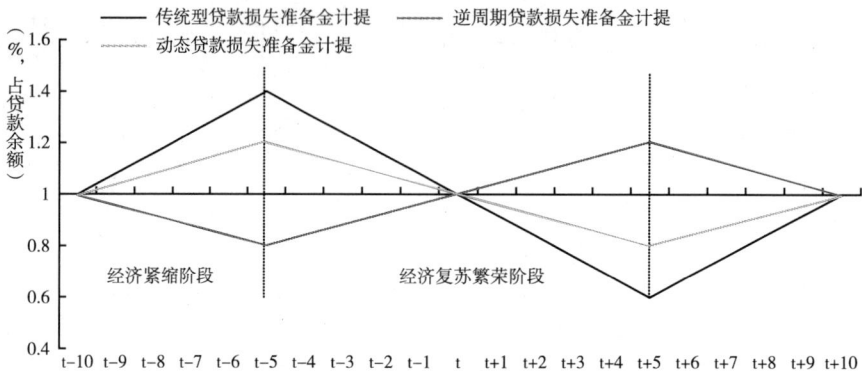

图 5－6　动态贷款损失计提模拟

资料来源：笔者根据 The World Bank，"Dynamic Provisioning：The Experience of Spain"，Jul.，2009 进行模形计算。

西班牙是最早实行动态贷款损失准备金制度的国家之一。2000 年 7 月，西班牙中央银行和银行监管当局实行了该制度，以应对在信贷扩张期间西班牙银行体系信贷风险的急剧上升状况。1999 年，西班牙的贷款损失准备金水平是 OECD 国家中最低的，而在 1991～1999 年间，贷款损失准备金率与 GDP 增长率的相关系数达到 －0.97，二者呈现极为显著的负相关，也就是说，贷款损失计提存在极为严重的顺周期特征。为此，西班牙中央银行和监管当局将银行贷款资产进行分类和风险赋权，并要求银行根据自身资产负债表的资产分类、风险权重和相应公式进行贷款损失计提，并将信贷扩张时期的额外贷款损失计提制度化，成为动态贷款损失计提制度。2004 年，西班牙根据欧盟贷款损失计提的分类将其动态计提制度进一步完善。

通过动态计提制度，可以缓解传统型贷款损失计提的顺周期性，特别是在金融紧缩时候的风险放大效应。在美国金融危机之后，西班牙的银行业也遭遇困境，但其银行体系整体相对欧洲其他国家的银行体系表现出更好的稳定性。[1]

---

[1] Saurina, J., "Loan Loss Provisions in Spain: A Working Macroprudential Tool", Bank of Spain, Financial Stability Review, No. 17, 2009.

西班牙动态计提的规模约为银行营业收入的 10% 左右。在 2007 年底，西班牙动态计提整体规模占西班牙储蓄机构综合资产的 1.3%，其中约 25% 是逆周期贷款损失计提准备金。这相当于为西班牙银行体系缓冲了 2.5 个百分点的营收冲击和 0.33 个百分点的额外贷款损失准备，信贷保持在相对稳定的水平上，而不是跟随 GDP 大幅下跌，较好地缓解了银行体系的顺周期特征。①

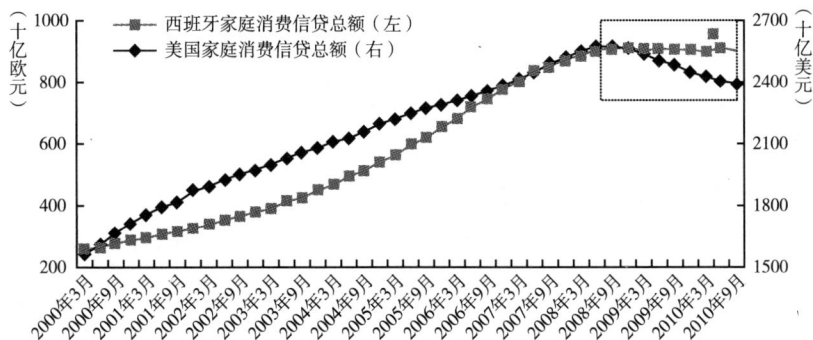

图 5－7　西班牙消费信贷顺周期性远低于美国

资料来源：Bloomberg。

5.4　小结

金融体系的顺周期性是指一个金融变量跟随经济周期波动趋势而产生方向相同的变化，比如在一个经济周期中，信贷会随着经济的繁荣而膨胀，随着经济的萧条而萎缩。金融体系的顺周期性，在金融风险的累积和金融危机的放大中扮演了重要的作用，在经济下行时期，甚至会放大周期的趋势特征，造成更严重的金融紧缩和经济衰退。

金融体系的顺周期特征的成因是多方面的。银行机构和行业对于不对称信息和风险的防范，具有内生性的顺周期特征；而为了符合监管需求，特别是满足风险指标，将进一步强化银行体系的顺周期效应。资产

---

① The World Bank，"Dynamic Provisioning：The Experience of Spain"，Jul.，2009.

价格通过借款人的资产负债表变化影响银行的信贷投放，在金融体系的顺周期趋势中发挥重大的作用，而且资产价格波动可能导致价格下跌螺旋，进一步恶化经济衰退的前景，放大周期趋势，这在经济下行和金融紧急状况下更为明显。

顺周期效应可以通过信贷渠道、资产负债表渠道和制度性渠道等产生，可能产生风险的累积和爆发，并对金融体系和经济周期产生负反馈。信贷的顺周期缩放是银行和银行体系顺周期效应的主要载体，在信贷紧缩和流动性枯竭阶段，信贷的顺周期特征更为明显。资产负债表效应影响借款人和贷款人的两张资产负债表，如果资产价格下降，将降低借款人的信贷能力并提高信贷成本，而同时将提高贷款人的信贷投放的风险溢价，要求提高风险补偿，从而恶化金融紧缩的局势。制度性渠道的顺周期效应主要在于风险估值在经济繁荣和信贷扩张阶段存在系统性的低估，而资产负债管理的会计准则可能放大周期性特征，特别是以市定价的公允价值原则。

顺周期效应及其对金融、经济体系稳定性冲击的防范，需要从微观和宏观审慎层面进行应对，而且两个层面的政策应该相辅相成。一是从微观层面出发，金融机构应该改变资本充足率、贷款损失准备金以及风险定价模型等的顺周期性，比如相应提高资本充足水平，采取动态贷款损失计提方式以及在繁荣阶段适当提高风险权重。二是从宏观层面出发，金融宏观审慎管理应该注重资本充足率、资本缓冲机制的完善、会计准则的改革以及防止出现监管漏洞，提高监管的有效性，降低金融体系的顺周期效应。金融管理当局需要结合微观审慎和宏观审慎两个维度，建立健全金融宏观审慎管理机制，以应对金融体系顺周期效应及其引发的系统性风险。

6

"大而不倒"、系统重要性与
金融宏观审慎管理

在本轮金融危机的演进中，大型金融机构的破产及其冲击是金融危机不断升级和深化的重大根源。2008 年 3 月华尔街五大投行之一的贝尔斯登首先拉开了大型金融机构困顿的序幕，在美国财政部和美联储的干预下，贝尔斯登被摩根大通收购。其后，美国政府支持企业、美国两大房地产抵押贷款担保机构——房利美和房地美在 2008 年 9 月被国有化，将金融危机推向高潮，其后美林被美国银行兼并，雷曼兄弟破产，花旗银行、华盛顿互惠银行、美国国际集团的危机接踵而来，演绎了大萧条之后美国金融历史上最为惊心动魄的"金融海啸"，是一场冲击极大的系统性危机。

应对极为严重的金融危机，美国政府实行史无前例的救援措施，布什政府出台了总规模为 7000 亿美元的问题资产舒困计划，主要向包括大型金融机构在内的金融体系注入紧急流动性。其后奥巴马政府出台的总规模为 8250 亿美元的经济刺激计划中，也有很大一部分用于处置大型金融机构的问题资产。根据 IMF 的测算，在本轮金融危机中，有毒资产规模为 4.1 万亿美元，[①] 其中主要是大型金融机构形成的问题资产。

---

① IMF, "World Economic Outlooks", Jan., 2010.

与以前金融危机存在实质性差别的地方，在于本轮金融危机中大型复杂的金融机构在危机中扮演了主角，是金融风险和金融危机的制造者、传递者和受害者。为此，金融危机之后，如何应对大型金融机构的破产及其影响成为美国和国际社会一个重大的议题。美联储主席伯南克指出，"如果说本次金融危机的教训只有一个的话，那就是大型金融机构所带来的'大而不倒'问题必须加以解决。"①

大型金融机构的破产及其冲击是系统性风险的重大体现，也是未来金融宏观审慎管理框架面对的重大问题。本章将主要讨论"大而不倒"问题与系统性风险的关系，首先讨论"大而不倒"的定义及其历史由来，其次分析"大而不倒"与系统重要性的区别与联系，再次分析系统重要性与系统性风险的关联。在此基础上，回到金融宏观审慎管理的框架中来，讨论应对"大而不倒"、系统重要性及其衍生的系统性风险的政策举措。

6.1　"大而不倒"的含义

纵观本轮金融危机的发展过程，大型金融机构扮演了重要角色，"大而不倒"效应与这些机构相对应，在系统性风险的传递和升级中也是举足轻重的。但是，是否所有的大型金融机构都会有"大而不倒"问题，是不是所有的大型机构都具有系统重要性，都会产生系统性风险？本节将重点讨论"大而不倒"的定义及其由来，以及"大而不倒"与系统重要性问题的关联。

6.1.1　"大而不倒"的定义

"大而不倒"问题来自于"大而不倒"机构，这些机构在金融体系中扮演重要的角色，其行为及风险等都具有系统重要性：如果"大而不倒"

---

① Bernanke, Ben, "Testimony before the US Financial Crisis Inquiry Commission", Sept. 2, 2010, http://www.federalreserve.gov/newsevents/testimony/bernanke20100902a.htm.

机构破产将可能产生系统性风险，极大地影响甚至破坏金融体系的稳定性，冲击实体经济的健康发展，并可能为政府制造巨额的或有负债。为了防范大型金融机构破产导致的金融、经济和政治冲击，最有效的途径就是不能让这些大型金融机构破产，即这些大型金融机构足够大、足够重要而不能破产，这就是"大而不能倒"或"大而不倒"效应（Too Big to Fail）。①

之所以会产生"大而不倒"效应，主要在于大型复杂金融机构破产会产生系统性风险，带来系统性冲击，直至引爆系统性危机。大致而言，大型复杂金融机构的存在会带来三个方面的重大挑战，涉及金融、经济、政治等方面，为其不能破产打下"坚实"的风险基础。

其一，"大而不倒"机构通过转移金融风险，规避金融监管，过多持有风险头寸，在其冒险行为和活动中逐步产生、累积甚至放大系统性风险。一旦"大而不倒"机构破产了，将导致机构所在部门的动荡和恐慌，甚至使得整个金融体系陷入瘫痪，为政府带来巨大的政策压力，最后还会冲击实体经济的平稳发展以及就业目标的实现。

其二，"大而不倒"机构的存在扭曲了市场的竞争性。由于"大而不倒"机构过于庞大而复杂，在金融体系内部具有明显的复杂的交叉业务和内在关联性，为此，政府一般不会让其破产，最好的方式就是在这些机构遇到偿付危机时进行救援，并承担最后贷款人职能，即政府为"大而不倒"机构承担了隐性的担保。这种隐性担保扭曲了市场的竞争性，从而使得市场不能出清，逐步累积风险。根据评级机构穆迪的研究，美国资产超过1000亿美元的银行，其融资成本比其他中小银行平均低70个基点；② 而Haldane的研究发现大型银行将更容易且能更多地获得政府的救援：全球145家资产超过1000亿美元的银行在本轮金融危机爆发以来，获得了政府救援资产的90%以上。③

---

① Goldstein, Morris and Nicolas Verson, "Too Big to Fail: The Transatlantic Debate", Paper for Conference on Transatlantic Relationships in an Era of Growing Economic Multipolarity, Peterson Institute for International Economics, Oct. , 2010.

② BIS, "Annual Report 2009", Jun. , 2010.

③ Haldane, Andrew, "The MYM100 Billion Question", Speech to Institute of Regulation and Risk, Hongkong, Mar. , 2010.

其三,"大而不倒"机构行为的成本收益不对称。大型金融机构的冒险行为的主要收益一般为机构本身所拥有,比如高收益,而其存在的风险却要由整个金融体系甚至整个社会来承担,比如其引发的系统性危机,最终是由政府和纳税人埋单。"大而不倒"机构的存在使得金融体系的信用基础在金融局势紧张时刻更加难以稳固,弱化了经济运行的规律性以及金融机构应该具有的责任、职能与公信力。"大而不倒"机构的高风险行为甚至可以将一个国家拉入一个破产泥潭,冰岛银行危机就是最为典型的表现。2008 年 10 月,受美国金融危机的冲击,冰岛三大银行格里特利尔银行、克伊普辛银行和冰岛国民银行在一周之内因资不抵债陆续崩溃,但三大银行的负债高达 800 亿美元,为冰岛 2007 年国内生产总值的 4 倍。冰岛三大银行被政府接管,银行的债务升级为主权债务,由于冰岛资不抵债,濒临国家"破产"的困境。①

6.1.2 "大而不倒"的由来:以美国为例

"大而不倒"问题和宏观审慎框架在本轮金融危机之后名声大噪,但是,与宏观审慎框架一样,"大而不倒"并非是新鲜词语,"大而不倒"在金融稳定中的曝光率实际上远远高于宏观审慎框架。宏观审慎框架基本是在国际清算银行的报告中露面,而"大而不倒"问题和应对,在美国此前的数次金融危机的救援中就已有所运用。

美国对大型银行及其带来的系统稳定性的质疑具有很长的传统,最早可以追溯到 1791 年的美国第一银行(First Bank of the United States)。当时,美国银行体系实际上处在一个严格的控制之中,银行无序过快扩张会损害公平竞争,带来巨大的机构破产风险。甚至 1927 年,美国出台了《麦克法登法案》,禁止国民银行跨州开设分支机构。② 大萧条之后的《格拉斯—斯蒂格尔法案》则强迫储蓄银行必须拆分投资银行业务,导致

---

① 郑联盛:《欧洲主权债务问题:演进、影响与启示》,《国际经济评论》2010 年第 3~4 期。

② Goldstein, Morris and Nicolas Verson, "Too Big to Fail: The Transatlantic Debate", Paper for Conference on Transatlantic Relationships in an Era of Growing Economic Multipolarity, Peterson Institute for International Economics, Oct., 2010.

许多大型金融机构被拆分，其中 1935 年摩根士丹利从 JP 摩根拆分出来。[①]

大萧条之后，美国政府在金融危机救援和消费者保护等方面的职能逐渐明确，但对银行等金融机构的救援却是不明确的。在大萧条的演进过程中，银行业的消费者（主要是储户）没有能够得到有效的保护，大规模陷入破产的绝地，特别是中小储户。为了保护中小债权人，美国成立了联邦存款保险公司（Federal Deposit Insurance Company，FDIC），并通过了 FDIC 法案。不过，FDIC 的成立主要还是为了保护中小储户，而不是为了救援出现偿付危机的银行。

20 世纪 50 年代之前，美国允许银行等金融机构在市场竞争中"自由破产"，基本不进行救援。在大萧条以后，美国成立金融重建公司，处置破产机构，但是金融重建公司也基本不进行救援，主要还是处置申请破产保护的银行。

20 世纪 50～80 年代，FDIC 逐步从保护中小债权人向通过防范银行违约、防止银行破产倾斜，并且其他监管机构也出现大致趋势，比如美联储。FDIC 法案第 13 款规定，如果可以判定一家银行的破产将会对社区的银行服务产生实质性（esstential）冲击，那 FDIC 可以进行救援。由于对于实质性的定义是宽泛、不明确的，所以当局倾向于避免广泛启用该条款。实际上，当时制定该条款主要担心在农村地区如果只有一家银行提供服务，那其破产将对该地区产生冲击，甚至引发混乱。[②]

1982 年美国通过了 Garn-St. Germain 法案，赋予了联邦存款保险公司一个额外的权力：如果判定一个破产银行的流动性供给替代是高成本的，那么可以通过安排购买与承担交易（purchase and assumption transaction，P&A）来救援一个濒临破产的银行。[③] 这个权力以前是由大萧条后成立的金融重建公司承担的，但金融重建公司基本没有实施过实

---

① 〔美〕恩格尔曼等著《剑桥美国经济史》（第三卷），高德步等译，中国人民大学出版社，2008，第 116 页。

② Hetzel, Robert L., "Too Big to Fail: Origins, Consequences, and Outlook", Economic Review, Federal Reserve Bank of Richmond, November/December 1991.

③ FDIC, "Purchase and Assumption Transaction", http://www.fdic.gov/bank/historical/reshandbook/ch3pas.pdf.

质性救援。[①]

"大而不倒"政策的正式使用是 1971 年针对波士顿 Unity 银行的救助。FDIC 前主席 Sprague 指出，Unity 银行的救援是在所谓的"实质性"框架下的首次救援。据称当时 FDIC 有一位委员反对救援，认为救援是一种不好的公共政策，将导致其他救援的发生，甚至一发不可收拾。但是，大部分委员认为，Unity 银行破产极有可能引发连锁反应和混乱，为此应该"特事特办"。[②] 不过，针对 Unity 银行的救援的确是一个开始，随后 FDIC 又救援了底特律的 Commonwealth 银行。[③]

"大而不倒"政策框架是在救援伊利诺伊大陆银行（Continental Illinois Bank）时建立起来的。20 世纪 70 年代至 80 年代早期，伊利诺伊大陆银行大量持有高风险贷款，并从 Penn Square 银行购买了 10 亿美元贷款，该贷款主要抵押品是油气钻井设备。此后钻井业务公司破产，Penn Square 银行随之在 1982 年 7 月破产。1984 年 5 月 9 日，伊利诺伊大陆银行发生挤兑，当时伊利诺伊大陆银行为美国第七大储贷机构。[④] 当伊利诺伊大陆银行濒临破产时，只有 10% 的储户是受存款保险担保的，FDIC 则宣布将对所有债权人的利益负责。FDIC 从伊利诺伊大陆银行控股股东手中购买了价值为 10 亿美元的优先股；同时允许伊利诺伊大陆银行继续运营，而且其资本金水平可以暂时低于监管的标准。芝加哥联储则为其开放贴现窗口，总共提供 76 亿美元贷款。[⑤] 至此，在 Garn-St. Germain 法案的框架下，伊利诺伊大陆银行的救援使得 FDIC 清

---

① 〔美〕恩格尔曼等著《剑桥美国经济史》（第三卷），高德步等译，中国人民大学出版社，2008，第 177 页。

② Hetzel, Robert L., "Too Big to Fail: Origins, Consequences, and Outlook", Economic Review, Federal Reserve Bank of Richmond, Nov./Dec., 1991.

③ Hetzel, Robert L., "Too Big to Fail: Origins, Consequences, and Outlook", Economic Review, Federal Reserve Bank of Richmond, Nov./Dec., 1991.

④ Goldstein, Morris and Nicolas Verson, "Too Big to Fail: The Transatlantic Debate", Paper for Conference on Transatlantic Relationships in an Era of Growing Economic Multipolarity, Peterson Institute for International Economics, Oct., 2010.

⑤ Goldstein, Morris and Nicolas Verson, "Too Big to Fail: The Transatlantic Debate", Paper for Conference on Transatlantic Relationships in an Era of Growing Economic Multipolarity, Peterson Institute for International Economics, Oct., 2010.

晰地扮演了一个现代的"金融重建公司"的角色，美联储成为最后贷款人，"大而不倒"的政策框架基本建立。

1987 年储贷危机的应对使得美国建立起商业银行破产的特别应对机制，"大而不倒"问题的处置机制化。储贷危机是大萧条之后，截至当时美国发生的最为严重的系统性的银行危机，危机的爆发和影响程度都出乎市场和政府的估计，银行大面积陷入困境甚至破产极大地冲击了银行和金融体系的稳定性，其中有 11 家大型银行破产。"大而不倒"问题引发强烈的关注。1991 年《FDIC 促进法案》出台，赋予 FDIC 相应的权力来处置濒临破产或破产商业银行。[①]《FDIC 促进法案》进一步强化 FDIC 的救援职能，并使得"大而不倒"问题的救援机制化。

6.2 "大而不倒"与系统重要性

在"大而不倒"问题的应对中，"大而不倒"效应的产生和救援实际上并非都是源于大型银行，更多的是由于其"实质性影响"。这种实质性影响的担忧可能是很大的，比如伊利诺伊大陆银行；担忧也可能是很小的，比如是 Unity 银行，仅仅是对于一个较小的地区可能产生冲击。为此，"大而不倒"问题实际上更加关注的是机构在金融系统中的真实影响力，而非仅仅关注金融机构的规模大小。

6.2.1 长期资本管理公司危机

在不同金融危机的演进中，实质性影响的含义和内容是不一样的。不过，截至 20 世纪 90 年代末期，FDIC 救助的最大的金融机构就是伊利诺伊大陆银行，美国对于"大而不倒"问题实际上并没有倾注极大的政策关注。一个很大的转折点发生在 1998 年美国最大、业绩最好的对冲基金之一——长期资本管理公司危机。

---

① Goldstein, Morris and Nicolas Verson, "Too Big to Fail: The Transatlantic Debate", Paper for Conference on Transatlantic Relationships in an Era of Growing Economic Multipolarity, Peterson Institute for International Economics, Oct. , 2010.

1997～1998 年东亚金融危机爆发并深化，导致俄罗斯金融危机，触发长期资本管理公司破产。东亚危机爆发之后，长期资本管理公司认为，发展中国家债券和美国国债之间利差过大，发展中国家债券利率将逐渐恢复稳定，利差将收敛，为此大肆做多发展中国家债券（特别是俄罗斯）并做空欧美国债。但是，东亚危机冲击了东亚也冲击了俄罗斯，石油价格大跌，卢布大幅贬值，俄罗斯发生了金融危机，并于1998 年 8 月宣布停止国债交易。

危机的发生使得市场避险情绪上升，欧美国债需求大幅上升，价格急剧上涨，相应的，收益率下降，欧美国债与发展中国家债券的利差不是收敛而是放大了。长期资本管理公司面临双向损失，被迫全部平仓美国和德国国债的空仓，而俄罗斯国债由于暂停交易几乎成为废纸。1998年 8 月 15 日，长期资本管理公司的资产已经由 48 亿美元降低至 37 亿美元，这是该公司成立以来首次出现亏损超过 1 亿美元的格局。但是噩运仍在继续，9 月 2 日，该公司的资产进一步降低为 23 亿，仅两周后只剩 15 亿，至 9 月 23 日，长期资本管理公司的资产仅剩 5 亿美元，陷入破产绝境，公司无奈向美国政府求援。[①]

美联储召集了高盛、美林、摩根士丹利、巴克莱银行、德意志银行、兴业银行等美国和国际大型金融机构以商讨应对策略。最后出台了由 15 家机构采取紧急救援计划，临时募集了 36.5 亿的紧急贷款，接收长期资本管理公司 90% 的权益，将公司从破产边缘挽救回来。美联储也开放紧急贴现窗口，为这 15 家机构提供低息贷款。虽然长期资本公司避免了破产噩运，但部分相关的金融机构损失不小，比如瑞士银行和兴业银行分别损失 10 亿和 6.5 亿美元。[②]

6.2.2 "大而不倒"与系统重要性

当时，长期资产管理公司虽然是最著名的对冲基金之一，但是

---

① Edwards, Franklin R., "Hedge Funds and the Collapse of Long-Term Capital Management", *Journal of Economic Perspectives*, 13 (1999): 189－210.

② Dowd, Kevin, "Too Big to Fail? Long-Term Capital Management and the Federal Reserve", Cato Institute Brief Paper, No. 52, 1999.

如果以其资产规模衡量，并不算是大型金融机构，连中型金融机构都算不上，甚至可以说是一个小的金融机构。以长期资本公司最高的资产规模衡量也仅为48亿美元。如果以此衡量，那么长期资本管理公司的破产算不上实质性影响，美联储等联邦机构完全可以不用救援，而且长期资本公司是高杠杆运作，让其破产反而会弱化道德风险。[①]

但是，长期资本管理公司是一个在金融体系内具有极其复杂内部关联性的"重要"金融机构。首先，长期资本管理公司是高杠杆运营，以不到50亿美元的资产持有了高达1200亿美元的抵押贷款；其次，该公司关联着众多大型的抵押贷款金融机构，其持有的1200亿美元的抵押贷款的发行人有美林、JP摩根、瑞士银行、兴业银行等国际大型金融机构，如果它破产，将导致1200亿抵押贷款成为坏账；最后，长期资本公司是期货市场的重要参与者，它利用1200亿抵押贷款进行再贷款，以此持有6万份金融期货合约，交易规模为1.25万亿美元。[②] 如此，从这几个角度衡量，长期资本管理公司不是一个资产不到50亿美元的小型金融机构，而是具有系统重要性的"大型"金融机构。

从针对长期资本管理公司的救援中可以看出，美国政府救助金融机构的关注点从大型机构向具有系统重要性机构进行倾斜，即并非小机构就不会引发系统性风险，也并非所有大型金融机构就会导致系统性风险。一些研究认为，如果大型金融机构的透明度很高，经营结构单一，那么其破产就有可能不会产生极大的冲击，对于监管机构而言就更可能允许其破产。为此，判断一个机构是否"大"，是否具有系统重要性应该更加关注其在特定市场的集中度，以及该机构破产是否会导致其他系统重要性机构的破产，即关联性。[③]

---

① Haubrich, Joseph G., "Some Lessons on the Rescue of Long-Term Capital Management", Federal Reserve Bank of Cleveland, Discussion Paper No. 19, Apr., 2007.

② Edwards, Franklin R. "Hedge Funds and the Collapse of Long-Term Capital Management", *Journal of Economic Perspectives*, 13 (1999): 189–210.

③ Rajan, Raghuram G. and Eric Gleacher, "Too Systemic to Fail: Consequences, Causes and Potential Remedies", the Senate Banking Committee Hearing, May 6, 2009.

6.2.3　系统重要性金融机构

系统重要性和"大而不倒"、宏观审慎等词语，都不是新鲜词汇，但是却是在本轮金融危机的不断升级中受到国际社会的广泛关注。系统重要性实际上是与系统性危机相对应的，系统性风险一般被定义为：该风险的爆发可能导致整个金融体系基本功能的丧失，即金融稳定性受到冲击，同时将深刻影响实体经济，即经济增长将大幅下挫。相应的，如果一个机构能够产生系统性风险，那么它就具有系统重要性。

对于系统重要性机构的确切定义，国际社会并没有形成基本的共识，就是在 G20 峰会中各国对此也有不同的意见。一般的，如果一个机构违约或倒闭将对金融体系稳定性和实体经济运行造成重大负面冲击，那它就可以被认为是系统重要性机构。[1] 欧洲中央银行认为系统重要性机构是那些规模和业务具有足够的影响力，其破产或无法经营将极有可能传染扩散，对金融体系中的其他机构和市场的稳健有序运行产生逆转性力量的组织。[2] 而戈登斯坦（Goldstein）等的研究将系统重要性机构的重心放在了溢出效应：这些机构的破产将在金融层面和经济层面产生明显的溢出效应，如果放任其自我演化，将导致金融体系的不稳定性，并对实体经济产生实质性的破坏。[3] 其中，对金融体系稳定性的冲击包括金融基本功能的中断甚至丧失、金融服务成本大幅上升等；对实际经济的影响包括对产出、贸易和就业等的影响。

系统重要性机构与"大而不倒"机构具有内在联系性，同时又不是完全等同。上文也提及，美国应对"大而不倒"问题的初衷实际上并非仅针对大型金融机构，而是针对可能对金融服务造成实质性影响的机构的破产

---

[1] G20, "Guidance to Assess the Systemic Importance of Financial Institutions, Markets and Instruments: Initial Considerations", Report to G20 Finance Ministers and Governors by IMF, BIS and Financial Stability Board, Oct., 2009.

[2] European Central Bank, "Financial Stability Review", 2000.

[3] Goldstein, Morris and Nicolas Verson, "Too Big to Fail: The Transatlantic Debate", Paper for Conference on Transatlantic Relationships in an Era of Growing Economic Multipolarity, Peterson Institute for International Economics, Oct., 2010.

问题。不过，一般而言，大型金融机构的破产都会产生较大的冲击，甚至是系统性冲击，为此在较大概率上政府会进行救援，即"大而不倒"机构一般都是具有系统重要性。相对于"大而不倒"机构，系统重要性机构的范围要更加宽泛，根据"大而不倒"的定义或衡量标准，长期资本管理公司可能算不上"大而不倒"机构，但是如果从系统重要性出发，它就是系统重要性机构。G20 定义的系统重要性金融机构不仅包括大家所熟知的大型复杂金融机构，还包括金融市场以及金融基础设施等。[1]

6.3　系统重要性的衡量

系统重要性机构在系统性风险产生和演化的进程中，其"贡献"是重大的。不过，系统重要性机构在不同的经济周期位置和金融环境中，对系统性风险的产生和积累的贡献是存在差异的。理论上，所有金融中介、市场和金融工具都可能具有系统重要性，为了建立一个更加完善的金融宏观审慎管理框架，首要的任务就是判断什么机构、市场和工具是具有系统重要性的。为了更加集中地进行研究以及出于论述方便的考虑，系统重要性主要是讨论系统重要性机构问题。

6.3.1　系统重要性衡量的基本原则

系统重要性机构在金融体系稳定性中的作用是实质性的，为此衡量系统重要性机构也应该是非常科学而严谨的，要坚持相对、全面和动态等原则。[2] 如果将很多机构、市场和金融工具都确定为系统重要性，那么监管的范围将太大，监管当局根本无法全面覆盖，金融监管有效性将降低，这样的方式将偏离宏观审慎政策框架的初衷；如果将一些重要的机构、市场

---

① G20, "Guidance to Assess the Systemic Importance of Financial Institutions, Markets and Instruments: Initial Considerations", Report to G20 Finance Ministers and Governors by IMF, BIS and Financial Stability Board, Oct., 2009.

② G20, "Guidance to Assess the Systemic Importance of Financial Institutions, Markets and Instruments: Initial Considerations", Report to G20 Finance Ministers and Governors by IMF, BIS and Financial Stability Board, Oct., 2009.

和工具认定为不具有系统重要性，那将存在严重的监管漏洞，更可能萌生系统性风险。一般的，在系统重要性机构的衡量中需要坚持几个基本原则。

一是系统重要性的评估和确定不是绝对的，无法一刀切。部分金融机构可能一直都具有高度的系统重要性，但是其他部分机构、市场或工具会根据条件的不同而变化，特别是经济基本面的状况。系统重要性机构的评估需要一个渐进而相对的过程，需要考虑各种机构、市场和工具违约和破产的潜在系统性影响。在评估系统重要性的机构中，无法清晰地画出一条分界线。

二是系统重要性具有部分的内生性，其重要程度主要依赖于金融体系的内在结构和金融运行的规则，重要性评估需要统筹考虑内在关联性。一部分机构的破产或一部分职能的丧失，对金融体系的影响实际上极大地与金融体系其他组成部分的有序和有效运行相关。比如，如果市场和基础设施稳健性高、危机管理的制度框架相对健全、交易清算结算体系运行平稳，那么金融机构破产或金融市场部分职能丧失的负面外部性将大大降低。反之亦然。为此，这些要素可能会成为系统性冲击的缓冲器或放大器。

三是系统重要性是动态的，跟随经济和金融环境不断变化。一般的，金融体系的发展导致金融结构的变化，结合周期运行的不同节奏，就会影响金融机构、市场或工具的重要性。比如，在经济相对萧条时期，一个相对不重要的机构的破产，其导致的损失可能会比一般情况要更大，甚至可能成为信心普遍丧失的触发因素。再如，金融产品的期限结构变化，如果期限错配非常严重，那么短期负债过多的机构的破产就可能引发短期资本市场的过度谨慎，可能出现挤兑，甚至引发更大范围的传染。还有，如果一个金融体系从间接融资为主向直接融资为主转换，那么银行的重要性将降低，而投资银行的重要性则不断提高。

6.3.2 系统重要性的衡量标准

1. 不同的视角

由于系统重要性问题在金融风险的产生、累积和爆发过程中的作用十分明显，系统重要性的衡量成为学术界和政策界的重大关注。特别是在金融监管当局视野中，如何定义和评估金融机构、市场和金融工具的重要性，是实施审慎有效监管的基础。尤其在本轮金融危机爆发之后，关于系统重要性的关注不断升温，并成为 G20 的重大议题。不过，不同研究者和政策当局，对系统重要性的认识是有差异的，同时对其评估标准也是存在一定区别的。

　　欧洲对系统重要性的关注主要集中在大型复杂银行，其衡量标准也主要是针对大型银行的。与美国资本市场主导的金融体系不一样，欧洲（除英国）主要是以银行为主导的金融体系，其金融体系稳定性和金融监管的主要关注就是银行业。为此，欧洲对大型复杂银行集团的稳健性更加关注，并在 2006～2007 年制定了系统重要性银行的评估框架，主要是针对金融创新的发展而提出新的评估标准并修正其监管体系。该评估框架认为，仅仅关注银行的资产负债表规模可能无法真正地揭示机构的重要的内部关联性，特别是在表外业务迅速发展的情况下。为此，欧洲于 2006 年制定了一个多指标的评估体系，主要包括 13 个变量：管理资产规模、或有负债、同业资产、同业负债、净利息收入、股票发行收入、存款、消费信贷、非利息收入、银团贷款收入、债券发行收入、抵押品以及其他收入。2007 年欧洲又增加了 6 个新的指标：境外资产、隔夜拆借资金比例、市场证券化水平、分支机构数量、次级债规模以及营业收入。欧洲据此评估了 36 家大型复杂银行集团。

　　对于美国金融体系而言，系统重要性的评估研究主要集中在学术界。在本轮金融危机之前，系统重要性问题虽然早已存在，并在伊利诺伊大陆银行、长期资本管理公司等危机中显现，但是，由于长期以来美国的系统重要性机构问题并不十分普遍，特别是 20 世纪 90 年代末期以来的 10 多年，美国没有出现大型金融机构或系统重要性机构的破产问题。为此，美国监管当局并没有制订相应的评估标准和应对机制，研究主要集中在学术界。托马斯（Thomson）研究认为，系统重要性可以通过规模、传染性和集中度等变量来分析评估。对于规模而言，如果一家银行资产超过全国银行业的总资产的 10% 或一家银行资产超过全国银行业资产的 5%，其贷款占全国贷款总额超过 15%，则是系统重要性银

行；如一家保险公司其保单数量超过全国的 10%，则其具有系统重要
性；对于其他非银行金融机构，持有资产在全国排名前 10 位，或在过
去 5 年中证券承销占比超过 20%，则其具有系统重要性。对于传染性
也有数量的规定：如果一家机构破产将导致其他机构资产的实质性损失
总额达到金融体系资产总额的 30%，或导致重要的支付交易清算体系
陷入绝境，则其具有系统重要性。在集中度方面，在一个特定的市场
中，一个机构的交易清算份额达到 25%；在一个重要的支付体系中，
其日均交易量超过总量的 25%；或对重大信贷活动承担超过 30% 以上
的责任，都可以认为其具有系统重要性。[①] 赫林和卡马西（Herring and
Carmassi）则利用金融机构的控股分支机构的数量作为金融机构关联性
和复杂性的变量，并评估了 16 家全球系统重要性机构（见表 6-1）。[②]

表 6-1　全球系统重要性金融机构（2006 年）

机　构	总资产 （10 亿美元）	控股分支机构 数目（个）	海外分支机构 占比（%）	海外收入占比 （%）
瑞士银行	1964	417	96	62
巴克莱银行	1957	1003	43	44
法国巴黎银行	1897	1179	61	51
花旗银行	1884	2435	50	44
汇丰银行	1861	1234	61	78
皇家苏格兰银行	1711	1161	11	34
德意志银行	1483	1954	77	80
美国银行	1460	1407	28	12
JP 摩根	1352	804	51	26
荷兰银行	1300	670	63	77
法兴私人银行	1260	844	56	46
摩根士丹利	1121	1052	47	42
瑞士信贷	1029	290	93	71
美林	841	267	64	35
高盛	838	371	51	48
雷曼兄弟	504	433	45	37

资料来源：Herring, R. J. and Carmassi J., "The Corporate Structure of International Financial Conglomerates: Complexity and its Implications for Safety and Soundness.", Oxford University, 2010.

[①] James B. Thomson, "On Systemically Important Financial Institutions and Progressive Systemic Mitigation", Federal Reserve Bank of Cleveland, Discussion paper No. 27, 2007.

[②] Herring, R. J. and Carmassi J., "The Corporate Structure of International Financial Conglomerates: Complexity and its Implications for Safety and Soundness.", Oxford University, 2010.

在全球范围内提出系统重要性的评估体系，则来自于 IMF 的研究。2009 年 4 月 IMF 在其全球金融稳定报告中提出了系统重要性的评估，但是这个系统重要性主要体现在内在关联性，主要针对的是本轮金融危机的巨大传染性。IMF 在研究中提出了四种内在关联性模型：一是网络模型（Network Model），主要讨论当一个信贷冲击或流动性冲击发生时，由反馈效应引发的同业市场的直接相关性。二是违约强度模型（Default Intensity Model），主要用于分析少量大型金融机构破产的可能性以及破产造成的直接和间接冲击。三是共同风险模型（Co-risk Model），该模型是使用金融机构信用违约掉期（CDS）利差，用回归方法来评估一个机构与其他机构 CDS 价差发生明显变化时，对其他机构 CDS 的影响，以此来评估两个机构的关联性，以此类推可以得出该事件的系统影响力。四是压力相关矩阵模型（Stress Dependence Matrix），这是基于多家机构的 CDS 数据集、违约概率、股价等来评估机构破产的联合概率分布，并计算一个机构破产对其他机构的影响。[①]

2. G20 的标准

对于系统重要性机构的评估，存在很多不同的视角，都有其针对性和合理性。G20 从原则上认同欧洲、美国等政策当局的评估框架，同样基于相对合理、全面和动态等原则，并且认为需要立足于监管需要以及普适性特征来评估系统重要性机构，比如该评估的标准不管是在一个地区、一个国家还是全球都应该具有相应的适用性。

G20 工作组结合不同成员国的观点和已有的研究结果，主要基于全球适用性、提高监管有效性以及动态原则等基础，提出了一个系统重要性的评估框架。整体而言，该评估框架的主要指标有三个：一是规模；二是可替代性；三是内在关联性。[②]

---

① IMF, "Global Financial Stability Report: Responding to the Financial Crisis and Measuring Systemic Risk", Apr., 2009.

② G20, "Guidance to Assess the Systemic Importance of Financial Institutions, Markets and Instruments: Initial Considerations", Report to G20 Finance Ministers and Governors by IMF, BIS and Financial Stability Board, Oct., 2009.

评估系统重要性机构的首要标准就是规模。虽然一些中小型机构破产可能导致系统性危机，而有一些大型机构破产并不必然导致系统性风险，比如英国巴林银行破产。但是研究认为，破产金融机构的规模对金融体系和实体经济的冲击大小呈现显著的正相关，为此，从宏观审慎管理的视角出发，大型复杂机构首先最有可能具有系统重要性。当然，这个规模的概念是广泛的，G20工作组认为资产负债表规模、表外风险头寸、参与或进行的交易量、持有或管理资产规模以及与其他机构业务总量等都是规模的衡量指标。

可替代性实际上是集中度的同义，是衡量系统重要性的第二个维度。在一个金融市场中，如果一个机构违约、破产或者职能丧失，无法在短时间内寻求新的机构作为替代并提供相应的金融服务，那么该机构就具有系统重要性。这类机构的重要性不在于其资产规模大小、给予其他机构多少融资，而在于其他市场参与者依靠这类机构获得特定的金融服务。比如做市商在特定的市场中就可能扮演流动性的转换者角色（特别是期限转换），还有为市场提供重要基础设施服务的机构，比如清算交易所、支付平台和保证金管理中心等。一旦替代性是缺乏的，那就可能放大负面冲击的市场预期，特别是这些机构是金融服务的中枢力量之一时，系统冲击就可能爆发。在指标方面，主要包括：机构的市场份额（交易数量和总额）、赫芬达尔—赫希曼指数（Herfindahl-Hirschman Index）、信息的占有程度等。

内在关联性主要是根源于金融合约的关系网络，这是金融危机传染性的根源所在。一个金融机构通过资产负债表的左右双方（即使表外业务也是联系交易两方）联系着不同利益群体，这种关联性越紧密，那么负面冲击对其他机构的溢出效应就会越明显。比如，商业银行一般主要是关联储蓄和贷款两方，而对冲基金（以长期资本管理公司为例）关联着抵押贷款商（抵押贷款关联贷款人和抵押产品所在市场）、金融期货交易（关联期货市场本身和基础资产市场）以及对冲基金行业本身等，显然商业银行的金融合约网络相对较小，其关联性比较低，而对冲基金的内部关联性则较高。内在关联性指标方面较多：机构特定风险头寸的分布范围、金融合约涉及的机构数目及金额、分支机构数目及分布等等，IMF 此前也有四种模型来评估关联性。更重要的是，一个机构的关联性不仅仅是和其他金融机构的关系，还包括机构与市场、与金融工具等的关系，甚至是跨境的关联。为此，内在关联性根据监管要求的不同存在众多的指标。

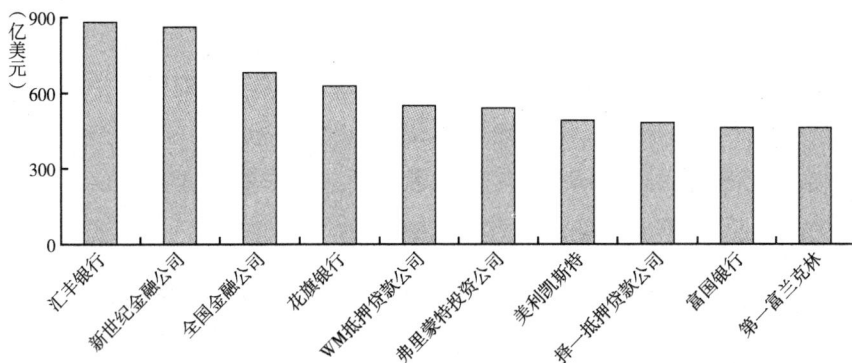

图 6 – 1　2006 年美国次贷产品发行销售前 10 大金融机构

资料来源：FDIC，"Purchase and Assumption Transaction"，http：//www. fdic. gov/bank/historical/reshandbook/ch3pas. pdf。

G20 工作组将影响系统重要性的各项指标组合成为一个"系统重要性指数"，通过数值的大小来进行分组，从而确定金融机构的重要性级别，这是相对合理和全面的方法。当然这种方式仍然是相对静态的。系统重要性的评估是复杂而多维的，不可能仅靠三个维度就能全面地判断一个机构、市场或工具的重要性和潜在的冲击，还需要考虑其他变量，比如机构的杠杆率、流动性、期限转换安排等。更重要的是，系统重要性的评估应该是全面而动态的，需要随时更新。

6.4　系统重要性、系统性风险与金融安全

系统重要性机构是那些其破产或基本职能丧失会导致系统性风险、对金融体系稳定性和实体经济平稳发展造成巨大的负向冲击的机构。根

据 G20 的定义，系统重要性机构比大而不倒机构更加宽泛，具体包括：大型复杂金融机构、金融市场和金融工具等。[①] 理论上，所有金融中介、市场和金融工具都可能具有系统重要性，而且其系统重要性会随经济周期、经济和金融环境的变化而不同。

6.4.1 系统重要性机构风险的时空维度

系统重要性机构是时间维度系统性风险产生的重要基础。理论上，系统性风险的产生可以分为时间维度和空间维度。时间维度是指风险在时间维度上的演进过程，特别是金融体系和实体经济在经济周期中如何相互作用并放大风险，即金融体系的顺周期性。系统重要性机构在金融体系的运行中表现出极为明显的顺周期性，而在金融风险爆发期间，系统重要性机构的风险放大效应更加明显。此外，系统重要性机构在系统性风险的空间传递方面，扮演了更加重要的角色。

系统重要性机构的顺周期效应同时表现于负债和资产两个方面，存在于经济运行的不同阶段。以大型银行为例，在经济向好的阶段，大型银行在政策当局的宽松环境下通过较低的成本就能获得储蓄，即其负债的成本较低。更重要的是，大型机构由于享有政府的隐性担保，其负债的成本相对中小机构将更低。根据相关研究，美国资产超过 1000 亿美元的银行，其融资成本比其他中小银行平均要低 70 个基点。[②] 在资产方面，由于经济形势向好，资产价格上升，贷款需求不断攀升，大型机构有充足的资源用于发放收益率更高的贷款，比如本轮金融危机中的次级抵押贷款，从而其资产的收益率相对较高。但是，在这个过程中，系统重要性机构的顺周期效应已经初现，系统性风险产生并逐步累积。

在经济形势向下的环境下，金融局势紧张，系统重要性机构对于金融体系的整体运行和基本的资金融通职能的影响更加凸显，但是系统重

---

① G20, "Guidance to Assess the Systemic Importance of Financial Institutions, Markets and Instruments: Initial Considerations", Report to G20 Finance Ministers and Governors by IMF, BIS and Financial Stability Board. Oct. , 2009.

② BIS, "Annual Report 2009", Jun. , 2010.

要性机构为了自我保护，往往表现出极为坚定的"理性"，在金融紧缩阶段他们更加紧缩信贷，从而使得市场整体流动性陷入不足甚至枯竭。在本轮金融危机中，雷曼兄弟破产之后，高盛、美林、美国银行等系统重要性机构的资本充足率和流动性都是相对较好的，但是他们坚决"窖藏"流动性，使得危机不断升级，金融机构个体的理性最后导致整个金融体系的无序。

系统重要性机构在危机阶段的空间传播更加严重。在系统性危机的触发因素——公共政策的预期外冲击、信息不对称、集体失误以及制度不适应性等因素中，信息不对称、集体失误和系统重要性机构的行为都是紧密相关的。如果信息不对称发生在大型复杂、具有系统重要性的机构，那么信息不对称的冲击将更为明显，对市场的恐慌和危机的升级将起到更为明显的催化作用；集体失误的出现，一般都是以羊群效应、动物精神等表现出来，而这类效应的出现一般都需要一个具有系统重要性的机构出现趋势性的行为方向。

6.4.2　系统重要性机构的外部性

不管是系统性风险产生的时间维度还是空间维度，实际上系统重要性机构对金融体系的冲击主要来自于其具有的负的外部性。[1] 每个金融机构都有足够的激励去平衡自身的风险收益，但并不必然会认识到其风险承担对整个金融体系运行的系统性冲击。这里实际上是一个集体行动的风险担当问题。

如果对于所有金融机构，其风险承担行为具有普遍性，比如持有相同或相似的风险资产和头寸，那就意味着一个与这些风险资产交易相关的大型机构破产可能造成所有金融机构资产负债表的恶化，对金融体系会是一个系统性冲击，甚至还会危及实体经济的稳定增长和就业。

系统性机构破产的外部性主要表现在金融体系基本职能的全部或部

---

[1]　G20, "Guidance to Assess the Systemic Importance of Financial Institutions, Markets and Instruments: Initial Considerations", Report to G20 Finance Ministers and Governors by IMF, BIS and Financial Stability Board, Oct. , 2009.

分丧失。金融体系的基本职能大致包括信贷中介服务、期限转换、风险管理、资产定价、支付结算清算以及对一级市场和二级市场运行的各种支持等。一旦冲击造成特定金融中介服务的停止或中止或特定金融服务获得的成本急剧上升，那么金融体系的基本职能就明显弱化。而金融体系职能的丧失，相当于经济体中的虚拟经济崩溃，由虚至实，金融经济的恶化将通过扭曲资源配置的效率对实体经济产生实质冲击，导致总供给和总需求的均衡关系被打破。

6.4.3　系统重要性机构的逆向选择

更重要的是，系统重要性机构存在的道德风险将放大其本身已存在的系统性风险。系统重要性机构可以利用其业务规模巨大、较高的内在关联性和较高的复杂性，享受政府的潜在担保和市场红利，并形成一种"倒逼机制"：利用自身的重要性，通过承担更大的风险获得更高的收益，而其高风险行为的成本通过"大而不倒"、"太具有系统性而不能倒"（Too Systemic to Fail）转嫁给政府和纳税人。为此，"大而不倒"和系统重要性的存在实际上是这些机构对金融体系的一种破坏行为和逆向选择。[①]

关于系统重要性机构及其导致的系统性风险，前文已经有相对深入的讨论。系统重要性机构在系统性风险的产生、积累以及在金融危机的触发、演进升级中都发挥了重大作用。为此，在经济全球化和交易信息化的环境下，金融机构规模不断扩大，关联程度不断加深，系统重要性机构在系统性风险防范和金融宏观审慎管理框架中都占据了重要的位置。

6.5　系统重要性问题的金融宏观审慎管理应对

系统性风险的防范和应对是金融宏观审慎管理框架的主要政策目

---

① Fama, Eugene, "Taking 'Too Big to Fail' Off the Table", University of Chicago, Jun., 2010.

标，而系统性风险从产生的根源看主要是时间维度（顺周期效应）和空间维度（主要表现为传染性），系统重要性机构、市场和金融工具等在其中都扮演重大角色，而且在金融危机的触发和升级过程中，系统重要性机构的"头羊"地位极其明显。为此，系统重要性机构的监管是金融宏观审慎管理框架的另一个主要任务。

不管是学术界还是政策界，关于系统重要性机构的金融宏观审慎管理，仍然存在很多争议。从 G20 峰会及其工作组确定的系统重要性的衡量指标看，其主要关心的是金融机构、市场和工具的规模、可替代性以及内在关联性等三个方面。实际上，系统重要性的评估框架的重点就是监管当局认为系统重要性的表现形式之所在，为此，金融宏观审慎管理的基础也基本遵循规模、集中度和内在关联性等维度，采取单独或综合的政策举措来加以应对。G20 在 2010 年 11 月韩国首尔峰会已经批准了系统重要性机构评估和宏观审慎管理框架。为此，以 G20 的标准来讨论金融宏观审慎管理的政策更具现实意义。

6.5.1 基于系统重要性机构规模限制的宏观审慎应对

金融机构的规模是系统重要性产生的首要根源，与机构的系统性冲击力度有显著的相关性。一部分学者和决策者认为，应该通过限制金融机构的规模来降低其系统重要性及其潜在的系统风险。

一是政府和监管当局不要鼓励大型金融机构进行兼并重组，形成金融"巨无霸"实体，特别是巨型、复杂的金融控股公司，甚至要对此进行限制。研究认为，规模经济与机构的资产总量和业务单元数目并非是直线关系，当资产规模和多元化达到一定程度，继续扩大反而不利于规模效应和范围经济，还有可能导致风险的跨墙传递。[①] 美国新的金融监管法案也有相关条款：银行进行重组并购时，收购后的关联负债不得

---

① Goldstein, Morris and Nicolas Verson, "Too Big to Fail: The Transatlantic Debate", Paper for Conference on Transatlantic Relationships in an Era of Growing Economic Multipolarity, Peterson Institute for International Economics, Oct. , 2010.

超过所有金融机构负债的 10% 。[1]

二是缩小大型复杂重要性机构的业务范围和业务规模。这个问题的主要关注是两个焦点：投资银行业务是否要与传统商业银行业务相互隔离；如果一个机构的规模达到一定程度，是否需要拆分。这两个方面实际上是美国金融监管改革的一个重点，即是所谓的"沃尔克法则"。[2]

"沃尔克法则"作为奥巴马政府 2010 年初极力强调的改革措施，经过多次的争论和修改，已经成为美国金融监管改革法案的重要内容。"沃尔克法则"主要包括三个方面：一是限制商业银行（或其他吸收存款的金融机构，如银行控股公司）从事高风险的自营交易，将商业银行业务和投资银行业务分隔开来；二是反对商业银行拥有对冲基金和私募股权基金，限制衍生品交易；三是对金融机构的规模施以严格限制，如有必要可以拆分大型金融机构。[3]

"沃尔克法则"之所以成为美国金融监管改革法案的一部分，得益于的广泛的学术和政策支持。Roubini 强调应该将传统商业银行与投资银行分离，重新启用修订后的《格拉斯—斯蒂格尔法案》，防范系统性危机。[4] 美联储前主席 Greenspan 指出，将一个庞大复杂机构拆分可能让单一机构变得更有价值，更加稳健；[5] 美联储前副主席 Alan Blinder 指出，沃克尔的目标是限制冒险行为，尤其是限制金融机构的个体冒险行为，以防止潜在的巨大损失。不过，并非所有人都支持"沃尔克法则"，Reenen 研究认为，限制业务范围和规模并非是解决问题的核心，

---

① The Dodd-Frank Wall Street Reform and Consumer Protection Act, http：//banking. senate. gov/ public/_ files/070110_ Dodd_ Frank_ Wall_ Street_ Reform_ comprehensive_ summary_ Final. pdf.

② 郑联盛：《沃尔克法则、金融监管和金融稳定性》，2010 年 5 月 17 日《21 世纪经济报道》。

③ Volcker, Paul, "How to Reform Our Financial System", *New York Times*, Jan. 31, 2010.

④ Roubini, Nouriel, "Too-Big-To-Fail: Regulatory Reforms of Systemically Important Institutions", Nov. 4, 2009.

⑤ Greenspan, A., "Greenspan Calls to Break Up Banks 'Too Big to Fail'", *New York Times*, Oct. 15, 2009.

自营业务不是唯一的风险来源，主要风险来自于银行的结构性产品投资。[①] 克鲁格曼根据大萧条中银行普遍破产的历史事实强调，将大型金融机构拆分对于缓解金融危机的冲击可能达不到预期的效果，金融危机完全有可能通过小型银行的大范围破产对经济造成巨大的冲击。[②]

6.5.2 基于系统重要性机构可替代性的宏观审慎安排

一般的，一个金融机构的系统重要性表现在直接冲击和间接冲击两个方面。直接冲击与该机构的规模和职能的可替代性相关，而间接冲击则主要取决于内在关联的程度。为此，金融机构可替代性问题的应对也是金融宏观审慎框架的重要组成部分。

从金融危机的历史看，金融中介的职能和服务相对而言更容易找到替代方，特别是在 20 世纪 90 年代之前，大型金融机构的重要性相对较低，传统的中介服务的集中度相对较低，金融机构的可替代性较强，竞争也是比较充分的。但是，新世纪以来，随着大型金融控股公司的兴起，特别是 1999 年美国《现代金融服务法》通过之后，兼并重组和多元化成为金融机构迅速成长的主要途径，相应的，大型复杂金融机构的规模和在特定市场的重要性不断提高，其集中度相对提高，而可替代性则大大降低。

更重要的是，可替代性表现在金融体系的基础设施及制度安排方面。比如，在做市商主导的流动性支持体系中，做市商就具有系统重要性，其可替代程度较低；比如，在一个特定的金融市场中，其结算和清算体系的替代性几乎为零。

为此，针对可替代性难题，金融宏观审慎管理的主要途径有几个方面：一是防止个别机构成为特定市场的流动性的唯一供给方，做市商制度安排需要考虑市场极端紧急情况，做出可替代的流动性提供安排。二

---

① Reenen, John Van, "Response to BIS Consultation on Financing the Private Sector Recovery", September 2010, http://cep.lse.ac.uk/pubs/download/responses/JVR_Response_BIS_Financing_the_Private_Sector_Recovery.pdf.

② Krugman, Paul, "Financial Reform Endgame", *New York Times*, Jan. 28, 2010.

是加强日常的监督管理,确保金融体系中的基础设施,比如交易平台、清算支付安排和保证金保管等的运行机制没有技术障碍,保证金融交易和合约履行的平稳有序。三是完善制度和基础设施的审慎动态调整机制,防止出现制度性风险,引发系统性风险。一个完善的金融基础设施体系需要为私人部门和公共部门提供一个通畅有效的融资平台,提供交易清算的技术平台,提供可供风险对冲的头寸以及能够为资产组合提供良好的流动性支持。

6.5.3 基于金融机构内在关联性的宏观审慎应对

在金融危机中,如果说系统重要性金融机构的倒下是第一张多米诺骨牌,那么该机构的内在关联性就相当于不同骨牌之间的距离和方位,如果距离足够短、方位不至于形成断点,那么多米诺骨牌的连锁反应就是自然而然的事情。内在关联性是系统重要性机构引发风险不断升级和蔓延的重大根源。当然,内在关联性主要体现在机构与机构以及机构与市场之间的关联性。

针对内在关联性的治理,金融宏观审慎管理指标包括:特定机构的风险头寸及其他机构相同或相似资产的规模及各自占该风险资产的比例,不同机构的信用违约掉期(CDS)利差、股票价格和融资成本,特定机构的金融合约数目、涉及机构数目及其涉及的市场数目等。

金融宏观审慎管理还需要关注金融机构在金融创新中表内业务和表外业务的相关性,特别是表外业务的监管需要加强。在信息现代化的进程中,金融创新通过金融合约的多元性连接的金融机构以及产生关联性的金融机构是随着表外业务复杂程度呈现几何级数增长的。① 为此,对金融机构持有头寸中的对冲基金、私募股权基金股权规模、证券化产品的规模以及其他高级衍生品的规模和数量等,都需要加强监管。

---

① Nigel Jenkinson, Adrian Penalver and Nicholas Vause: "Financial Innovation: What Have We Learnt?" Reserve Bank of Australia, Jul. 2008.

6.5.4 强化微观审慎标准

强化金融宏观审慎管理对于解决大型复杂重要性机构的违约破产问题仅仅是一个必要条件而非充分条件。金融宏观审慎管理的有效性还是需要依赖于政策工具的可操作性，而政策工具的实施基本都是针对单一微观主体的。为此，宏观审慎政策的落实和实践实际上是微观审慎标准的一个强化的过程。G20 工作组认为，针对系统重要性机构的监管可以采取两种政策选择：其一，根据系统重要性指数及其分组情况，对最具系统重要性的机构组实行额外的更为严格的资本和流动性要求；其二，利用现场监管和非现场监管等方式强化对系统重要性机构的监管力度。①

具体到量化指标上，主要有资本金、流动性、保证金等微观审慎指标。在资本金方面，其一，可以要求系统重要性金融机构满足更严格的资本金要求；② 其二，设置一定的触发条件，当经济金融形势突变时，该触发条件成立，则启动"债转股"，一则降低机构偿还压力，二则提高机构资本金水平；③ 其三，根据系统重要性的高低设定超额资本金要求，同时在金融局势紧张的条件下，综合权衡各种监管工具和政策目标，可以适度降低超额资本金水平，提高金融机构应对金融风险的弹性。④ 对于流动性要求，可以根据系统重要性机构的不同要求不同的流动性管理标准，系统重要性越显著的机构，可以要求越高的超额流动性水平。超额流动性要求使得系统重要性机构具有比其他机构更高的缓冲准备，能够应对金融波动性引发的更大风险，而且超额流动性要求可以使系统重要性机构的资金成本提高，防范道德风险。

---

① G20, "Guidance to Assess the Systemic Importance of Financial Institutions, Markets and Instruments: Initial Considerations", Report to G20 Finance Ministers and Governors by IMF, BIS and Financial Stability Board, Oct., 2009.

② Fama, Eugene, "Taking 'Too Big to Fail' Off the Table", University of Chicago, Jun., 2010.

③ Hart, Oliver and LuigiZingales, "How to Avoid a New Financial Crisis", Financial Crisis Inquiry Commission, Nov., 2009, http://www.fcic.gov/hearings/pdfs/2009 - 1020 - Zingales - article.pdf.

④ Bank of England, "The Role of Macroprudential Policy", Nov., 2009.

6.5.5 完善宏观审慎应对机制

系统性风险和系统重要性机构问题的应对，需要强化金融宏观审慎管理和微观审慎监管标准，同时还需要完善宏观层面的应对机制，特别是制度安排以及危机处置预案。从以前的危机历史中可以看出，这两个方面并没有得到决策者的有效关注，决策者一般都是危机发生之后进行一种亡羊补牢式的修补和改革，相当于是填补了制度的漏洞，而对于制度本身的适用性则关注不多，同时危机处置的机制安排也不充分。

首先，应该建立金融风险特别是系统性风险的预警指标体系：一是先制订金融稳定性指标和系统重要性指标，比如稳定性可以采用杠杆率、流动性、资产回报率等指标，可以通过规模、集中度和内在关联系数来判断系统重要性。二是建立情景模拟体系，根据市场的变化采用不同的情景模式对机构的风险应对能力进行评估，即所谓的压力测试。三是建立市场变化的敏感性指标，比如股票指数的上涨速率、资产组合的回报率与无风险利率的利差、投资者信心指数和经济领先指标等等。

其次，需要建立应对重大风险和危机的特别处置机制。比如一个系统重要性机构发生违约或者濒临破产，就需要一个应急的制度安排：是否允许破产、谁主导风险处置、风险处置的资金来自哪里、处置的程序是什么、有毒资产怎么消化等。这些对于应对"大而不倒"效应和系统重要性问题都是极其重要的，而且这些制度安排在危机发生之前就应该制定好，并且需要明确制度启用的触发条件，为风险应对的及时性和有效性打下基础。

最后，还需要强调监管的协调性。协调性的第一方面是监管机构之间的协调性。一般而言，一旦单一系统重要性机构面临违约风险，其引发的冲击都是相对较大的，甚至是系统性的，而单一机构自身可能难以应对。以美国为例，一个大型银行面临破产，首先由 FDIC 来接收，其后处置该银行的债务债权，如果由其他机构或者机构集团救援，那么美联储一般都会开启优惠的贴现窗口，为机构融资。协调性的第二方面与全球化相关，在全球化条件下，金融风险是全球分布的，为此不同经济体的监管当局需要协调合作，比如监管标准趋同化、防止跨境监管套利、加强跨境监管合作（特别是地区风险防范机制和国际风险防范机制）和最后贷款人安排等都是重要的合作内容。只有监管协调有力，才能发挥宏观审慎管理框架的作用，保障金融体系的稳定与安全。

6.6 小结

"大而不倒"问题来自于"大而不倒"的机构，这些机构在金融体系中扮演重要的角色，其行为及风险等都具有系统重要性："大而不倒"机构破产将可能放大系统性风险，极大地影响甚至破坏金融体系的稳定性，冲击实体经济的健康发展，并可能为政府制造巨额的或有负债。为了防范大型金融机构破产导致的金融、经济和政治冲击，最有效的途径就是不能让这些大型金融机构破产，即这些大型金融机构足够大、足够重要而不能破产，这就是"大而不能倒"或"大而不倒"效应（Too Big to Fail）。在"大而不倒"问题的应对中，"大而不倒"效应的产生和救援实际上并非都源于大型银行，更多的是由于其"实质性影响"。更为确切地说，是对"实质性影响"的担忧。"大而不倒"问题实际上更加关注的是机构在金融系统中的影响力，即系统重要性。系统重要性实际上是与系统性风险相对应的。系统性风险一般定义为：该风险的爆发可能导致整个金融体系基本功能的丧失，即金融稳定性受到冲击，同时将深刻影响实体经济，即经济增长将大幅下挫。相应的，如果一个机构能够产生系统性风险，那它就具有系统重要性。

系统重要性机构在金融体系稳定性中的作用是实质性的，衡量系统重要性机构也应该是非常科学而严谨的，要坚持相对、全面和动态等原则。G20同样基于相对、全面和动态等原则，从原则上认同欧洲、美国等政策当局的评估框架，并且认为需要立足于监管需要以及普适性特征来评估系统重要性机构；基于全球适用性、提高监管有效性以及动态原则等基础，提出了一个系统重要性的评估框架。整体而言，该评估框架的主要指标有三个：一是规模；二是可替代性；三是内在关联性。

系统重要性机构是系统性风险的一个主要来源。系统性风险的防范和应对是金融宏观审慎管理框架的主要政策目标，而系统性风险从产生的根源看主要是时间维度（顺周期效应）和空间维度（主要表现为传染性），系统重要性机构、市场和金融工具等在其中都扮演重大的角色，而且在金融危机的触发和升级过程中，系统重要性机构的"头羊"地位极其明显。

系统性风险和系统重要性机构问题的应对，首先，在宏观审慎管理方面，需要针对金融机构的规模、可替代性和内在关联性等维度进行政策应对。其次，需要强化金融宏观审慎管理和微观审慎监管标准。再次，需要完善宏观层面的应对机制，特别是制度安排以及危机处置预案，应该建立金融风险特别是系统性风险的预警指标机制，建立应对重大风险和危机的特别处置机制。最后，还需要强调监管的协调性。

7

影子银行、系统性风险与
金融宏观审慎管理

次级住房抵押贷款问题引发的金融海啸，是大萧条以来最为严重的全球性金融危机，使得国际社会对金融危机的产生根源、触发因素、传染机制以及金融经济与实体经济的关联等进行了深入的讨论和思考。特别是，本轮金融危机发生在金融制度最为完善、金融市场最为发达、金融监管最为有力的资本主义核心国家，这为系统性风险应对和金融体系稳定性的政策框架提供了新的经验教训。

在反思本轮金融危机的过程中，系统性风险被认为是一个核心的因素，在金融危机产生和升级中扮演极其重要的作用。系统性风险主要来自经济金融体系中的顺周期效应（时间维度）以及系统重要性机构的负的外部性（空间维度）。前文在顺周期效应和系统重要性机构研究中，已经讨论了系统性风险的演进及其对金融体系稳定性的冲击。

在全球金融体系的发展过程中，金融创新不断出现，并在 21 世纪初期达到了一个极度繁荣的阶段。而层出不穷的金融创新不仅是金融机构业务开展的需要，风险规避的需要，更多的金融创新是由于金融机构为了获得更高收益率，甚至是为了规避金融监管、进行监管套利。在这个过程中，影子银行应运而生，并不断壮大。在金融危机爆发前夕的

2007 年，影子银行的规模已经超过了传统的商业银行体系，成为美国金融体系中的主导机构，当然也成为金融海啸爆发的重大诱因。

在金融危机的反思中，影子银行被认为是造成系统性风险的重大要素，也是未来金融宏观审慎管理框架中主要的政策目标之一。从 G20 伦敦峰会开始直到 2010 年 11 月的首尔峰会，关于影子银行体系的金融宏观审慎管理问题一直是 G20 领导人的重大关切。关于影子银行体系的金融宏观审慎管理的框架主要集中在：一是纳入监管范畴，二是强化监管标准，三是建立健全违约应对机制，最后是从整个金融体系的稳定性出发，考虑影子银行体系的系统重要性风险。

本章在回顾影子银行体系的定义和发展历程之后，将简单讨论影子银行体系的特征。其次，将讨论影子银行体系及其与系统性风险的关联，特别是将影子银行作为系统重要性机构加以对待，讨论其在金融风险的产生、累积、爆发及升级中的地位和作用。最后，将从宏观审慎框架出发，分析应对影子银行体系的系统性风险的政策框架。

7.1　影子银行体系①

7.1.1　影子银行的含义

对于金融体系而言，"影子银行"（Shadow Banks）是刚刚出现不久的崭新概念，首度见于 2007 年。当时，美国太平洋投资管理公司执行董事麦考利（McCulley）首次提出，"影子银行"主要指那些游离于金融监管体系之外的，与传统、正规、接受中央银行监管的商业银行体系相对应的金融机构。② 影子银行概念的进一步传播与太平洋投资管理公司创始人、"债券大王"格罗斯（Gross）相关。2007 年底，格罗斯在

---

① 本节部分内容已经发表于《经济管理》2009 年第 23 期。详见何德旭、郑联盛《影子银行体系及金融体系稳定性》，《经济管理》2009 年第 23 期。笔者进行了一定的修改和补充。

② McCulley, Paul, "Teton Reflections", PIMCO Global Central Bank Focus, Agu./Sept., 2007.

《财富》杂志发表的一篇文章指出，需要关注、警惕影子银行及其对金融体系的影响。[①] 2008 年，时任纽约联储主席盖特纳指出，影子银行体系对美国金融体系的结构产生重大影响。其后随着金融危机的演进，影子银行被金融市场广泛关注。

从涉及的范围出发，影子银行是指投资银行、抵押贷款中介服务机构、对冲基金、私募股权基金、货币市场共同基金、债券保险公司、结构性投资工具等非银行金融机构。相应的，影子银行体系就是由影子银行组成的非银行金融体系。美国财政部部长盖特纳将其称为与商业银行体系相对的平行银行体系（The Parallel Banking System）。[②] 从金融工具出发，影子银行体系主要包括再回购协议（Repo）、资产抵押支持证券（ABS）、住房抵押贷款支持证券（MBS）、担保债务凭证（CDO）、信用违约掉期（CDS）、资产担保商业票据（ABCP）以及结构化投资工具（SVI）等。[③]

不过，学术界对影子银行体系的确切概念仍然没有取得广泛的一致意见，理解上仍存较大的差异性。麦考利和盖特纳等认为，影子银行体系是相对商业银行体系而言的，是指商业银行之外的其他金融机构，主要针对与商业银行的比较。但是，克鲁格曼等研究指出，影子银行是指那些游离于金融监管体系之外的金融机构，[④] 主要侧重于金融机构受到有效监管与否。当然，两个不同的定义仍然有很大的"交集"，但克鲁格曼所定义的影子银行的范畴明显小于盖特纳等人。布鲁金斯学会研究员戈顿（Gorton）等也指出，影子银行在金融体系中扮演的角色、所发挥的职能实际上与传统商业银行基本相近，甚至有过之而无不及，但是，影子银行和传统商业银行受到的监管力度却是大相径庭。[⑤]

---

①　Gross, Bill, "Beware our Shadow Banking System", *Fortune*, Nov., 2007.

②　Geithner, Timothy F., "Reducing Systemic Risk in a Dynamic Financial System", Federal Reserve Bank of New York, Jun. 9, 2008.

③　Gorton, Gray and Andrew Metrick, "Regulating the Shadow Banking System", Brookings Working Paper, September 2010.

④　〔美〕保罗·克鲁格曼著《萧条经济学的回归和 2008 年经济危机》，刘波译，中信出版社，2009，第 44 页。

⑤　Gorton, Gray and Andrew Metrick, "Regulating the Shadow Banking System", Brookings Working Paper, Sept., 2010.

本书主要是根据麦考利和盖特纳的定义来论述影子银行体系，即下文的影子银行体系主要是指商业银行之外的金融体系。影子银行主要发展于美国和英国，而以银行体系作为金融发展模式的经济体，其影子银行的发展相对滞后。本书以美国影子银行的发展作为阐述对象，以诠释其发展历程及其对金融体系的影响。

7.1.2　影子银行的发展

1. 影子银行的初步发展阶段

20 世纪 60 ~ 70 年代是影子银行初步发展时期。20 世纪 30 年代大萧条之后，为了防范商业银行和投资银行交叉业务带来的巨大风险，美国有针对性地出台了《格拉斯—斯蒂格尔法案》，从而确立了美国金融体系分业经营模式和分业监管模式的法律基础，美国金融体系进入一个稳定繁荣的发展阶段，不过主要是以商业银行或储贷机构为主导的发展时期。第二次世界大战以后，随着资本主义经济进入黄金发展时期，经济增长速度很快，要素配置效率亟待提高，原有以商业银行为主导的金融体系，相对而言已经无法满足资源配置的资金融通需求。为此，美国证券业务和非银行业务在 20 世纪 60 ~ 70 年代开始初步发展起来。

布雷顿森林体系的崩溃和两次石油危机为非银行业务的发展提供了催化剂。20 世纪 70 年代之后，经济大幅波动（特别是两次石油危机）为经济和金融系统的稳定性带来了极大的现实压力，特别是第二次世界大战以后建立起来的布雷顿森林体系的坍塌，使得美国在 20 世纪 70 年代末实行了紧缩货币政策和宽松财政政策相结合的政策组合，并在一定程度上限制了金融市场竞争。传统商业银行由此受到了业务扩展、赢利提高等方面的限制，金融体系的融资功能也有所收缩，但经济快速发展和要素配置亟需更多的金融服务特别是融资服务，以金融创新为基础的金融产品和金融中介应运而生，新进入的、较少受到金融管制的金融中介就成为影子银行的前身。

2. 影子银行与商业银行并行发展阶段

20 世纪 80 ~ 90 年代是影子银行与商业银行并行发展的历史阶段。

在这个阶段，美国商业银行、共同储蓄银行以及人寿保险公司持有的金融资产的份额持续下降，而保险基金和共同基金占据的范围扩大。更重要的是，货币市场共同基金、抵押入股以及证券化的贷款迅速增加。由于在这个阶段，经济发展相对较好，特别是 20 世纪 80 年代之后，全球经济进入一个长期繁荣阶段，实体经济对金融服务需求急剧上升，而受到较强监管的银行等储贷机构无法满足企业融资需求，企业只能寻找其他融资渠道，非银融资（主要是直接融资）及其相关业务迎来发展的高潮。不过，值得注意的是，影子银行虽然得到长足的发展，但是，商业银行、保险公司和公共基金仍然占据了美国金融市场的主导地位。

证券化是影子银行体系发展的最大催化剂。美国资本市场主导的金融市场体系的强化是在 20 世纪 80~90 年代，这一阶段的证券化热潮为影子银行的发展提供了历史机遇。这个时期，金融部门最为重大的转变是证券化及其相关业务的高速发展，非市场化的资产转换为市场化的证券，极大地提高了市场的流动性，使得金融市场不断深化，交易数倍放大。很多住房抵押贷款、资产抵押贷款、自助贷款、信用卡账款，被影子银行（主要是投资银行）证券化之后成为可以流通交易的证券，极大地促进了美国资本市场的繁荣，投资银行、货币市场基金等也得到了快速的发展。[①] 证券化及其相关的支持机构的高速发展和扩张，夯实了影子银行体系的机构基础。

3. 影子银行高速发展时期

影子银行在 21 世纪迎来新的发展高潮。21 世纪以来，信息技术的广泛运用，经济金融全球化不断深化发展，全球化和信息化推动美国金融市场发展进入一个新的高潮，同时产生了高度全球化的国际金融体系，影子银行体系不断膨胀壮大，系统重要性日益增强。出于金融市场的全球竞争和规避金融监管，金融创新层出不穷，产生了新的市场工具、金融机构和金融子市场，比如再证券化、CDO、CDS 等。信息技术

---

① 〔美〕恩格尔曼等著《剑桥美国经济史》（第三卷），高德步等译，中国人民大学出版社，2008，第 149 页。

的运用，金融工具和市场的多样化，极大地降低了交易成本，提高了交易效率，并促进了金融市场的一体化。在全球化背景下，金融资源在全球进行配置，使得各主要金融市场的外延不断扩大，美英等以资本市场为主导的金融体系中的影子银行更是迎来新的发展高潮。在影子银行高速发展和混业经营趋势不断强化的情形下，各个金融领域之间的界限已经模糊或被跨越了，各个金融机构甚至企业成为多样化的金融混合物，这也造就了极度繁荣的国际金融市场。

7.1.3　影子银行体系与金融体系的结构

影子银行的快速发展迅速、实质性地改变了美国金融体系的结构特征。21 世纪以来，在技术革命和全球化的推动下，影子银行经历了膨胀式的发展，其资金融通等功能日益强大，影子银行体系的重要性不断提高，影子银行和商业银行一起成为美国金融体系中两大参与主体。更为重要的是，影子银行功能提高，业务占比提升以及整个体系的发展，使得美国和全球金融体系的结构发生了根本性变化，传统商业银行体系的地位和作用不断下降，而影子银行体系的重要性则日益凸显（见图7－1）。金融体系的结构发生重大改变，金融市场随之得到迅速的发展，金融繁荣达到了前所未有的阶段。

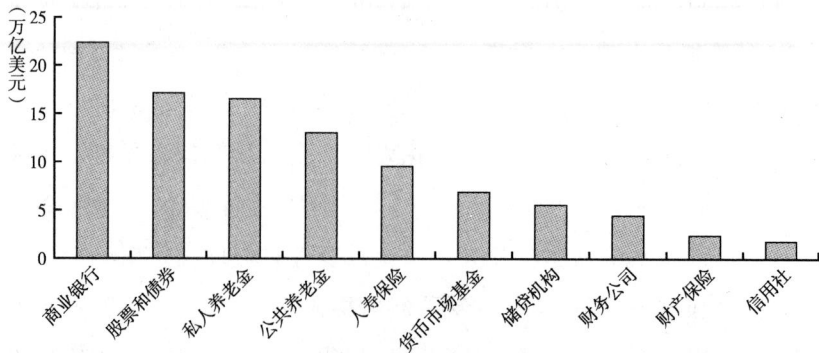

图 7－1　2006 年影子银行的资产规模已经超过商业银行体系

资料来源：Federal Reserve System，"The Flows of Fund Accounts of the United States"，http：//www. federalreserve. gov/datadownload/Choose. aspx？rel＝Z. 1，2010。

21 世纪以来，随着影子银行体系的高速发展，美国金融体系的结构发生了根本性变化，金融体系整体脆弱性随之提高。互联网泡沫之后，美国金融体系的高度繁荣与影子银行高速发展、金融市场杠杆倍率不断提高、脱离于真实需求的过度交易和金融监管当局的"恶意忽视"等息息相关。[①]影子银行比传统商业银行增长更加快速，其地位不断提升，系统重要性持续加强，但是，影子银行却是游离于现有的金融监管体系之外，同时也基本不在现有危机应对机制特别是最后贷款人机制的救援"法定"范畴之内。

在影子银行体系的发展过程中，美国和全球金融体系的结构发生了根本性变化，即影子银行成为比传统商业银行更加强大的市场主体，影子银行体系在资产占比、金融交易规模和系统重要性等方面急剧提高，并占有相当优势，其在金融市场最为基础的信贷市场上已经超越了商业银行的作用（见图 7－2）。[②] 美国财长盖特纳（2008）任纽约联储主席时指出，影子银行体系已经成为与传统银行体系平行的金融系统，其规模和影响力非常巨大。

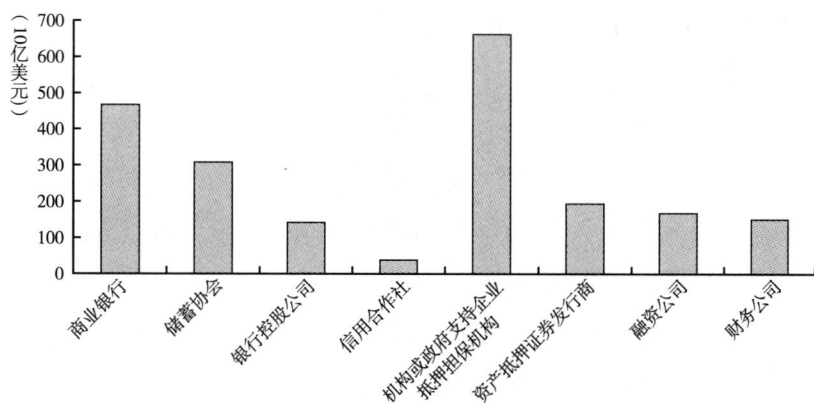

图 7－2 美国信贷市场负债的结构：商业银行体系与影子银行体系的比较

资料来源：Flows of Fund of the United States, Federal Reserve System Data。

---

① 〔美〕保罗·克鲁格曼著《萧条经济学的回归和 2008 年经济危机》，刘波译，中信出版社，2009，第 162 页。

② Federal Reserve System, "The Flows of Fund Accounts of the United States", http://www.federalreserve.gov/datadownload/Choose.aspx? rel = Z.1, 2010.

2007 年初现端倪的次级住房抵押贷款问题及其导致的次贷相关证券产品危机，实际上就是影子银行直接引发的一种金融紧张局势。美国金融监管当局认为美国金融市场弹性足够大，完全能够自我修复。但是，影子银行体系脆弱性使得影子银行的资产负债期限错配集中爆发，产生了流动性危机和信用危机，并逐步蔓延演化成为 20 世纪 30 年代大萧条以来最为严重的全球金融危机。在很大程度上，影子银行体系孕育了金融风险，并引爆了一轮系统性的全球金融危机。

影子银行体系及其业务爆发式增长的图景中，信用违约掉期（CDS）是最好的一个案例。据国际清算银行统计，截至 2007 年底，CDS 全球市值最少为 45 万亿美元，[①] 最多可能为 62 万亿美元。[②] 创造 CDS 的初衷是显示债务人违约风险的高低并实现信用风险的补偿，是一种较好的避险工具。但是在影子银行的推动下，CDS 交易过度，严重偏离避险的实际需求，最终演化成为一种严重投机的金融工具。AIG 和花旗银行等作为应该更为稳健的保险机构和商业银行也牵涉其中，最后造成极大的损失，直至引发严重的危机。

7.1.4 影子银行体系的典型特征

在本轮金融危机之前，影子银行体系由于其高收益率和高脆弱性并存，被认为是金融体系中"成绩优秀的坏孩子"。影子银行投资收益率相对较高已经持续了很长的时间。以对冲基金为例，对冲基金的投资收益率一般都高于其他投资组合。爱华德和卡格拉杨（Edwards and Caglayan）研究发现，在1990～1998 年间，对冲基金的年平均收益率比共同基金高 8.52%。[③] 从长期看来，对冲基金收益增长率也远高于股指的增长率。欧洲中央银行在 1993～2004 年考察期的研究中发现，对冲

---

① BIS, "Financial System: Shock Absorber or Amplifier?" Working Paper No. 257, Jul. , 2008.

② 〔美〕保罗·克鲁格曼著《萧条经济学的回归和 2008 年经济危机》，刘波译，中信出版社，2009，第 162 页。

③ Edwards, F. R. and Caglayan, M. O. , "Hedge Fund Performance and Manager Skill", *Journal of Futures Markets*, 21 (2001): 1003–1028.

基金收益率指数上涨幅度近 250%，股票市场收益率指数上涨约 150%，而债券市场收益率指数上涨则仅有 60%。[①] 随着金融交易的便利化和成本降低，以及金融产品多元化，对冲基金在美国次贷危机之前的收益率更高。更为惊奇的是，对冲基金的收益波动率也要好于一般的市场波动，对冲基金在不降低投资组合的预期收益率的前提下却能降低收益率的波动性（见图 7 – 3）。[②]

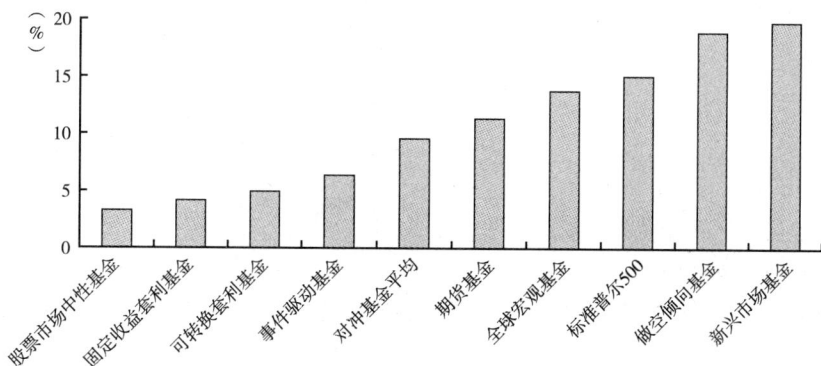

图 7 – 3　对冲基金平均收益波动率低于标普 500 指数

资料来源：斯图亚特·麦克奎瑞著《对冲基金》，金德环等译，上海财经大学出版社，2004，第 73、166 页。

在世纪之交，金融行业混业经营的趋势不断加强，尤其是全球金融体系核心国家美国放松了对非银行金融机构的监管规范，影子银行体系相对于商业银行体系得到了更快速的发展，并深刻地改变了美国和全球的金融制度结构、市场结构、工具结构等，同时也模糊并弱化了分业监管的有效性。

1. 影子银行成为全球金融体系的主导力量

影子银行体系发展相对商业银行体系更为迅速，已经成为全球金融体系和市场中的主导力量之一。在影子银行的发展过程中，商业银

---

① ECB, "Hedge Funds and Their Implications for Financial Stability", Occasional Paper Seriers, No. 39, Aug., 2005.

② 〔美〕斯图亚特·麦克奎瑞著《对冲基金》，金德环等译，上海财经大学出版社，2004。

行在金融体系中的资产规模占比相对下降，影子银行体系的重要性日益提高。

在本轮金融危机前夕，影子银行体系的资产规模已超过商业银行体系的资产规模。2007 年初，从金融产品的资产规模看，资产支持商业票据、结构化投资工具、拍卖利率优先证券、可选择偿还债券和活期可变利率票据等的影子银行产品的资产规模高达 2.2 万亿美元，通过第三方回购隔夜融资资产为 2.5 万亿美元，对冲基金持有的资产高达 1.8 万亿美元，五大投资银行的资产负债表规模超过了 4 万亿美元，整个影子银行体系的资产规模高达 10.5 万亿美元。而与此同时，美国五家银行控股公司的资产总额才刚刚超过 6 万亿美元，整个商业银行体系资产约为 10 万亿美元。① 影子银行体系的资产规模已经超过了商业银行体系。

在金融市场中，影子银行体系的金融产品发行和交易规模远超过商业银行体系。在金融市场产品的发行中，影子银行体系已经成为新金融产品发行的主导力量，在 2007 年第二季度，影子银行体系新发行的金融产品规模为 16.6 万亿美元，而商业银行体系发行的新产品规模仅为 12.8 万亿美元（见图 7 -4）。② 在金融产品的交易中，影子银行体系更是绝对的"主力"。利率衍生品市场未交割产品（包括多空双方）的规模从 2002 年的 150 万亿美元飙升至 2007 年第四季度的 600 多万亿美元，③ 约为当期全球产出规模的 15 倍，其中主要是影子银行持仓和交易。在交易量方面，商业银行体系仅为影子银行体系的一个零头。2007 年末，全球金融衍生品名义价值为 630 万亿美元，为当期 GDP 的近 12 倍（见图 7 -5）。④

① Geithner, Timothy F., "Reducing Systemic Risk in a Dynamic Financial System", Federal Reserve Bank of New York, Jun. 9, 2008.
② Adrian, Tobias and Hyun Song Shin, "The Shadow Banking System: Implications for Financial Regulation", Federal Reserve Bank of New York Staff Reports, No. 82, Jul., 2009.
③ BIS, "Annual Report", 2009.
④ Adrian, Tobias and Hyun Song Shin, "The Shadow Banking System: Implications for Financial Regulation", Federal Reserve Bank of New York Staff Reports, No. 82, Jul., 2009.
BIS, "Annual Report", 2009.

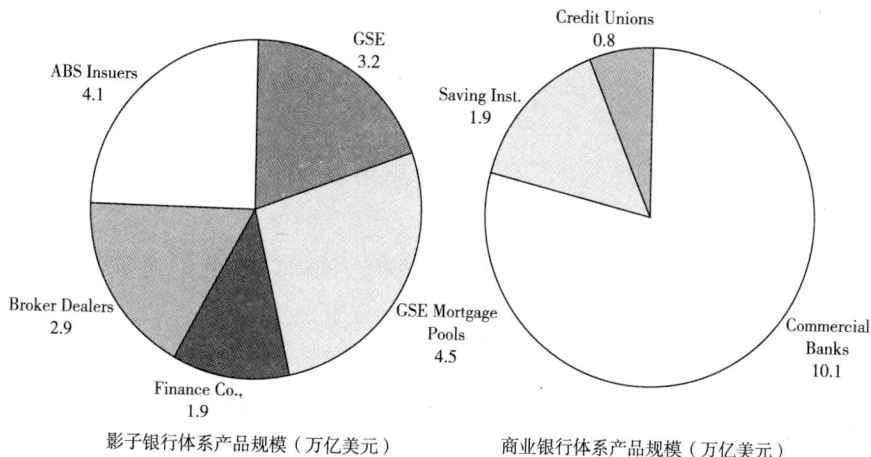

ABS Insuers
4.1

GSE
3.2

Broker Dealers
2.9

Finance Co.,
1.9

GSE Mortgage
Pools
4.5

影子银行体系产品规模（万亿美元）

Credit Unions
0.8

Saving Inst.
1.9

Commercial
Banks
10.1

商业银行体系产品规模（万亿美元）

图7-4　影子银行体系的产品规模超过商业银行体系（2007年第2季度）

资料来源：Adrian，Tobias and Hyun Song Shin，"The Shadow Banking System：Implications for Financial Regulation"，Federal Reserve Bank of New York Staff Reports，No. 82，Jul.，2009。

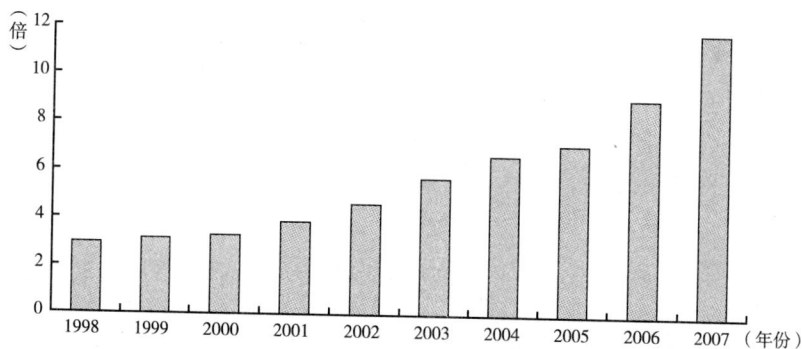

图7-5　全球金融衍生品名义价值与GDP的比值（倍）

资料来源：BIS，"Annual Report"，2009。

2. 影子银行的高脆弱性

影子银行过度追求高利润，一般采取高杠杆运作，带来金融体系极大的脆弱性。2007年底，美国华尔街五大投行的平均杠杆率超过30倍，而美国、英国主要对冲基金的杠杆率甚至超过50倍，而且五大投行实行的"自我监管"，仅维持较低的资本金，对冲基金甚至没有被纳入监管范畴，其资本金留存水平更低。值得注意的是，美国住房抵押贷款担保体系的两大巨擘——房利美、房地美的核心资本合计为832亿美元，而这些资本支持了5.2万亿美元（约为美国住房抵押贷款市场规模的一半）的债务与担保，杠杆倍率高达62.5倍。[①]

高杠杆运作在对冲基金行业成为一个"惯例"。除了股票型对冲基金由于需要进行一定的套期保值或对冲，其杠杆比例比较低，为2～4倍外，大部分对冲基金（主要是宏观对冲基金）的杠杆倍率为20～40倍，一些能源对冲基金甚至高达200倍以上。尤其在资产证券化大行其道之后，对冲基金的杠杆效应可以发挥到极致。对冲基金超过70%的资产运作使用杠杆操作，其中对冲基金投资中13%的资产运作杠杆倍率超过200倍。一般的，大型对冲基金使用更多的杠杆操作和更高的杠杆倍率。[②]

高杠杆运作在金融市场向好时期，可以带来更高的收益，但是在市场下行通道中，高杠杆率可能成为金融机构走向死亡的毒药，因此，在影子银行成为主导力量的金融体系中，机构整体收益性提高的同时，金融体系的杠杆率也大幅提高，其脆弱性发生实质性的变化。在金融紧张或危机时刻，高杠杆的金融产品的风险急剧暴露。部分高风险产品的再回购扣减率（haircuts）高达30%以上（见图7-6）。[③]

影子银行脆弱性的另一个表现是过度交易。比如，仅对冲基金在各种高收益债券、信贷衍生品市场、CDO市场、杠杆信贷市场的交易量占比高达15%～30%不等，在垃圾债券的交易量占比甚至高达80%。对冲基金的这种高杠杆操作方式虽然可以增加市场流动性，加深市场深度，增强市场的价格发现功能，却在统一风险水平下扩大了价格差别、市场波动性，必将带来更大的脆弱性，特别是在市场紧张的情况下，可

---

① BIS, "Quarterly Review", Mar., 2009.

② ECB, "Hedge Funds and Their Implications for Financial Stability", Occasional Paper Seriers, No. 39, Aug., 2005.

③ IMF, "Global Financial Stability Report", Oct., 2008.

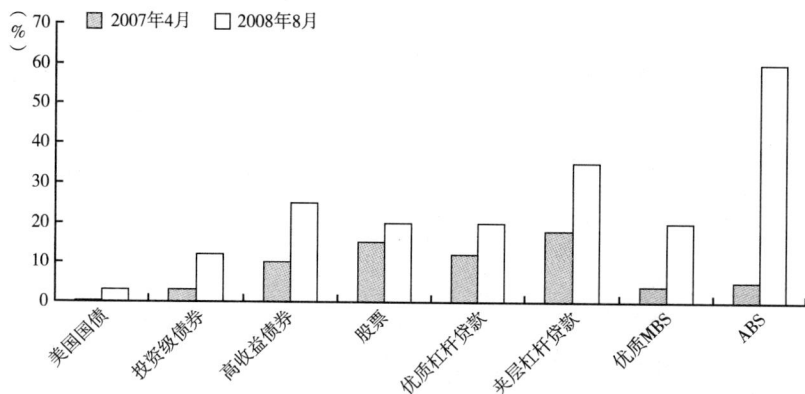

图 7 - 6 不同金融产品再回购折扣率：2007 年 4 月与 2008 年 8 月的比较

资料来源：IMF，"Global Financial Stability Report"，Oct. ，2008。

能放大市场的下跌趋势。①

3. 影子银行模糊了分业经营模式

由于业务的多元化，并且采取很多金融创新，影子银行的业务实际上是一种混业经营的模式。而且，在影子银行的金融创新和业务拓展中，商业银行参与多元化经营的程度不断提高，特别是表外业务急速增长，更重要的是，在多元化经营中，商业银行突破了传统商业银行的业务界限，成为混业经营的参与者，深刻地改变了整个金融体系的业务模式。这样，整个金融体系在影子银行的"主导"下，成为一个混业经营的体系。

经营模式的改变带来了金融风险分布和传播模式的质变。传统的商业银行是采取零售的方式进行业务经营的，但是影子银行一般采取的是批发的业务模式，商业银行零售模式可以较为有效地进行个体风险的鉴别与控制，而影子银行批发模式由于信息不对称无法较为完整地获得信息，从而"批发"了信息不对称的重大风险。而且，商业银行在成为混业经营的一个组成部分之后，其零售业务的重要性相对降低，而批发

---

① ECB，"Hedge Funds and Their Implications for Financial Stability"，Occasional Paper Seriers，No. 39，Aug. ，2005.

业务成为快速发展的领域，从而商业银行也在大肆进行金融批发业务。在金融体系业务模式从传统的零售模式向批发模式倾斜的发展过程中，金融风险的集聚度就提高了。而且，商业银行将批发业务放在资产负债表之外，从而规避了金融监管当局的监管。为此，影子银行的业务扩张和"越界"，不仅模糊了分业经营的模式，还降低了分业监管的有效性。

4. 信息不完全性

影子银行体系本身的产品结构复杂，信息披露不完全。出于对高利润的追求，影子银行体系的产品设计一般遵循单一高风险、高利润的 α 原则，而不是商业银行注重的系统风险为基础的 β 原则。以证券化为例，收益的高低取决于两个因素：一是证券化的基础资产优良度，二是市场对证券的评价度。影子银行为了提高证券的发行规模和证券的收益率，就采用两个方面同时操作的方式：一是淡化基础资产，二是强化证券化过程中的附加值，特别是极力促成外部评级的增级。

投资银行在运作资产评级和证券化增级的过程中，有所顾忌地减少或者不实行完全的信息披露，特别是弱化基础资产的风险信息。证券化过程是一个专业而复杂的金融业务，即使是专业性的金融机构也很难对证券化产品的定价有足够的了解，一般消费者则绝大部分是依靠证券化产品的信用评级高低来评估风险的大小。最后的结果是，证券化产品偏高的信用评级导致了机构投资者的非理性追捧。这随后又触发了证券化增级的冲动，基础资产风险很大的次贷产品经过多次信用增级甚至能成为3A证券，金融体系的巨大风险被高评级掩盖了。

再以对冲基金为例，其信息不完全表现得淋漓尽致。由于对冲基金特定的私募性，同时又在监管体系之外，就自然地规避了法律对公募基金信息披露的严格要求。信息的缺乏直接导致了对冲基金的神秘性，其操作上就具有极高的隐秘性和灵活性。对冲基金可以不受资产组合模式的牵制，可以利用一切可以利用的金融工具，最大限度地使用信贷资金。对冲基金的操作可以认为是在一个"黑匣子"里进行的，由于不受监管，所以金融监管当局根本无法知晓其风险头寸和市场行为，对冲基金往往是金融危机的重要推手。①

5. 规避监管与监管套利

影子银行体系的重要性日益提高，模糊了分业和混业的业务界限，降低了监管有效性，甚至潜移默化地改变了监管体系的制度规范。在资本市场主导的金融体系和影子银行体系的发展中，美国金融体系中的法律变更提供了重要的推动力。

1999 年，《金融服务现代化法》取代了实行 60 多年的《格拉斯—斯蒂格尔法案》。《金融服务现代化法》主要在于推行金融自由化，放松金融监管，结束银行、证券、保险分业经营的格局，以促进金融体系的繁荣以及为实体经济和就业增长提供有力支撑。2000 年，美国又出台了《商品期货交易现代化法》，该法规定场外交易不受商品交易委员会监管。在这两项法律颁布之后，包括投资银行在内的影子银行摆脱了发展的法律束缚。

虽然影子银行（比如投资银行、对冲基金，以及通用资本公司、AIG 金融产品部）等都"接受"美国证券交易委员会的"自愿监管原则"，但是，这些大型金融机构（由于自愿监管原则）并没有受到有效的监管。影子银行的自愿监管指标主要是资本金要求，按规定，影子银行的资本金要求"参考"商业银行体系，其实，影子银行的资本金比商业银行要低，比如，对冲基金的资本金可能只有资产的 0.5%。特别具有风险的是，影子银行的支付、清算和结算服务基本都游离于监管体系之外，监管当局无法知晓风险的大小，而影子银行也难以受到监管体系的有效保护。比如投资银行美林在遭遇困境的时候，如果不是美联储的运作，美林也将遭遇破产的命运。针对美林的救援，是大萧条以来美联储首次救援银行体系之外的金融机构，而美联储完全有法理依据不进行救援。可以看出，影子银行的自愿监管或自我风险管理无法替代金融当局的直接监管。

---

① Eicheengreen, B. and Donald, M., "Hedge Funds and Financial Market Dynamics", IMF Occasional Paper No. 166, 1998.

7.2 影子银行、系统性风险与金融安全

影子银行体系在过去 30 年的发展中，其产品多样性、交易频繁性以及规模和地位逐步提高，深刻改变了美国金融体系的制度结构、市场结构、工具结构和业务模式等。金融危机之前，影子银行体系被认为是"成绩优秀的坏孩子"。但是，本轮金融危机之后，影子银行的"成绩"受到了极大的质疑，影子银行以金融体系的脆弱性提高为代价获得自身的繁荣。① 影子银行的膨胀式发展，制造了美国和全球金融市场的高度繁荣，但是影子银行过度激进的高杠杆和高频率操作、潜意识的信息隐藏和极力逃避金融监控等特征，带来了十分明显的金融风险，甚至是系统性风险，为金融动荡和危机埋下了一颗定时炸弹。更重要的是，影子银行体系已经成为系统性风险的主要根源之一。

7.2.1 影子银行与市场繁荣

20 世纪 90 年代后期以来，在金融创新和信息革命的促进下，影子银行体系得到了快速的发展，美国和全球金融市场更是蓬勃发展，并使得资本市场主导型金融体系获得了高度繁荣。从理论上讲，由于商业银行和影子银行共同发挥金融中介的角色，相互配合、协同、互补以及促进公平竞争，资本市场主导型的金融体系可以更好地发挥金融市场资金融通和配置资源等基本功能，同时还能更加有效地分散和配置风险，而且投资组合策略更加灵活更具弹性，可以获得更高的收益。

影子银行体系可以有效地进行金融风险的共同分担。Allen and Gale 将金融体系风险分散的功能区分为横向风险分担和跨期风险分担。② 跨期风险分担是不同时点上风险的跨时平均分布，资本市场主导的金融体系和银行主导的金融体系的风险转移功能相近。但是，在横向风险分担

---

① 郑联盛：《对冲基金监管上的利益分歧》，2010 年 3 月 29 日《人民日报》。

② Allen, F. and Gale, D., "Financial Market, Intermediaries and Intertemporal Smoothing", *Journal of Political Economics*, 105 (1997): 523 – 546.

上，资本市场主导型的金融体系有着更发达的市场和包括影子银行在内的更加多样的金融机构和金融产品，比如影子银行可以为私人部门提供更为分散的投资组合，对冲异质金融风险。更进一步，影子银行本身作为金融体系中的重要参与主体也进行了金融风险的横向风险互换。

不过，需要特别强调的是，影子银行在进行风险共担的过程中，并没有减少风险，而是分散风险。影子银行在风险共担过程中，其资产负债表的变化反而出现了期限错配，这是影子银行引发系统性风险之关键所在。在风险互换和横向共担中，影子银行主要是从短期资本市场获得融资，持有期限较短的负债；在资产方面，由于必须提供利息等成本并获得利润，影子银行必须投资期限更长（从而获得更高收益）的资产。影子银行在进行风险共担和互换中，也就与货币市场上的投资者、资本市场上的长期筹资人进行了资产和期限互换。结果是，影子银行对短期债权人负有短期债务，而对长期债务人持有长期资产，即出现了期限错配。

从更加宏观的层面出发，在全球金融一体化的演进进程中，影子银行实际上已经成为金融一体化趋势的承载人和推动者，并成为国际金融业务的最主要中介之一和全球金融资产的最主要持有人之一。在全球金融体系下，由于存在跨境的金融业务和风险分担安排，影子银行日益成为各主要经济体及其重要企业甚至家庭部门的金融业务中介，比如美国投资银行通过代理房利美和房地美发行资产抵押债券并在全球出售。英国、日本和中国等国家的金融机构甚至个人购买此类金融产品。在影子银行的全球扩展中，全球金融市场在 2006～2007 年迎来了一个繁荣的巅峰。

7.2.2　影子银行、金融风险与金融安全

影子银行体系的脆弱性可能引发金融体系的重大甚至系统性扭曲。以对冲基金为例子，艾肯格林和多纳德（Eichengreen and Donald）在对冲基金与金融市场波动性的研究中指出，对冲基金通过三个因素引致市场扭曲（Market Disruptions）：一是持有大量的单向头寸，即大规模的空头；二是大规模的增量头寸，即当市场发生问题时采取大规模加仓的

策略；三是可能给其他市场投资者带来羊群效应，引起市场恐慌。① 欧洲中央银行的研究认为，对冲基金对金融稳定性的冲击具有三个渠道：一是信贷渠道，即对冲基金的损失将导致相关银行和金融机构的头寸风险。二是传染渠道，即对冲基金高杠杆比例的资产头寸错配，将放大风险的波及性，可能造成具有严重传染性的系统性危机。三是市场渠道，即对冲基金为了降低损失，必须在金融市场采取止损策略，而其在特定金融市场的近乎疯狂的操作可能引发市场严重的不稳定性，并传递到其他市场，进而危及整个金融市场。②

虽然上述两个研究对象主要是针对对冲基金的，但是基本适用于包括对冲基金在内的影子银行，影子银行所具有的脆弱性也主要通过信贷渠道、传染渠道、市场渠道等对金融稳定性产生冲击，当然还有其他方式，比如制度性渠道等。概况而言，影子银行体系可能引致的金融风险包括：顺周期效应、高杠杆引发的脆弱性、期限错配、信息不对称、模糊分业边界、风险跨境传染以及更大的系统性冲击等。

影子银行的顺周期效应比商业银行更加明显。影子银行体系的高杠杆率在市场下行中将放大既有风险，造成一个自我强化的资产价格下跌循环，即放大了金融体系自身的顺周期性。从机理上出发，金融机构的杠杆操作本身是一个信用创造和放大的过程，影子银行在过去一段时期对信用创造和放大的作用极为突出。但是，这使得整个金融体系对流动性更为依赖，影子银行所创造的金融产品和营运模式在金融体系下行的过程更容易遭受再融资困境，既有资本无法承受高杠杆操作所需要的流动性需求，市场的整体流动性逐步萎缩甚至是流动性枯竭，从而引致金融体系的系统性风险。③

影子银行采取杠杆操作进行大量的金融创新和金融交易，并实施以市定价（Mark to Market）和风险价值（Value at Risk）为基础的资产负

---

① Eichengreen, Barry, and Donald Mathieson, "Hedge Funds and Financial Market Dynamics", IMF Occasional Paper No. 166, 1998.

② ECB, "Hedge Funds and Their Implications for Financial Stability", Occasional Paper Seriers, No. 39, Aug., 2005.

③ Reinhart, Carmen and Kenneth S. Rogoff, "Is the 2007 Subprime Financial Crisis So Different? An International Historical Comparison", *American Economic Review*, 98 (2008).

债管理模式。在资产价格下跌的过程中，影子银行就被迫启动一个去杠杆化过程，这个进程只有两个选择：一是快速出售金融风险资产来偿还短期债务，主动收缩资产负债表；二是通过吸引新的股权投资来扩充自有资本规模。[1] 但是，倘若金融投资者在较短的时间内大规模出售相同或类似的风险资产，就会导致此类金融风险资产价格的急速下挫，引发金融市场动荡和恐慌，并造成投资者持有的相同或类似风险资产的账面价值再度快速下降，又会引发新的抛售浪潮，即出现一个自我强化的资产价格下降循环。如果采取提高资本金的方式进行去杠杆化，那就会造成市场的流动性紧张，可能酝酿整个信贷市场的系统性危机。即过度的杠杆操作可能导致信用非理性扩张，以及金融紧张时刻的信用急剧萎缩，可能使得整个金融体系演变为一场溃逃。[2]

影子银行体系存在难以克服的期限错配，流动性危机是潜在的根本风险。影子银行的负债主要是从短期资本市场获得的融资，是期限较短的负债；而资产方则持有期限更长的资产。随着回购市场和短期资本市场的高速发展，影子银行资产组成从原本具有高度流动性的国债等逐步转变为流动性较差的长期资产，当然收益率也是较高的。在这个转变中，整个金融体系的信用期限结构发生了实质性变化，而影子银行体系则出现了较为明显的期限错配。[3] 一旦金融市场出现紧张情绪，比如市场预期突然逆转而出现了资金群体性流动转向，那么投资银行、对冲基金和私募基金等影子银行就出现了类似商业银行的"挤兑"，即想在短期内快速变现资产获得现金，而在这个情况下影子银行很难将其持有的长期资产立即变现，这就加剧了流动性不足的程度，影子银行就不得不去杠杆。更重要的是，影子银行在出现了"挤兑"和去杠杆化之后，由于大型影子银行具有系统重要性，就可能产生系统性的流动性危机。[4]

---

① 张明、郑联盛：《华尔街的没落》，中国财政经济出版社，2009，第 66 页。

② Minsky, Hyman P., "The Financial Instability Hypothesis", NBER Working Paper No. 74, 1992.

③ Financial Services Authority (FSA), "A Regulatory Response to the Global Banking Crisis", Mar., 2009.

④ Geithner, Timothy F., "Reducing Systemic Risk in a Dynamic Financial System", Federal Reserve Bank of New York, Jun. 9, 2008.

影子银行对信息和市场预期更为敏感。影子银行体系的高风险运作使得投资者的风险资产头寸敞口更大，对市场信息和预期更为敏感，市场信息、市场预期和短期流动性的变化都可能导致资产价格的大幅波动。影子银行体系本身对信息和流动性的需求更大，对资产价值波动的敏感性也更高，尤其是在金融监管放松的条件下，金融市场的过度交易使得市场的脆弱性加大。在影子银行体系中，市场动荡的来源之一就是资产价格的剧烈波动，市场危机来源于资产价格与基本面的偏离和持续性的资产泡沫。在本次金融危机中，危机的诱发因素是资产价格泡沫，在危机的蔓延和升级过程中，美国和英国等影子银行体系受到的冲击远远大于以德国为代表的银行主导型金融体系的损失。

值得特别注意的是，影子银行体系可能引发更具冲击力的系统性危机。在资本市场主导的体系中，影子银行甚至商业银行基于资产贷款的重要性不断降低，而基于其他可采取高杠杆操作的金融业务（比如自营、做市商、投资银行和风险管理等）却日益扩大。在影子银行体系中，影子银行受到很少的金融监管甚至没有受到有效监管，留存准备金和风险拨备水平很低，资本运作的杠杆率很高，这样整个金融体系的杠杆倍数水涨船高。[1] 由于金融创新、杠杆操作和过度交易等带来风险，影子银行自然地随信用风险创新工具转移分散到影子银行体系之外的市场，比如商业银行、证券市场等，进行风险的横向跨机构和跨部门分担，由此资本市场的风险就演化为整个金融体系的风险。[2] 布鲁金斯学会研究员 Baily 等指出，影子银行在信息不透明和监管不力的条件下进行高杠杆操作，致使流动性更加脆弱，加上这些行为都是规避监管性质的金融创新活动，系统风险就被明显放大了。[3] 国际清算银行 2008 年年度报告指出，投资银行业的风险价值指数从 2000 年的 100 上升至 2007

---

[1] Financial Services Authority（FSA），"A Regulatory Response to the Global Banking Crisis"，Mar.，2009.

[2] BIS，"Innovations in Credit Risk Transfer：Implications for Financial Stability"，Working Paper No. 255，2008.

[3] Baily，Martin Neil，Douglas W. Elmendorf and Robert E. Litan，"The Great Credit Squeeze：How it Happened，How to Prevent Another"，Brookings Institution Discussion Paper，2008.

年底的近 240，金融体系的稳定性面临极大的风险。①

　　另一方面，影子银行体系基于业务和利润的诉求与传统银行体系进行的广泛竞争或合作，也可能带来金融体系的脆弱性。第一，在金融体系中，由于业务的争夺，存在着商业银行和以投资银行、对冲基金、货币市场基金等为代表的影子银行之间的竞争。由于影子银行主要是以资金为交易对象，而商业银行和存贷机构是以资金为经营对象，虽然表面上有所"分工"，但实际上影子银行和商业银行存在实质性的竞争，比如，资产证券化就部分取代了传统银行资金融通功能。由此，商业银行就被迫进行风险方差较大的业务创新和资本运作以实现高回报，整个金融体系由于过度的竞争造成风险定价过低的局面，蕴藏了更大的系统性风险。第二，商业银行与影子银行存在紧密合作，共同营造一个金融生态，以实现"共赢"。比如商业银行深度参与投资银行的资产证券化和结构化投资，并将资产和运作游离在资产负债表之外，一方面可以有效地规避监管，另一方面可以扩展业务增加赢利，由此传统商业银行的边界被跨越了。② 比如，花旗银行的业务覆盖了传统商业银行、投资银行、证券、资产管理等，是一个大型的、复杂的具有深度交叉的金融控股公司，已经成为影子银行体系的一个部分。在本轮危机的演进中，商业银行无法将规模巨大、风险极高的资产及时变现，最后成为无法剥离的有毒资产，花旗银行、皇家苏格兰银行等都遭受了极大的损失。

　　还有，影子银行体系的风险更容易跨境传递。影子银行体系极大地推进了金融全球化进程，资本的跨境投资和跨境活动被认为是提高全球金融市场效率的有效途径，可以促进资本在全球的配置。但是，随着资本的跨境配置，风险也在全球分散。但是，这个过程建立在流动性充足、资本流动稳定和资产价格稳定的基础之上，一旦产生外部冲击（比如国际投资者进行风险重估、资产价格下滑或者流动性逆转），资

---

①　BIS, "Annual Report 2008", Jun. , 2009.

②　Bernanke, Ben, "Financial Regulation and Financial Stability", Speech at the Federal Deposit Insurance Corporation's Forum on Mortgage Lending for Low and Moderate Income Households, Arlington, Virginia, 2008.

本的国际流动就面临巨大的风险。而且，风险的爆发不仅会影响资本所有者，更会影响到资本投资的目的地市场。盖特纳表示，影子银行体系不仅低估了市场的风险水平，而且极大地增强了全球市场的关联度。[①]

最后，影子银行体系挑战金融监管体系的有效性和完备性。资本市场中影子银行等机构投资者在混业经营模式下，给市场带来了更多更具敏感性的流动性、改变了定价机制和风险分散格局。但是，美国财政部指出，这些机构可以使用较高比例的杠杆操作和更加相关的交易策略，这对广泛的市场具有潜在的破坏性。[②] 这些发展状况正暴露出监管的低效，给美国金融服务业及其监管架构施加了压力。但是，美国并没有建立与影子银行等大型机构崛起相互匹配的功能监管或者统一监管的标准和体系，并改变其金融监管架构，此前分散的监管体系对一些大型、复杂的金融机构（主要就是影子银行）的监管在一定程度上是低效的。[③]

7.2.3 影子银行、金融稳定与金融安全：以美国金融危机为例

21 世纪以来，伴随着互联网泡沫之后的宽松货币政策，影子银行体系在美国得到了巨大的发展，为美国金融体系带来了高度的繁荣。同时，影子银行体系通过杠杆操作、过度金融创新和过度交易为金融体系带来了巨大的脆弱性。另外，影子银行几乎游离于美国金融监管体系之外，影子银行体系的风险不断累加。

2004 年，由于通货膨胀压力抬升，美联储在 2004 年 6 月开始步入加息周期，至 2006 年 6 月的基准利率上调 425 个基点。2006 年上半年，美国房地产价格由于信贷紧缩开始出现价格下跌，住房抵押贷款违约现象越来越多。美国次级抵押贷款市场、金融衍生产品市场和影子银行体

---

① Geithner, Timothy F., "Reducing Systemic Risk in a Dynamic Financial System" Federal Reserve Bank of New York, Jun. 9, 2008.

② 美国财政部：《美国财政部关于现代化的金融监管架构的蓝图》，中国国务院发展研究中心摘译，2009。

③ Government Accountability Office (GAO) of the United States, "A Framework for Crafting and Assessing Proposals to Modernize the Outdated U. S. Financial Regulatory System", www. gao. gov/new. items/d09216. pdf.

系繁荣的基础开始动摇。

由于美国金融体系的流动性的敏感性较大，随着货币市场流动性的逐步萎缩和房地产价格的下挫，影子银行对资产价格和流动性状况的转变开始出现反应。2007年8月，美国第五大投资银行贝尔斯登宣布旗下对冲基金停止赎回，引发投资者的广泛担忧，由此引发了针对影子银行的第一波资金紧缩。银行间市场拆借利率急剧上升，金融市场流动性拐点出现，并出现了流动性紧缩的局面。美国次贷问题深化，危机被引发。

次贷危机的引发开始促发了影子银行的自我强化的资产抛售"螺旋"，有更多的影子银行被拉入流动性危机。2007年底至2008年初，随着美林、瑞银、高盛等大型金融机构因次贷问题出现巨额亏损，大规模进行资产减计，市场流动性需求剧增而资金供给严重萎缩，整个市场陷入严重的流动性紧缩，次贷危机演化为流动性危机。2008年3月，贝尔斯登申请破产倒闭，在美联储的斡旋下被摩根大通收购。

2008年7~9月的"金融海啸"更是体现了影子银行体系的自我强化的资产抛售循环和系统性风险。在进行大规模资产减计之后，包括影子银行在内的众多金融机构面临严重的偿付危机，次贷危机进一步演化为系统性的金融危机。2008年中期，美国加州IndyMac银行倒闭和房利美与房地美财务危机是典型的事件。更为严重的是，9月7日美国政府担心系统性风险蔓延而宣布接管房利美和房地美，之后仅一周美林被美国银行收购，次日雷曼兄弟宣布申请破产保护，随后高盛和摩根大通转型为银行控股公司。特别是雷曼兄弟的破产，使得短期融资市场陷入枯竭，雷曼兄弟最主要的风险在于抵押贷款的双向压力以及期限错配（见图7-7）。[1]由于五大投行的集体倒塌，直接造成美国短期货币市场崩盘，持有大量CDS头寸的美国国际集团被国有化。

---

[1]　Adrian, Tobias and Hyun Song Shin, "The Shadow Banking System: Implications for Financial Regulation", Federal Reserve Bank of New York Staff Reports, No. 82, Jul., 2009.

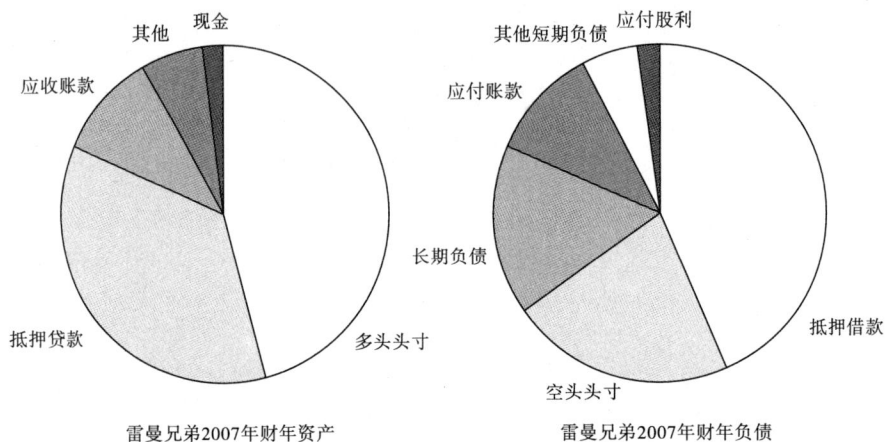

图 7-7　雷曼兄弟资产负债

资料来源：Adrian, Tobias and Hyun Song Shin, "The Shadow Banking System: Implications for Financial Regulation", Federal Reserve Bank of New York Staff Reports, No. 82, Jul. , 2009。

　　随后，影子银行体系对传统银行体系的冲击进一步深化。苏格兰皇家银行、花旗银行、美国银行等传统银行因无法剥离规模巨大的有毒资产，在 2008 年底和 2009 年初由于巨额的资产减计陷入了绝境。影子银行体系在美国爆发蔓延的同时，2008 年 2 月，英国北岩银行被英国政府国有化，这是次贷危机爆发以来第一家被国有化的金融机构，也标志着次贷危机已经传递至欧洲。在 2008 年 9 月之后，危机由美国金融市场全面蔓延至欧洲与新兴市场国家的金融市场，危机正式由国别危机转变为全球金融市场危机。影子银行体系的危机在全球范围内蔓延肆虐，美国次贷危机最后演化为全球金融经济危机，使得全球主要经济体和国际金融市场的稳定和安全遭到实质性冲击。比如，在全球金融危机中，冰岛的金融体系安全彻底崩溃，最后导致金融体系的国有化，私人部门风险演化为公共债务风险，冰岛面临"国家赔偿"的风险。

7.3　影子银行体系与金融宏观审慎管理

　　影子银行体系的快速发展使得美国金融市场和全球金融市场获得了

第二次世界大战以来的最大繁荣，为20世纪90年代后期以来美国经济的高速持续发展和全球经济的健康稳定增长作出了积极贡献，特别是影子银行体系相当大程度上扩大了信用体系的范畴，是经济社会发展的有利金融要素。

但是，影子银行体系具有高杠杆率、高风险性和高脆弱性等重大特征，而且影子银行体系的蓬勃发展，深刻地改变了信用体系和整个金融体系的结构。更重要的是，随着影子银行体系的重要性不断提高，整个金融体系资产结构和风险结构的变化导致了金融风险的不断累积，特别是系统性风险的产生和蔓延。美国金融危机以极其惨痛的教训表明，影子银行体系的风险是极其巨大的，虽为经济金融的发展做出了积极贡献，但也为全球金融和经济体系带来了巨大的风险，特别是系统性风险。

从影子银行体系的成本收益分析看，影子银行体系的收益主要是深化了金融体系的基本职能，为金融市场的繁荣奠定了基础条件。但是，影子银行体系的风险和成本也是巨大的，是系统性风险，更是演绎了大萧条以来最为严重的全球性金融危机。因此，从成本收益的角度出发，强化影子银行体系的监管，特别是金融宏观审慎管理，是亟待解决的重大问题。

7.3.1 欧美对影子银行监管的异同

美国金融危机爆发之后，如何填补监管漏洞，加大监管力度，扩大监管范围以及深化全球监管合作，成为国际金融体系改革的重要趋势。特别是对于影子银行体系的监管，国际社会在原则上取得了相对一致的意见。但是，从目前针对影子银行体系的监管改革出发，美英和欧盟（本小节中均不包括英国）在监管政策工具和监管力度方面存在重大的分歧，这反映了国际社会在这一问题上的理念和政策差异。

美英和欧盟在加强影子银行体系监管的原则上是基本相似的。美英和欧洲都认为，影子银行一般都采取高杠杆运作，具有短期性、反向性等特征，往往以高达数十倍杠杆率进行操作，放大市场价格的波动性，特别是在金融紧张阶段，催化了自我强化下跌螺旋趋势的形成，导致市场的更大脆弱性。诸如对冲基金等影子银行，往往追求短期收益，高频进行金融市场交易，增加了资金的易变性。影子银行的反向操作可能加剧市场下跌，甚至带来"羊群效应"等传染效应，造成严重的秩序和市场混乱，导致金融机构的破产和金融市场的间歇停顿，甚至造成系统性风险。为此，加强监管是符合金融稳定的诉求，也是主要经济体金融监管当局所追求的政策目标。

鉴于影子银行是本次金融危机产生和升级的重大主体，结合20世纪90年代以来的英镑危机和东亚金融危机，加强包括对冲基金在内的影子银行体系的监管成为国际社会广泛的共识。美国"金融海啸"爆发之后，全球主要经济体都极其关注强化各自的金融监管体系，并倾向于建立一个有效的全球金融监管框架。G20伦敦峰会强调，对冲基金等影子银行具有突出的系统重要性，应该纳入金融监管框架，影子银行体系的全球监管要求首次被确立。

但是，美英和欧盟在具体监管政策上存在较大的分歧。欧盟力主实行"限制性监管"。欧盟指出，对冲基金和私人股权基金等影子银行对宏观和金融稳定具有系统重要性，这些机构高杠杆操作使得整个金融体系脆弱性极大。2010年10月，欧盟通过立法要求加强对此类机构的监管：一是大规模对冲基金和私募基金都必须注册。凡是资金规模超过1亿欧元的对冲基金和超过5亿欧元的私募基金都必须先注册，方能在欧盟市场上开展业务。二是信息披露原则，机构运作必须透明化，在资产组合投资方面披露更多信息。三是微观审慎要求，即杠杆率和流动性要求，法案要求对冲基金等机构提供足以弥补潜在损失和补偿的资本金水平。

从2010年底通过的美国金融监管法案看，美国主要是秉承"原则性监管"原则。比如对于对冲基金仅要求其在联邦监管机构进行注册并履行披露信息的义务，而欧盟除了监管范围和透明度要求之外，还对对冲基金的投资额、杠杆率和做空机制等进行限制；更重要的是，非欧盟国家对冲基金进入欧盟需获得所在成员国的批准。美国指责欧盟方案过于苛刻，是对美国的歧视，是"保护主义"行为。欧洲八成对冲基金资产所在的英国认为欧盟对对冲基金的监管过于苛刻，"对冲基金的系统性威胁并不明确"。美英希望通过"原则性监管"维系以资本市场为主导的金融体系的繁荣，而欧洲则希望通过"限制性监管"保障以银行主导的金融体系的稳定。[①]

7.3.2　影子银行监管的宏观审慎原则

在很大程度上，影子银行体系替代了传统商业银行的功能，提供了金融体系中重要的资金融通功能，但是，影子银行体系最重要的两个特征就是高风险性和低监管性。从美国金融危机的惨痛现实教训看，加强影子银行的监管是十分必要的，金融宏观审慎管理的第一个方面需要完善宏观层面的监管制度。

加强影子银行体系的金融宏观审慎管理，首要是打破制度藩篱，需要秉承改革原则。以美国为例，美国金融监管体系中并没有明确针对影子银行及其业务的监管举措，甚至美国监管法律还为影子银行的业务提供"法律基础"。比如，美国《证券法》要求公开发行的证券必须经由美国证券交易委员会注册登记才可以公开发售，但是非公开发行的证券在符合一定条件之后就可以不披露相关信息，而投资银行主导的很多证券发行都是非公开发行，从而堂而皇之规避了监管。可以说，美国对影子银行监管一直是"善意忽视"，这带来了金融体系的繁荣，也引致了系统性风险的不断累积。从制度层面着手，完善监管制度，是金融宏观审慎管理的首要任务。

影子银行体系宏观监管最为务实的举措是"填补漏洞"，应该遵循全面监管原则。由于美国金融监管体系的制度性缺陷，使得影子银行体系游离于监管体系之外，特别是机构的自营业务，基本不受监管体系的监管，影子银行本身为了提高资本收益率，资本金要求也很低，为此巨

---

① 郑联盛：《对冲基金监管上的利益分歧》，2010 年 3 月 27 日《人民日报》。

大的监管漏洞孕育了极大的金融脆弱性。金融宏观审慎管理最务实的政策是将影子银行体系纳入监管的范畴，填补影子银行体系监管漏洞需要从监管的对象和监管的产品两个方面着手，即所有的金融市场和金融工具都应该受到监管。一方面，需要将投资银行、抵押贷款中介商、对冲基金、私募股权基金、货币市场共同基金、债券保险公司、结构性投资工具等金融机构纳入监管体系，防止影子银行过度自由行为而萌生风险。另一方面，需要将再回购协议（Repo）、资产抵押支持证券（ABS）、住房抵押贷款支持证券（MBS）、担保债务凭证（CDO）、信用违约掉期（CDS）、资产担保商业票据（ABCP）以及结构化产品等金融产品纳入监管范围。

影子银行监管需要坚持分类原则。在金融创新的引导下，影子银行体系涉及的金融机构和产品极为广泛，业务模式也不尽相同，为此需要针对不同类型的机构和产品进行区别对待，比如对于证券化产品的监管与再回购协议的差异就很大，即使在证券化产品中，资产抵押支持债券与住房抵押支持债券也存在巨大的差异，即基础资产是不一样的，这将导致产品价格和风险定价的差异。另外，在自营业务方面，商业银行或银行控股公司与投资银行等也是有区别的，投资银行自营业务的占比相对更高。在投资风格上，对冲基金和私募股权基金的风险暴露性要更加明显。

影子银行体系的监管政策和工具需要不断更新，是一个动态的过程。影子银行的兴起和发展主要基于金融创新，包括产品和市场的创新，随着这个趋势不断强化，影子银行规避监管的能力会不断提高，从而不断出现"监管套利"，为此，监管需要动态跟进，防范出现重大的监管漏洞，将影子银行和体系的制度、基础设施等都置于监管范畴之中。

7.3.3 影子银行的微观审慎监管

如果说，宏观审慎层面的全面、分类、动态监管是夯实金融稳定的宏观基础，那么强化影子银行体系的风险指标则是夯实微观基础。实际上，金融宏观审慎管理最终的举措都需要落实到微观指标上，对微观主体实行更加审慎的监管。为此，金融宏观审慎管理最后的落脚点基本都是微观的机构监管、产品监管、运营监管和市场监管等。

资本金要求是强化影子银行微观审慎监管的第一举措。监管机构认为，提高影子银行的资本金要求，降低影子银行的杠杆率，从而降低整个影子银行体系和金融体系的脆弱性。2010 年 5 月，欧洲议会表决通过了修订后的《资本金要求指令》，该指令要求从事资产证券化业务的金融机构至少保留 5% 的证券化资产，以增强金融机构的审慎义务，保护投资者利益。随后，欧盟委员会在资本金要求方面又提出三个方面的建议：一是提高从事再证券化业务的资本金要求。再证券化产品是证券化产品的二次证券化，比如在本轮金融危机中扮演重要角色的担保债务凭证（CDO）就是再证券化产品。欧盟要求如果金融机构投资再证券化产品，必须符合更高的资本金要求。二是要求披露证券化产品的头寸。欧盟认为需要强化相关的信息披露义务，以增强市场透明度和信心，而且应该根据头寸水平相应调整资本金水平。三是提高交易账户的资本金要求。如果金融机构持有交易账户中的各种金融工具，该机构应该改革完善交易账户风险评估模型，以全面反映市场剧烈波动时金融机构持有这些资产面临的潜在损失。

杠杆率限制是约束影子银行过度冒险的又一监管工具。相对于资本金要求，杠杆率指标更加关注的是风险资产。瑞士、加拿大等监管当局和金融稳定理事会都认为，需要在经济周期演进中限制杠杆率的增长，特别是应该明确影子银行的最高杠杆率，这样可以有效地限制影子银行的风险资产暴露头寸。金融稳定理事会认为，目前影子银行的资产负债表的杠杆率并没有明确显示资产的风险分布，更没有明确金融衍生品和表外业务的金融风险，而且影子银行没有根据杠杆率和核心资本充足率来配置管理流动性。为此，在增加影子银行的资本金水平的同时，更应该将影子银行的杠杆率设置在一个较低的水平，保证影子银行将资本的风险限制在一个绝对的水平之内，防止影子银行过度扩张其资产规模，过度持有风险头寸。

动态拨备制度是制约影子银行顺周期效应的重要保障。鉴于商业银行的动态拨备制度在西班牙的实施中表现出的良好的风险防范和危机应对弹性，监管机构同样可以要求影子银行实行动态拨备机制，在保障最低拨备水平的同时，应该在经济向好时期提高拨备水平，相应地建立一个不断累积的缓冲机制，以便金融风险显现时可以更好地应对，保障金融机构和金融体系的安全性。

7.3.4 强化影子银行监管的其他宏观措施

信息透明是强化影子银行监管的基本要求。影子银行将其业务设置于表外，甚至部分业务是出于监管套利的考虑，为此，其业务运行、资产负债、表内表外业务等信息是极其不透明的。监管当局应该建立一个信息的收集、分析和报告制度，所有影子银行及其业务应该按规定定期或不定期向监管当局汇报，披露内容应当包括所有与机构、业务、产品、交易和清算等相关的信息，而监管当局则需要根据信息分析辨别金融风险，特别是系统性风险。

影子银行监管需要全球合作，设置相应的监管标准，进行必要的"离岸监管"。由于影子银行的资产和风险在全球市场进行分布和配置，为此，影子银行的监管同样应该立足全球视角：一是国际社会应该建立一套大部分经济体都能接受且能践行的监管标准，IMF、金融稳定理事会以及国际清算银行等应该研究发布影子银行监管制度及其操作指南。二是各国有义务向特定的国际金融机构，比如IMF、金融稳定理事会等提供相关的监管举措和监管结果以及相应的信息，而相关机构则应该对信息进行甄别和加工，辨别风险，并进行提示与预警。三是进行必要的离岸监管。影子银行往往在离岸金融中心进行广泛的投资和投机活动，而这些离岸金融中心往往是自由港，缺乏有效的监管，为此，需要强化自由港和离岸金融中心的影子银行业务的监管，自由港和离岸金融中心应该配合国际金融机构以国际通用的标准和广泛的监管共识进行相应的影子银行监管，从而防范影子银行通过离岸业务转移、隐藏风险。

最后，监管当局自我的能力建设也是金融宏观审慎管理的重要内容。由于影子银行是金融创新和监管套利的主要载体，其业务能力和监管套利往往快于金融监管当局的监管改革及进展，监管当局需要及时跟踪影子银行的业务创新及其对监管有效性的影响，制定相应的再监管举措，从而拉近金融创新和金融监管的实际距离，从而有效地降低监管套利的水平，防范出现新的监管漏洞，从而保障金融稳定性。

7.4 小结

影子银行是指投资银行、对冲基金、私募股权基金、货币市场基金、债券保险公司、结构性投资工具等非银行金融机构。相对于商业银行体系，影子银行体系就是由影子银行组成的非银行金融体系。

在过去 30 年，影子银行体系得到了长足的发展，尤其是 21 世纪以来，影子银行体系经历了膨胀式发展过程，其资产规模、市场地位和系统影响力等都得到极大的提高，甚至超过传统的商业银行体系。在影子银行体系的发展过程中，美国和全球金融体系的金融结构、市场结构和制度规范等随之发生了根本性改变。

影子银行的发展过程是美英等资本市场主导型金融市场走向极度繁荣的过程。但是，影子银行比例极高的杠杆操作、不断突破传统商业银行的业务界限、大胆而复杂的金融创新、有意识的信息披露不完整以及刻意地规避金融监管等特性给金融体系带了新的脆弱性，甚至是系统性风险。

在影子银行与金融体系稳定性的关系中，影子银行体系的高杠杆率在市场下行中将放大风险，造成一个自我强化的资产价格下跌循环。其次，影子银行体系存在难以克服的期限错配，容易导致流动性危机。第三，影子银行体系对市场信息、市场情绪和短期流动性更加敏感，进而导致整个金融体系的资产价格具有更大的易变性。第四，影子银行体系与传统银行体系的竞争与合作，导致了各自的业务界限被跨越，带来商业银行的系统不稳定性。第五，影子银行体系在全球金融体系的地位不断提高，金融风险更是在全球分散开来，可能存在更大的全球性系统危机，美国次贷危机演化为全球金融危机就是最好的例证。

影子银行体系对金融体系稳定性的风险是实质性的，更可能引发系统性风险，从成本收益的角度出发，强化影子银行体系的监管，特别是金融宏观审慎管理，是监管当局亟待解决的重大任务。但是，基于不同的金融体系，美英和欧盟（除英国外）对影子银行体系的监管存在重大的差异，美英希望通过"原则性监管"维系以资本市场为主导的金融体系的繁荣，而欧盟则希望通过"限制性监管"保障以银行为主导的金融体系的稳定。

为了应对影子银行体系所引致的系统性风险，强化金融宏观审慎管理是必要的举措。金融宏观审慎管理一是要解决影子银行体系对金融经营模式及其监管体系的制度性背离，将影子银行纳入监管制度之中；二是要将影子银行体系中的机构、业务、产品、交易和清算等悉数纳入监管体系，填补监管漏洞；三是针对影子银行进行分门别类的区分，对其潜在的风险进行甄别，特别要注重系统性风险；四是对影子银行的监管是一个动态的过程，需要不断防范新的金融风险。

为了加强金融宏观审慎管理，必须要强化微观审慎监管，以夯实金融宏观审慎管理的微观基础。加强微观审慎监管一是要提高影子银行的资本金要求，降低影子银行自身的脆弱性；二是限制影子银行的最高杠杆率，主要考虑限制影子银行的风险资产水平，防止影子银行过度持有风险头寸；三是可以考虑实行与商业银行类似的动态拨备机制，提高影子银行自身应对风险的能力。

强化影子银行体系的金融宏观审慎管理，还需要加强影子银行的信息披露原则，监管当局应该建立一个关于影子银行体系业务运行、资产负债、表内表外等信息的收集、整理、发布和风险预警制度。同时，影子银行的业务和风险是全球分布的，强化监管的国际合作以及监管目标的趋同化，是金融宏观审慎管理在全球层面的应有之义。最后，监管当局的自身能力建设也是重要的工作，以拉近影子银行金融业务、金融创新等与有效监管的距离。

8

金融安全视角下的美国
宏观审慎管理改革

自金融爆发危机以来，金融监管失败成为学术界和政策界广泛批判的一个制度性根源。不过，不同研究基于不同的经济和金融体系背景，视角和结论都不尽相同。美国财政部在反思美国金融监管体系时指出，美国存在较多的金融监管漏洞、针对系统性风险的监测、应对和管理存在制度性缺陷以及监管的协调性不高，是金融监管体系的重大问题。欧洲的金融体系则是银行主导型的金融体系，其对金融监管体系的反思则更加集中在顺周期以及跨境金融风险的传染性，即系统性风险方面。

在美国金融监管的反思和改革中，都显示出金融监管体系在应对金融风险中的不足和缺陷。以布罗米尔（Brunnermeier）、克罗克特（Crocket）、古德哈特（Goodhart）、皮萨德（Persaud）和辛（Shin）为成员的研究小组发布的 Geneva 报告被认为是金融危机之后对金融监管体系的反思和改革指引最为重要的一个研究成果。名为《金融监管的基本原则》的报告指出本轮金融危机所体现的市场失败，要么是金融监管当局忽视所致，要么是金融监管体系政策和措施不当造成的，为此，本轮金融危机所暴露的监管体系问题不仅是监管不足，更是一种监管失败。

金融监管的基本目标在于将外部风险内部化，金融危机之前的审慎指标被认为并非完全有效，现有的金融监管体系标榜"隔离、透明和现代"，实际上过于"简单、线性和微观"，对应的改革不仅是更多的监管举措，而且需要更加宏观的视角，以及更加完善而有效的监管制度。① 金融危机之后，决策者广泛认识到金融监管体系所存在的诸多问题，开始致力于金融体系的改革，值得特别注意的是，系统性风险的应对和金融宏观审慎管理成为改革的核心。

从目前的情况看，美国金融监管体系改革进展最快，金融宏观审慎管理框架基本建立。金融海啸之后，当时的布什政府就出台了金融监管体系的改革"蓝图"，相应地提出了金融监管改革的短期和中长期的调整计划，对美国金融监管体系进行系统性改革。其后，奥巴马政府也将金融体系的完善和金融监管的改革作为经济复苏和金融稳定的基础工作和根本举措。2009 年 6 月美国政府出台了金融监管体系改革方案——《金融监管改革：一个全新的基础》。经过近两年的多方博弈，基于奥巴马政府改革方案的法案终于在 2010 年 7 月 15 日获得美国国会的最终通过，即《华尔街改革与消费者保护法》，奥巴马总统于 7 月 21 日签署该法案。理论上，《华尔街改革与消费者保护法》是 1999 年《金融现代服务法》颁布以后美国金融体系最为重大的法律变革。②

本章将主要介绍美国在金融监管体系的改革进展及其金融宏观审慎管理框架的建立，特别是金融宏观审慎管理的宏观审慎和微观审慎的政策举措。本章第一部分将主要介绍美国金融监管体系的演进以及在本轮金融危机中暴露的主要监管问题。第二部分讨论美国金融监管改革的具体进展。第三部分是美国应对系统性风险的监管改革措施以及微观审慎的强化，即审慎监管框架的建立及主要内容。最后是简单的小结。

---

① Brunnermeier, Markus, Andrew Crocket, Charles Goodhart, Avinash D. Persaud and Hyun Shin, "The Fundamental Principles of Financial Regulation", Geneva Report on the World Economy 11. 07 May, 2009.

② 郑联盛：《美国踏上金融监管新历程》，《半月谈》2010 年第 14 期。

8.1 美国金融监管体系的演进①

在由次贷问题引发的美国金融危机爆发之后，美国金融监管体系没有有效发挥金融风险预警、防范和应对职能，尤其是针对系统性风险问题，从而使得金融风险从房地产部门向信贷部门、整个金融市场和全球金融体系蔓延传染，最后造成了大萧条以来最为严重的全球性金融危机。金融监管体系的缺陷被认为是一种监管失败，必须为美国金融危机的爆发和升级负重要的责任，美国决策者指出美国应该强化对金融监管与金融稳定关系的认识。美联储主席伯南克强调，美国金融监管体系应该及时作出调整，适应金融现代化的发展趋势，进而保障整个金融体系的稳健。②

在奥巴马政府正式出台金融监管体系改革方案之前，金融监管体系改革的种种方向就在学术界、实务界和政策界广泛讨论。《金融监管改革：一个全新的基础》一出台，市场就认为此次美国金融监管改革可能会是20世纪30年代大萧条以来美国最为全面和深刻的金融改革计划。但是，美国金融监管改革的立法程序并不顺利，经过多方博弈和数百项修改，特别是美国参议院金融监管体系改革提案——"华尔街改革与消费者保护提案"（也称多德方案）一波三折，终于在2010年7月21日成为法案。这个金融监管体系改革方案将深刻影响美国金融市场、制度建设以及宏观审慎框架，将是美国金融监管体系演进过程中一个重要的里程碑。

8.1.1 美国金融监管体系的演进

在讨论美国金融监管体系改革及其宏观审慎管理框架的建立之前，本节将讨论金融危机之前美国金融监管体系的演进过程。

---

① 本节主要内容已发表于《财贸经济》。详见饶波、郑联盛、何德旭《金融监管改革与金融稳定：美国金融危机的反思》2009年第12期。笔者作了一定的修改。

② Bernanke, Ben, "Financial Regulation and Financial Stability", Speech at the Federal Deposit Insurance Corporation's Forum on Mortgage Lending for Low and Moderate Income Households, Arlington, Virginia, Jul. 8, 2008.

1. 自由竞争中的双层监管体系

在美联储建立之前，美国的金融市场大多处于一种基本不受管制的自由竞争状态。1791年和1817年美国第一银行和第二银行先后成立，政府授权其代理国库、发行银行券以及对其他商业银行进行一定程度上的监管，两个银行都可以算是美国中央银行的雏形，也是美国历史上最早的金融监管机构。不过，由于监管导致大部分商业银行业务和赢利受限，监管触及各州商业银行的实际利益，20年执照期之后，两个准央行都先后被停业。此后，美国政府就放弃了对银行业的初步监督管理，美国银行业进入长达近30年的自由竞争时代。[1] 由于各州的自我保护主义，先后出台针对本州银行业的监管机制，一般都规定其他州的银行禁止在本州开展业务，也禁止本州银行跨州开展业务，从而形成了具有美国特色的"单一州原则"。[2]

在自由原则和单一州原则的指引下，各州银行数量急剧增加，竞争不断恶化，银行券发行泛滥失控，不断有严重的挤兑和银行破产发生，金融体系混乱不堪，美国政府再次认识到联邦政府统一货币流通以及强化银行业监管的重要性和必要性。[3] 1864年美国国会通过了《国民银行法》，要求银行必须满足最低资本金要求、法定准备金要求，符合贷款标准等，并建立货币监理署对国民银行进行监管。不过，《国民银行法》采取的是"自愿监管原则"，如果不是国民银行可以不受监管，为此，《国民银行法》并没有发挥有效的监管作用。[4] 但是，这部法律最根本的贡献在于确立了美国政府对银行业的联邦层级的监管规范。在美国银行业自由竞争时代，就产生了具有美国特色的双层（联邦政府与州政府）金融体系，也形成了金融监管体系的双层模式，该金融体系和金融监管体系延续至今。即使在新的监管法律中，美国仍然继续维持双层监管的格局。

---

① 〔美〕恩格尔曼等著《剑桥美国经济史》（第三卷），高德步等译，中国人民大学出版社，2008，第143～156页。

② 〔美〕恩格尔曼等著《剑桥美国经济史》（第三卷），高德步等译，中国人民大学出版社，2008，第143～156页。

③ 陈明：《美国联邦储备体系的历史渊源》，中国社会科学出版社，2003，第7页。

④ 〔美〕恩格尔曼等著《剑桥美国经济史》（第三卷），高德步等译，中国人民大学出版社，2008，第143～156页。

2. 分业监管体系的完善

《国民银行法》实施之后，美国初步建立了联邦层级的金融业监管制度。但是，美国金融体系仍然缺乏一个真正的权威机构来实行统一的货币政策、清算支付服务，以及承担最后贷款人职能。20世纪初期，美国金融体系仍然处在动荡和混乱之中，金融风险不断暴露，金融危机频繁爆发。1907年，美国爆发了严重的银行危机，银行危机的深化以及联邦政府在危机中的无力应对直接导致美国信用支付体系几近瘫痪。危机的严重性，最终迫使美国政府对中央银行体制作出根本性的改革。

1913年，美国金融体系最具有历史意义和现实意义的法案之一——《联邦储备法》获得国会通过。这部法律使得美国联邦储备体系得以建立和完善，联邦储备体系主要承担执行统一货币政策、建立全国清算支付系统、承担最后贷款人和监督管理银行业等四项基本职能。[①] 《联邦储备法》将美国银行业的监管权上溯至联邦政府及其代理机构美联储，美国金融监管体系的核心正式产生，美联储逐步成为美国金融监管体系的中心。不过，美联储建立之后，由于大部分州银行不愿意成为美联储的会员银行，再加上美国财政部的政治干预，美联储在监管银行体系方面并没有发挥预设的作用。[②] 美国金融监管体系职能的缺失及其导致的美国金融业债务无序过度扩张和资产债务期限的严重错配，被认为是大萧条危机爆发的重大根源之一。[③]

大萧条危机的爆发及其带来的破坏性结果，使得美国政府不得不重建金融体系，并强化基于安全性原则的金融监管体系改革。1933年，罗斯福新政后批准了《格拉斯—斯蒂尔法案》，将投资银行业务和商业银行业务进行了严格的划分，确立了分业经营和分业监管的制度框架。[④] 随

---

① Board of Governors of the Federal Reserve System, http：//www.federalreserve.gov/aboutthefed/default.htm.

② 陈明：《美国联邦储备体系的历史渊源》，中国社会科学出版社，2003，第24页。

③ Bernanke, Ben, "Non-Monetary Effects of the Financial Crisis in the Propagation of the Great Depression", *American Economic Review*, Vol.73. No.3（1983）：257-276.

④ 〔美〕恩格尔曼等著《剑桥美国经济史》（第三卷），高德步等译，中国人民大学出版社，2008，第150页。

后，美国金融体系逐步走向分业经营模式和伞形、分业监管的模式。直到 1999 年，《格拉斯—斯蒂尔法案》被废止，美国金融行业分业经营模式终结，但是，美国分业监管的机制和框架仍然保持至今。虽然 2010 年通过的新的金融监管体系方案强化了美联储的系统性风险监控职能，但银行、证券、保险等行业的常规监管仍归属行业监管者，仍然算是分业监管的模式。

3. 监管目标的变化

安全性是美国金融监管体系的最初始目标。金融危机对信用体系的破坏以及对产出的巨大冲击，使得银行体系的稳定、安全和有序运行成为政府的政策目标。在 1907 年银行危机背景下产生的《联邦储备法》及其监管体系都是建立在安全性原则的基础之上。根据《联邦储备法》，国民银行必须成为美联储的会员银行，州银行是否加入则自行决定，但是所有银行必须计提存款准备金。[①] 大萧条之后，美国政府进一步强化了金融监管体系的安全性原则。弗里德曼和舒瓦茨在研究大萧条的影响中指出，大萧条这场历史性危机使得美国建立的金融监管规范不再鼓吹竞争而是立足安全。[②] 罗斯福政府的一系列改革方案和法律迅速通过，政府对金融业的监管转为立足安全性、更为全面的直接监管，金融机构的经营范围和经营方式成为监管的主要内容。

20 世纪 60 年代末以来，美国金融监管目标从安全向效率转移。20 世纪 60 年代之后，金融创新蓬勃发展，放松金融监管成为行业的诉求，而金融机构自身出于业务发展和赢利需求，也大力进行监管规避类的创新。美国金融监管当局为了促进金融业的发展，对金融行业发展中的风险问题采取善意忽视的态度，其监管的目标随之从安全向效率转移。尤其是 20 世纪 80 年代之后，美国为了强化市场效率原则，开始着眼于放

---

① 〔美〕保罗·霍维慈：《美国货币政策和金融制度》，谭秉文等译，中国财政经济出版社，1980，第 86 页。

② Friedman, M. and Schwartz, A., *A Monetary History of the United States: 1867 - 1960* (Princeton: Princeton University Press, 1963), 21 -23.

松管制、清除重组并购障碍和鼓励竞争，并为此出台了《存款机构放松管制和货币控制法》、《公平竞争法》等重要法律规范。

金融管制的放松为美国金融行业带来了高度的繁荣，金融行业随之成为美国的经济支柱之一，但是金融监管放松却带来了银行破产和危机，尤其是 1987 年的储贷危机是截至大萧条以后美国最为严重的金融危机。美国金融监管体系由此进入理性改革时期，监管目标从效率优先转向安全和效率兼顾，即实行理性监管，将监管机构监管、市场约束和金融机构自律相结合。[1]

但是，互联网泡沫之后，安全和效率并重的理性监管在宽松货币政策环境下被放松了。美国金融危机爆发表明，以安全和效率为目标的监管并非审慎，在金融机构层面，效率仍然是凌驾于安全之上的目标，而金融监管机构对此甚至采取"恶意忽视"的态度。[2] 当然，在这个历史阶段中，金融市场得到了极度的发展，金融体系一片繁荣之景象，以前损失率和违约率很高的次贷产品也成了优质产品，但实际上美国次贷市场正在孕育次贷风暴（见图 8-1）。

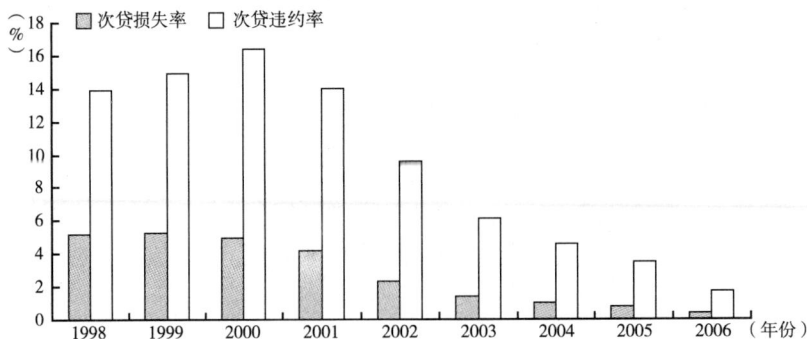

图 8-1 2006 年次贷的损失率和违约率达到历史的低点

资料来源：FDIC，"The Subprine Credit Grisis of 07"，by Michel G. Crouhy，Robert A. Jarrow and Stuart M. Turnbull，Sept. 12，2007，revised Jul. 4，2008。

---

① 项卫星、李宏瑾：《当前各国金融监管体制安排及其变革》，《世界经济》2004 年第 9 期。
② 〔美〕保罗·克鲁格曼：《萧条经济学的回归和 2008 年经济危机》，刘波译，中信出版社，2009，第 169 页。

8.1.2 美国金融监管体系的反思①

美国金融危机爆发之前，美国金融监管体系实行的是以美联储为中心的伞形监管模式。该模式是以联邦政府和地方政府为依托、以中央银行为核心、各专业金融监管机构组成的监控体系，即所谓的双层、多头金融监管体系。在该监管体系下，"双层"分为联邦层和州政府层，两个层面都有相关的法律规范，并设有专业监管机构。"多头"实际上是针对联邦层面不同专业的监管机构及其职能区分的，美国联邦政府针对不同金融行业分业监管的需要设立了多个行业监管主体（见图 8 - 2）。

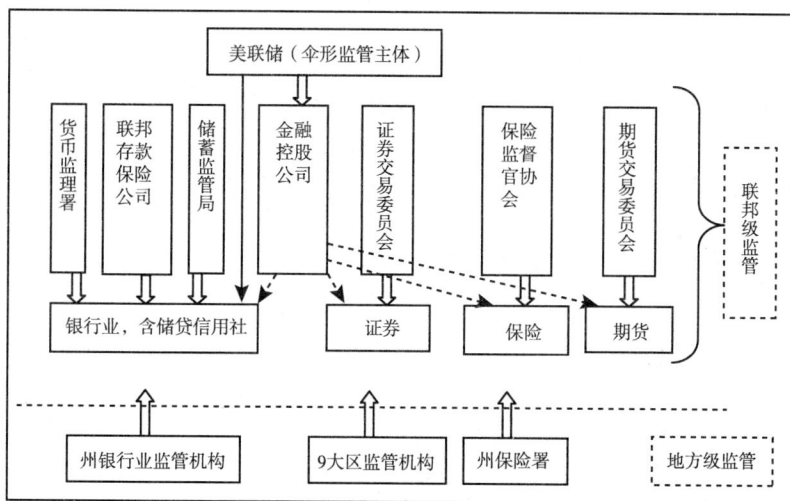

图 8 - 2 美国双层伞形多头监管体系

资料来源：作者根据相关资料整理。

虽然美国各个监管机构有比较明确的行业分工并进行一些适时的改革，但是，不同监管主体的监管职责存在一定的重叠，同时又存在很多监管死角，主要专业监管主体的职能也没能及时适应各个领域的发展。更重要的是，美国金融监管体系缺乏统一监管者。从美国金融危机的发

① 本节主要内容已经发表于《经济社会体制比较》。详见郑联盛、何德旭《美国金融监管体系的制度反思》，《经济社会体制比较》2009 年第 3 期。笔者作了一定的修改。

生和深化进程看，双层多头监管对金融风险的预警、披露和防范并非有效，美联储也没有真正发挥监管的核心职能。总体而言，美国双层多头监管体系主要存在以下几个重大问题。

一是缺乏系统性风险的防范、监管和处置机制，缺乏完善的宏观审视监管框架。在美国双层多头监管体系下，美联储名义上处于监管的核心，但是，实际监管操作中，美联储与证券交易委员会、货币监理署等监管机构更多是平行关系。美国监管体系实际上缺乏一个统一的监管者，没有任何单一金融监管主体拥有监控金融体系潜在的系统性风险所必备的权威、职能和资源，而且，各金融监管部门应对威胁金融市场稳定的重大风险时缺乏必要的、有效的协调机制，因此无法应对系统性风险的监管与防范。美国前财政部长保尔森（Paulson）认为，美国金融监管体系是几个金融监管机构简单拼凑而成的。①

二是存在严重的金融监管漏洞，金融监管效率较低，微观审慎监管机制有效性较低。其一，金融监管体系无法适应金融发展的要求。金融创新很大程度上有效地规避了监管，比如，商业银行通过实施资产证券化，将信贷资产及其风险由银行信贷市场转移至资本市场，但是，由于美国信贷市场和资本市场的监管主体分属美联储和证券交易委员会，是相对独立的，这样证券化之后，基础资产及其衍生品的风险关系不能被充分识别和监管。本轮金融危机中的 CDO（债务担保权证）和 CDS（信用违约掉期）就扮演了金融风险集中爆发的火药桶，美国金融监管当局对于类似资产证券化的金融创新就缺乏到位的监管。美联储主席伯南克认为，美国监管体系没有跟上金融发展的步伐，金融体系的发展给金融监管带来明显的压力。其二，在金融市场上，美国金融监管框架主要关注的是场内市场，而影子银行体系主导的场外市场并没有得到有效的监管，美国的场外市场基本是采取"自愿监管"和"自律"的原则，自我监管的有效性是广受质疑的。其三，从金融机构看，影子银行没有受到有效的监管，美国金融监管当局对影子银行的业务创新甚至采取善意忽

---

① Paulson, Henry, "Reform the Architecture of Regulation", *Financial Times*, Mar. 24, 2009.

视的态度。布罗米尔等认为，美国金融机构对特定风险的忽视实际上是一种严重的监管失败。[①] 其四，缺乏对大型复杂重要性金融要素的有效监管。在美国的监管体系中，缺乏对大型、复杂和重要性机构、市场的有效监管机制，不管是微观审慎还是金融宏观审慎管理都是不足的。

三是美国金融分业监管体系与其混业经营的市场模式存在制度性错配。从理论上讲，分业经营模式向混业经营模式转变建立在金融体系不确定性参数、风险回避系数、外部性因素和监管成本等减小的基础之上。[②] 但是卡非（Coffe）的研究指出，混业经营的风险可能被低估了，特别是在监管实践中，可能出现监管目标和机构之间的竞争，而不是紧密的协调与配合，那么混业经营关于降低风险的理论基础可能就会动摇，甚至可能导致监管体系的实际分裂。[③] 堪萨斯（Kansas）联储主席霍恩（Hoenig）特别强调，在美国新一轮的系统性金融危机中，混业经营和分业监管的背离是危机爆发和升级的一个根本性的制度因素。[④] 要最大限度地防止金融风险的跨市场传导和扩散，客观上要求金融监管体系必须做到金融风险的全覆盖，以有效监测金融市场的局部风险和系统性风险，而分业监管和机构主导的监管模式在本轮金融危机的蔓延与升级中暴露出了局部性风险监管无法覆盖系统性风险的制度性缺陷。[⑤]

8.2　美国金融监管体系改革进展

金融危机爆发之后，给美国金融体系和实体经济带来了巨大的冲

---

① Brunnermeier, Markus. , Andrew Crocket, Charles Goodhart, Avinash D. Persaud and Hyun Shin, "The Fundamental Principles of Financial Regulation", Geneva Report on the World Economy 11.07 May, 2009.

② 谢平、蔡浩仪：《金融经营模式及监管体制研究》，中国金融出版社，2003，第43页。

③ Coffe, J. C. , "Competition versus Consolidation: The Significance of Organizational Structure in Financial Services Regulation", *The Business Lawyer*, 50 (1995): 45 – 77.

④ Hoenig, Thomas M. , "Maintaining Stability in a Changing Financial System: Some Lessons Relearned Again?" Economic Review, Federal Reserve Bank of Kansas City, First Quarter (2009): 1 – 18.

⑤ 郑联盛：《资本市场主导型金融体系的优劣分析》，载朱光耀主编《回顾2009中国与世界经济热点问题》，经济科学出版社，2009，第91页。

击，美国房地产市场价格下跌近 30%，金融体系的问题资产近 3 万亿
美元。① 美国宏观经济增长陷入大萧条以来首次连续 4 个季度衰退，失
业率连续 15 个月超过 9%，是大萧条以来失业率高企持续时期最长的
阶段。直到 2010 年底，美国经济复苏的基础仍然不牢固，美联储甚至
祭出第二次量化宽松政策进行刺激。②

金融危机的严重性和金融监管的缺失，使得金融改革的任务艰巨而
急迫，"金融海啸"爆发之后，美国政府就着力进行金融体系和金融监
管体系的改革，特别是金融宏观审慎管理机制的建立和微观审慎监管机
制的强化。

8.2.1 布什政府的方案

布什政府的金融监管体系改革方案为美国金融监管体系改革奠定了
良好的理论和政策基础。布什政府于 2008 年底出台了改革监管机制的
"蓝图"，以期对美国金融监管体系进行系统性改善。

布什政府的改革计划主要基于短期和中长期的金融稳定诉求及其政
策选择。在短期内，美国政府主要关注并解决三个方面的问题：其一，
建立监管协调机制，计划强化总统金融市场工作小组在金融体系监管和
政策应对上保持的一种有效和有力的机构协调人角色，提高监管主体协
调的有效性。其二，解决抵押贷款危机揭示的金融监管体系缺陷，计划
建立按揭贷款监管委员会，强化联邦储备银行对抵押贷款的专有监管职
责，并加强联邦法律的执法权限。其三，联邦储备体系提供流动性，承
担最后贷款人职能。联邦储备体系需要解决金融体系总体流动性供求相
关的根本问题，在提供流动性、保持市场稳定性和扩大金融安全网等目
标之间取得平衡。

在中长期的改革计划中，主要基于制度和宏观层面的改革：第一，
废除不适用的制度法律，逐步废除并将联邦储蓄宪章转变为国民银行宪

① 郑联盛：《美国"坏账银行计划及其思考"》，详见杨金林、周波、郑联盛著《思考世界
与中国经济热点问题》，经济科学出版社，2010，第 84 页。
② 郑联盛：《量化宽松政策：原因、趋势和影响》，《中国金融》2010 年第 23 期。

章。由于美国消费者抵押按揭贷款已经拥有足够的资金来源，联邦储蓄宪章已经无法满足金融体系发展的实际要求。第二，加强联邦层面的宏观和微观审慎监管。加强对州注册银行的联邦监管；加强全国保险行业的联邦监管；加强期货和证券业的监管。第三，加强对金融体系的支付结算系统等基础设施的监管。

8.2.2　奥巴马政府金融监管的改革历程①

2009 年 6 月中旬奥巴马政府正式公布金融监管体系改革方案《金融监管改革：一个全新的基础》。该方案将在金融机构金融宏观审慎管理、金融市场全面监管、消费者和投资者保护、金融危机应对以及全球监管标准及合作等五个方面进行深入的改革。这一监管改革方案被认为是大萧条以来，最为广泛和深入的金融监管方案，将使美国金融体系产生极其深刻的变化。

奥巴马政府的金融监管改革计划并不顺利。奥巴马总统预计 2009 年底能顺利完成金融监管改革的立法工作。由于改革方案涉及金融监管协调机制、美联储是否成为"超级监管者"、"大而不倒"问题的应对、消费者保护、对冲基金监管、银行传统业务与自营业务分离等重大事项，政策层内部以及政府与市场都存在实质性的重大分歧，而且金融宏观审慎管理框架建立、微观审慎监管标准的强化以及相关的制度及组织安排，涉及华尔街的根本利益、制度的根本性变革以及党派之争。基于奥巴马政府改革方案的提案在 2009 年底才在美国众议院获得通过。②

2009 年 11 月，美国参议院银行业委员会主席克里斯·多德提交了美国金融监管体系改革提案，但是，民主党和共和党对该提案分歧巨大，提案一度被搁置。监管改革第一次受到立法程度的重大障碍。无奈之下，参议院银行业委员会对方案进行了较大范围的修改，经过修改之后的多德提案于 2010 年 3 月下旬提交参议院，共和党当时表示了一定

---

① 本节主要内容发表于《世界经济年鉴》。详细见郑联盛《美国金融监管体系的改革》，载《世界经济年鉴》（2010）。笔者作了一定的修改。

② 郑联盛：《美国金融监管再扎篱笆》，《瞭望》2009 年第 51 期。

程度的认同，但是在具体细节上仍在讨价还价，针对该方案的修正意见和建议达到了 400 多项。可见在国会中，两党关于监管体系改革的细节之辩的激烈程度非同寻常。

在参议院针对改革提案进行深度辩论的阶段，奥巴马总统极力主张应该在大型金融机构监管、自营业务、衍生金融产品监管、对冲基金及私人股权基金等方面强化监管，以确保金融体系的稳定。这些政策建议主要是美国联邦储备委员会前主席、"反通胀圣斗士"——沃尔克在 2010 年 1 月提出的。奥巴马总统将这些改革建议称为"沃尔克法则"（Volcker Rules），基于"沃尔克法则"的一个提案（被奥巴马称为沃尔克提案，Volcker Bill）在 2010 年 3 月提交参议院。奥巴马甚至敦促参议院在金融改革提案修改中给予"沃尔克法则"足够重视和体现，否则他将在提案最后通过之后动用否决权。

原来多德提案就存在重大分歧，再加上沃尔克提案的强力措施，参议院关于新的监管方案分歧加剧。2010 年 4 月 26 日美国参议院对金融改革提案进行程序投票未获通过。美国金融监管体系的改革再次遭遇立法障碍。立法进程的转机是在 2010 年 5 月，当时高盛欺诈案在华尔街和华盛顿掀起了较大波澜，民众和政府对于消费者保护问题的热情再次被点燃，奥巴马总统借机再次向参议院施加压力，敦促参议院尽快讨论和修改金融改革方案，并要体现"沃尔克法则"的基本精神，美国金融监管改革才驶入快车道。[①] 在美国政府施压、民主党强行推动以及民众对高盛欺诈案反应强烈等巨大压力下，2010 年 5 月 20 日美国参议院以 59 票赞成、39 票反对的结果通过了体现"沃尔克法则"的金融监管改革法案。与众议院的改革方案相比而言，参议院的法案由于加入了沃尔克提案使得监管的力度更为严厉、影响更为广泛，特别是对混业经营和分业监管的制度错配的修正，一定程度上重新确立了商业银行与投资银行业务的相互隔离的原则。

随后，美国国会立即启动了众议院和参议院法案的整合程序。由

---

① 郑联盛：《美国金融监管改革步入快车道》，《中国外汇》2010 年第 9 期。

27 名民主党议员组成的美国国会议案协商委员会对两院的法案进行整合，并于 2010 年 6 月 25 日达成共识。在完成两院法案的整合之后，7 月 15 日，美国参议院通过了最终版本金融监管改革法案，即《华尔街改革与消费者保护法》。[①] 2010 年 7 月 21 日，美国总统奥巴马正式签署之后，这一法案走完了漫长的立法程序，正式成为指导美国金融监管体系改革及金融体系发展的新的法律基础。

8.3 美国金融宏观审慎管理框架[②]

美国金融监管体系的改革初始方案主要集中在金融机构审慎监管、金融市场全面监管、消费者保护、金融危机应对以及全球监管标准及合作等五个方面，但是，当《华尔街改革与消费者保护法》获得通过时，与初始方案存在一定的差别，取得重大进展的包括三个层次：一是宏观审慎管理体系的建立与完善，二是消费者与投资者保护，三是微观审慎监管的加强。值得注意的是，这三个层次是金融危机之后美国金融监管体系改革的根本目标之所在，广义上，都属于金融宏观审慎管理框架的问题。

8.3.1 金融宏观审慎管理与金融安全机制

金融危机爆发最为重大的启示就是必须加强对系统性风险的管理和应对。从上文的分析可知，美国金融监管体系的重大缺陷是系统性风险产生、累积和爆发的重要根源：缺乏统一的超级监管人，监管体系的整体性、协调性和有效性较低，混业经营与分业监管的制度错配，影子银行监管的缺乏等等。这些方面，广义上都是金融宏观审慎管理的范畴。

[①] The Dodd-Frank Wall Street Reform and Consumer Protection Act，http：//banking. senate. gov/public/_ files/070110_ Dodd_ Frank_ Wall_ Street_ Reform_ comprehensive_ summary_ Final. pdf.

[②] 本节主要内容发表于《世界经济年鉴》。详见郑联盛《美国金融监管体系的改革》，《世界经济年鉴》（2010）。笔者作了一定的修改。

金融宏观审慎管理和系统性风险防范是本次金融监管体系改革的核心。

一是建立金融宏观审慎管理的协调机制。新法案建立了一个由财政部部长作为主席的金融稳定监察委员会，成员由负责监控和管理美国金融系统性风险的现有监管者组成。该委员会的主要职能体现在两个方面：①如果委员会在评估后认为某大型金融机构对金融体系稳定构成危害，则将建议美联储在资本金、杠杆率等方面对该机构实行更加严格的微观审慎监管要求；②在特别的条件下，该委员会有权对大型金融机构进行分拆，而无需动用纳税人的资金进行危机的救援和机构的救助。

二是美联储的超级监管地位的确立。新法案中美联储监管职能大幅扩大，成为超级监管主体，具有全局系统监管职能。新法案在保持美联储传统的监管职能之外，还授权美联储对大型、复杂、综合性（特别是业务在多个金融领域交叉）的金融机构实施全面监管，以确保系统性信息及风险的了解、辨别与防范，并可以采取相应的微观审慎措施。经过金融稳定监察委员会的批准和授权，美联储可以拆分规模过于庞大的金融机构，从而防范"大而不倒"效应引发的系统性风险。美联储还保留对数千家社区银行的监管权。不过，新法案将限制美联储的应急借款权，即不允许美联储向私人公司发放紧急贷款，所有贷款计划均需要获得美国财政部部长批准方可实施，并禁止破产机构参与紧急贷款计划，以完善美联储最后贷款人制度，防止美联储最后贷款人职能的滥用。

三是系统重要性机构的审慎监管机制。新法案赋予联邦监管机构（金融稳定监察委员会）一项新权利，使其能够对未接受纳税人资金救助但陷入困境的大型金融公司进行接管和分拆（具体操作由委员会授权给美联储），以防止此类机构的倒闭引发整个金融体系的动荡。将设立一个由美国联邦存款保险公司负责的流动性应对计划以及金融机构清算程序。在危机中，如何接管和清算金融机构问题，新法案规定美国财政部将预先支付接管倒闭金融公司的前期成本，但政府必须制订出一项详尽的资金还款方案。法案规定，监管部门还必须对接管资产规模超过500亿美元的金融机构的相关费用进行评估审核，以便明确未来能够收回接管过程所需要支付的费用。

四是创立"沃尔克法则",致力于打破混业经营和分业监管的制度错配。新法案除了上文提及的大型金融机构的监管新举措外,还将限制大型金融机构的自营交易业务,即将分离大型银行控股公司的传统商业银行业务和自营交易业务。"沃尔克法则"将商业银行和投资银行的业务重新进行分离,一定程度上,是打破1999年《金融服务现代化法》的混业经营模式,而重新确立《格拉斯—斯蒂格尔法案》关于商业银行和投资银行的分立原则。"沃尔克法则"同时要求银行对私募股权基金和对冲基金的投资额不得超过所投资基金总资产的3%以及银行自身核心资本总额的3%,据此限制金融机构利用自有资本进行自营交易;此外,"沃尔克法则"对银行规模也进行了限制,要求银行进行兼并重组时,收购后的关联负债规模不得超过所有金融机构负债规模的10%。

上述监管协调机制、美联储监管职能扩大以及系统重要性机构的监管是原有奥巴马方案的重大内容,而"沃尔克法则"是2010年1月奥巴马授意美联储前主席沃尔克提出的,奥巴马随后要求"沃尔克法则"必须成为新监管法案的应有内容。自营交易的界定困难并且是华尔街最赢利的业务,此规则受到极大的阻挠和立法困难,直至奥巴马以动用否决权相威胁才得以通过。

8.3.2　消费者保护

在金融全球化和金融创新盛行的市场环境中,金融产品极其复杂,消费者和投资者无法对交易成本、风险收益结构和法律义务等深入了解,因此,他们在与金融机构订立合同的过程中处于相当劣势的地位。另外,消费者和投资者由于信息不对称,对金融机构的违约概率和偿付能力并不了解,一旦这些机构出现问题,消费者和投资者的利益将受到极大的损害。麦道夫欺诈案就是最为经典的例子。因此,消费者和投资者权益保护将成为美国金融监管的一个重要方面,以平息消费者和投资者对金融机构欺诈的愤恨。消费者和投资者保护的一个重要途径就是填补信息缺口,那些几乎不受监管的金融机构和表外交易应该受到监管并披露信息。

消费者和投资者权益保护成为监管改革的一个重点，美国政府将消费者保护作为金融宏观审慎管理的立足点，在《华尔街改革与消费者保护法》中规定，在美联储内部建立一个新的消费者金融保护局（Consumer Financial Protection Bureau），该机构将负责向提供信用卡、抵押贷款等消费金融产品及服务的银行和非银行机构颁布和实施相关监管。这个新监管机构研究和实施的规定适用于所有抵押贷款相关业务、资产超过 100 亿美元的银行和信贷机构、支票兑换机构以及其他非银行金融机构。新法案将允许各州自行颁布的更严格的消费者保护法适用于全国性银行，州级首席检察官有权执行新消费者金融保护局颁布的部分规定。新法案针对高管薪酬和丰厚福利问题指出，公开上市的公司股东将拥有一票无约束投票权；美国证交会将有权赋予股东向董事会提名董事候选人的权利。法案还决定在美国证券监督管理委员会内部设立投资者顾问委员会和投资者保护办公室，并对信用评级机构要求更完全的信息披露，包括评级公司的内部运作、评级方法、历史表现等，要求监管机构建立新的信用评估标准。

8.3.3　微观审慎监管

在强化对系统性风险应对的金融宏观审慎管理机制初步建立的同时，美国政府认为加强微观审慎监管体系也是金融宏观审慎管理的应有之义，这是金融宏观审慎管理有效性提高的微观基础。为此，美国金融监管体系的另一个核心层面就是微观层面的监管改革。微观审慎监管体系改革主要体现在：一是加强完善联邦层面的微观审慎监管体系建设；二是消除监管的漏洞，提高监管的覆盖面；三是强化微观审慎监管的指标要求，提高监管的有效性。

在微观审慎监管的联邦层级体系建设方面，《华尔街改革与消费者保护法》规定：第一，调整联邦层级的监管机构改革，重组银行监管机构，将储蓄机构监理署合并到货币监理署中，其部分职能转移到美联储和联邦存款保险公司；由美联储负责监管银行控股公司和部分州注册银行，货币监理署监管联邦注册银行，而联邦存款保险公司负责监管州注册银行。第二，新法案将在美国财政部内部设立一个新的联邦保险办公室（Federal Insurance Office），主要负责保险行业的监管工作，并向系统性风险监察委员会提供那些被视为具有系统重要性的保险商名单。这个新机构需要向国会提交改善保险业监管规定的意见和建议。第三，对于信用评级机构，将完善信用评级行业的监管，将建立一个新的半官方性质机构，旨在解决信用评级行业内惯有的利益冲突。如果信用评级机构故意或因疏忽而未能给出合理的评估结果，则投资者可以对评级机构提起诉讼。

在填补监管漏洞、扩大监管范围方面，第一，新法案将对场外衍生品交易市场实施全面监管，其中包括针对衍生品交易和出售衍生品的公司的监管；并要求日常衍生品交易在交易所或类似电子交易系统中进行，并通过清算所进行清算，将在资本金、保证金、报告、记录保存以及业务活动方面对从事衍生品交易的公司实施新的规定。第二，新法案要求对冲基金和私募股权基金以投资顾问名义在美国证交会登记注册，并要求其提供交易信息以帮助监管机构管控系统性风险。第三，新法案要求银行剥离农产品、股票、能源、金属以及未清算的 CDS 等衍生品交易，不过保留银行从事利率、外汇以及黄金和白银等的掉期交易，即要求银行将风险最大的衍生品交易业务分拆到附属公司；绝大多数场外衍生品将通过第三方交易所和清算中心进行，以便市场和监管机构更容易跟踪这些交易；此外监管机构还将提高对拥有大额掉期头寸的公司的资本要求，并有权对单一交易者所拥有的合约数量加以限制。

在强化微观审慎标准，提高监管有效性方面，第一，在抵押贷款监管上，将设立新的住房抵押贷款国家最低承贷标准，将首次要求银行在放贷时对借款人收入、信用记录及工作状况进行查证，以确保借款人具备偿还贷款的能力。将禁止银行向引导借款人借入高息贷款的经纪人支付佣金。第二，在银行资本金要求方面，要求银行和具有系统重要性的非银行金融机构在法案通过后 18 个月内实施新的对资本充足率和杠杆比例的最低要求；将基于规模和风险等系统性指标重新设定新的资本金要求，对系统重要性银行将实施更高标准的资本充足率和杠杆比率要求；对银行控股公司提出了与商业银行同样的资本充足率要求，禁止大型银行控股公司将信托优先证券作为一级资本。第三，在资产证券化方面，确立信用证券化产品的风险留存要求，对贷款进行打包的银行必须把其中 5% 的信贷风险保留在银行自己的资产负债表中。

8.3.4　美国宏观审慎管理框架的问题①

在美国金融宏观审慎管理框架中，美联储获得新的授权，对具有系统重要性、可能构成系统性风险、给整个经济造成损害的大型金融机构及其附属机构进行监管。美联储将成为美国金融监管体系中的系统性监管机构，即"超级全能型"监管主体，负责监督整个金融体系的健康与稳定。但是，美联储是否可以成为美国金融体系最为有力的统一监管者，一些研究对此提出了质疑。

自 1913 年成立以来，美联储在美国金融和经济体系中的职能不断扩展。新的金融监管体系运行之后，目前美联储具有执行货币政策、监管银行业、防范系统性风险和提供金融服务等四项基本职能。

但在本轮金融危机前，美联储的职能体现在货币政策、金融服务和银行监管等方面，防范系统性风险的责任并没有得到很好的体现和实践。因此，一些议员批评美联储未能成功地使用针对银行和抵押贷款的现有监管权，使得美国金融体系中的系统性风险未能被及时发现并消除。即使在银行业监管上，美联储在针对具有系统重要性的银行的监管方面也存在漏洞。因此，美联储在个体银行监管和系统性风险防范方面存在失职行为。

曾任美联储理事的哥伦比亚大学金融学教授米什金（Frederic Mishkin）认为金融危机警示金融监管应该将个体监管和综合监管并重。一方面，个体金融机构（尤其是具有系统重要性的机构）在危机时期旨在保持偿付能力的努力，可能影响整个金融体系的稳定；另一方面，

---

①　本节内容以《美联储无法承受之重》为题，发表于 2009 年 7 月 21 日《21 世纪经济报道》。笔者作了一定的修改。

如果过分关注单个金融机构的监管，也可能导致监管部门忽视金融体系中的整体性重大变化。由于美联储在执行货币政策中与金融机构存在交易来往，了解个体和整体流动性情况；美联储的目标之一是维护宏观经济稳定，这与确保金融体系稳定的职能相匹配；另外美联储具有独立性，可以保证监管的长期性；最后美联储是唯一可能承担最后贷款人的机构。因此，美联储监管职能的加强是必然的，美联储成为系统性监管机构也是不二之选。

美联储已经成为美国金融体系的超级监管者，美联储不仅可以对银行业进行监管，而且对所有具有系统重要性的机构（包括银行但不限于银行，比如大型金融控股公司）进行监管，同时还对整个支付、清算和结算体系进行监管。美联储的监管职能将得到进一步强化，监管有效性从而将成为美联储的重要目标。

但是，美联储监管有效性的目标，可能会妨碍其作为中央银行执行货币政策这一更基本目标的实现，即美联储在政策目标上具有多重性。即使是极力支持美联储成为系统性监管机构的米什金也担忧，如果要同时考虑金融稳定目标，美联储实现产出与物价稳定（即货币政策）这一明确的重点目标可能会变得模糊。而美国货币政策在保证物价稳定、充分就业、适度经济增长和国际收支平衡等方面发挥着基础性作用，如果货币政策目标被弱化，那么美国经济波动性可能加大，实体经济可能受到更加负面的影响。因此，美联储在拥有更大监管权力和致力于监管有效性目标的同时，如何保证货币政策效力是其最为重大的挑战。

另外，美联储的独立性可能受到一定影响。在新的金融宏观审慎管理框架中最为重要的举措之一是成立金融稳定监察委员会，该委员会由美国财政部部长和主要监管机构负责人组成。该委员会可以就识别新出现的风险、如何识别那些破产可能会威胁金融体系稳定的机构（就其规模、杠杆比率以及相互关联性等问题）向美联储提供建议，并为解决不同监管部门之间的管辖争议提供一个平台。这说明金融稳定监察委员会及其委员可以就新的系统性风险、具有系统重要性金融机构的监管等问题向美联储施加压力。市场更是担忧，这可能导致货币政策独立性在一定程度上受到冲击，进而影响美联储货币政策目标的实现。

美联储在货币政策目标和监管目标上可能面临顾此失彼的情况，但这并不一定意味着将货币政策责任和监管责任分开是更好的选择。以英国为例，1997 年布莱尔政府宣布对英国金融监管进行根本性改革，当时的财政大臣布朗认为，不同类型的金融机构（银行、证券公司和保险公司）之间的界限正变得日益模糊，现代金融混业整合趋势明显，政府应创设单一监管机构对金融业进行监管。1997 年，英格兰银行完全从财政部独立，成为真正意义的中央银行，而金融监管权赋予金融服务管理局（Financial Services Authority，FSA）。英格兰银行主要职能为货币稳定和金融稳定，即英格兰银行是货币政策的执行者和金融稳定的保障者。但是，英格兰银行的金融稳定责任是一种金融体系整体稳定的责任，而不直接监管金融机构。英格兰银行金融稳定理事会负责金融稳定优先事项和方向的确定。金融监管权由新成立的金融服务管理局负责，该局作为单一监管机构负责金融机构的审慎监管，同时提出金融业务行为和市场标准，并对银行和包括证券交易所在内的其他金融机构、清算支付体系等实施监管。

但是，在全球金融危机的发展过程中，超级单一监管机构英国金融服务管理局的监管有效性颇受争议，尤其是其对北岩银行、莱斯银行和苏格兰皇家银行等金融机构的监管不到位广受诟病。英国保守党影子财长奥斯本（George Osborne）认为，金融服务管理局并没有发挥应有的作用，英国金融监管体系改革应该恢复英国央行在规范大银行和金融机构问题上的主要责任，英格兰银行应该重新获得大部分管理和监督职能，以确保最大的银行和保险公司没有涉及过多风险，并保持足够的资本和流动资金。本轮金融危机之后，英国在英格兰银行成立一个审慎监管局，专司对金融机构的审慎监管，英国的金融监管改革有向美国靠拢的迹象。

超级监管者的职能还没有受到市场的考验，美联储能否承担货币政策和金融监管两大职能尚不得而知。

8.4　小结

自 1864 年美国国会通过了《国民银行法》，要求银行必须满足最低资本金要求、法定准备金并符合贷款标准等，并建立货币监理署对国民银行进行监管，美国基本确立了联邦层级的监管基础。20 世纪 60 年代之前，美国金融监管体系的监管原则基本是秉承大萧条以来的安全原则，为此，金融体系相对平稳，金融与经济的互动非常有效。但是，20 世纪 60 年代之后，随着美国金融体系的快速发展，特别是金融创新的发展，美国金融监管进入安全和效率并重的时代。在 20 世纪 80 年代之后，金融创新更是蓬勃发展，美国金融监管主要是维系效率原则，但金融风险也不断累积，美国在 1987 年发生了重大的储贷危机。此后，美国监管再次关注安全原则。在互联网泡沫之后，美国金融监管当局对安全原则的强调逐渐淡化，金融创新进入一个高潮期，特别是证券化，随之金融风险开始逐步放大，直至次贷危机的产生。

发端于次级抵押贷款问题的金融风险，不断向房地产市场、信贷市场和资本市场蔓延，重创了美国的房地产市场、金融市场和实体经济，成为大萧条以来最为严重的金融危机。在危机的演进中，美国以联邦政府和地方政府为依托、以中央银行为核心、各专业金融监管机构组成的双层、多头监管体系的弊端演绎了监管失败。

对危机的反思表明，美国金融监管体系的失败有重大制度根源，比如顺周期效应、系统重要性金融机构以及跨行业的金融风险等的防范，都存在重大问题，而对投资银行、对冲基金、私募股权基金等影子银行体系的监管却是不足的，甚至是忽视的。整体存在三个方面的重大缺陷：一是缺乏一个统一的监管者，系统性风险的防范、监管和处置机制不完善，缺乏行之有效的宏观审视监管框架。二是存在严重的金融监管漏洞，金融监管效率较低，微观审慎监管机制有效性较低。金融监管体系无法适应金融发展的要求，影子银行体系及其主导的场外市场并没有得到有效的监管，缺乏对大型复杂重要性金融要素的有效监管。三是美国金融分业监管体系与其混业经营的市场模式存在制度性错配，混业经营和分业监管的背离是危机爆发和升级的一个根本性的制度因素。为此，金融危机之后，金融监管改革特别是金融宏观审慎管理体系的建立以及微观审慎监管的加强，成为美国政府的重大任务。

美国金融监管体系的改革的初始方案主要集中在金融机构稳健监管、金融市场全面监管、消费者保护、金融危机应对以及全球监管标准及合作等五个方面，不过，当最终方案《华尔街改革与消费者保护法》通过立法时，取得的重大进展主要涉及三个层次：一是金融宏观审慎管理体系，二是消费者保护，三是微观审慎监管。金融机构、金融市场和风险危机应对作为金融宏观审慎管理框架的组成部分，纳入宏观审慎框架之中，而全球监管合作被淡化。

在美国金融监管体系改革和金融宏观审慎管理框架的建立过程中，最为核心的有四个内容：其一，金融稳定监察委员会的成立，由财政部部长担任主席，成员包括联邦层级监管主体的主要负责人，这个机构不仅对系统性风险具有监察、警示和建议权，更有处置权，甚至可以根据风险因素和金融稳定需要拆分大型复杂金融机构。其二，美联储成为超级监管人，新体系赋予美联储大型复杂金融机构的现场监管权以及金融稳定监察委员会的代理权，美联储可以就金融机构的风险提出更加严格的微观审慎监管要求，可以在金融稳定监察委员会的授权下拆分大型金融机构。其三，"沃尔克法则"，即对银行的传统商业银行业务和自营业务的限制性规定。其四，填补监管漏洞，最为主要的是成立联邦层级的保险业监管主体以及将影子银行体系纳入监管框架之中。

相对于欧盟的微观审慎标准的强化而言，美国更多关注的是原则性监管，而不是限制性监管，在微观审慎标准提高方面的改革不如欧盟的力度大。但是，美国监管改革中的"沃尔克法则"对金融体系发展将是最为重大的影响，一定程度上，"沃尔克法则"恢复了大萧条之后《格拉斯—斯蒂格尔法案》规定的分业经营和分业监管的原则，而否定了1999年《金融服务现代化法》的混业经营与分业监管模式。

9

基于金融安全的欧盟
宏观审慎管理框架

在本轮金融危机中，欧盟主要经济体基本是银行主导的金融体系，受危机的冲击相对美英而言较小，但仍然是系统性的冲击，欧洲金融体系和实体经济受到严重的损害。金融危机仍然在深化，继冰岛、希腊危机之后，欧洲主权债务以一个"普遍性"问题引发了国际社会对欧洲经济及其稳定的广泛关注和担忧。①

欧盟认为，金融危机暴露出欧盟金融监管相对分割，无法进行相对统一而完整的监管，特别是对金融机构的跨境业务以及系统性风险的监管，从而弱化了欧盟整体以及成员国监管体系的有效性，使得欧盟难以应对跨境金融风险的传染和进行系统性风险的防范。② 在此背景下，由美国次贷问题引发的金融风险迅速在欧盟大部分成员国传播和深化，欧盟的金融风险及其引发的经济风险不断升级，直至主权债务危机的普遍出现。

美国金融监管体系改革的核心是在维系现有金融监管框架下强化

---

① 郑联盛：《欧洲主权债务问题：演进、影响与启示》，《国际经济评论》2010 年第 3 期。

② European Commission，"Proposals For A Regulation of the European Parliament and of the Council on Community Macro prudential Oversight of the Financial System and Establishing A European System Risk Board"，Sept. 23，2009.

系统性风险的应对，建立宏观审慎管理框架、强化微观审慎监管以及加强消费者保护。而欧盟金融监管的重点是在维系欧盟统一市场的基础上，强化对欧盟层面的系统性风险的管理，以及加强微观层面的审慎标准。

本轮金融危机之后，欧盟深刻认识到改革欧洲金融监管体系的重要性和必要性，特别是泛欧的跨境金融风险监管。但是，由于欧盟理事会中各国政府的分歧较大，金融监管体系改革进展相对缓慢。美国金融监管改革取得里程碑式的进展之后，欧盟金融监管改革和成员国合作才加速，2010 年 9 月欧盟理事会和欧洲议会就包括宏观审慎和微观审慎两个层面的泛欧金融监管新体系达成妥协，9 月 22 日欧洲议会正式通过改革方案。[1] 泛欧金融监管体系改革的深刻影响在于，它改变了欧盟内部各国相对独立分散的监管格局，初步建立了第一个超越国家主权的监管体系。但是，欧洲金融监管体系的改革还有许多问题有待解决。2009 年提出的欧盟监管体系在成员国层面的直接监管权以及三大监管机构的监管权力集中于单一监管机构等改革仍处于争议之中。[2]

欧盟金融监管体系改革集中在宏观和微观两个层面，并分别表现出了与美国的不同。在宏观层面，欧盟在宏观层面强调的是跨境风险的传播和顺周期效应引发的系统性风险，而美国相对集中在本国系统性风险特别是系统重要性机构的监管，对顺周期效应相对关注较少；在微观层面，欧盟主要致力于提高微观审慎监管的标准，致力于限制型监管，而美国是扩大监管范围、填补监管漏洞以及提高监管有效性，不过仍然倾向于原则性监管。

---

[1] European Commission, "Commission Adopts Legislative Proposals to Strengthen Financial Supervision in Europe", IP/09/1347, http://europa. eu/rapid/pressReleasesAction. do? reference = IP/09/1347.

[2] European Commission, "Proposals for a Regulaiton of the European Parliament and of the Council on Community Macroprudential Oversight of the Financial System and Establishing a European Systemic Risk Board", Sept. 23, 2009, http://ec. europa. eu/internal _ market/finances/ docs/committees/supervision/20090923/com2009_ 499_ en. pdf.

9.1 欧盟金融监管体系的演进

由于欧盟是一个超主权的区域政治经济合作实体，其金融合作以及金融监管的相关问题一直以来是与欧盟一体化进程相匹配的。总体而言，欧盟金融货币合作以及金融监管合作主要是以欧元的发展为基础。1999 年欧元正式流通，开辟了欧盟金融货币合作的一个里程碑，此后欧盟的金融监管合作进入一个合作深化阶段。2001 年莱姆法路西框架得以实施，这是欧洲金融监管合作的分水岭，这个框架的实施意味着欧洲金融监管进入超主权层面。经过 10 多年的发展，欧盟层面的金融监管实际上取得一定的进展，银行、证券和保险行业在欧盟层面的监管协调责任分属于欧盟的三个委员会，但这三个委员会并非监管实体。

美国金融危机爆发之后，金融风险在欧盟层面传染。欧盟认为，为了应对金融危机和防范金融风险的跨境传染，需要夯实监管主体的权力以及加强欧盟层面的监管力度，2010 年 9 月欧洲议会批准《欧盟金融监管体系改革》方案，致力于建立宏观审慎和微观审慎两个层面相结合的欧盟新的金融监管体系。

9.1.1 1985～1998 年欧盟金融监管

经过 20 多年的发展，欧洲共同体终于在 1991 年 12 月通过了《马斯特里赫特条约》，即《欧洲联盟条约》，欧洲一体化取得了里程碑式的进展。相应的，在这前后，金融货币合作以及金融监管合作也取得了实质性的进展。

从 20 世纪 70 年代中后期开始，欧洲一体化进程不断深入，欧共体认为在实现了国民待遇之后，需要就阻碍要素自由流动的各国法律差异进行重点解决。1985 年欧共体理事会发布《关于建立内部市场的白皮书》，欧共体立法机构遵循服务自由和设立自由的基础精神，在欧共体金融市场一体化方面坚持"最低限度协调"原则（Principle of Minimal

Harmonization），以"相互承认"原则（Principle of Mutual Recognition）为补充，以母国控制原则（Principle of Home Country Control）为表现形式，推进欧共体新的法律机制一体化，共同促进欧洲金融体系和市场的一体化进程。[①] 为此，《关于建立内部市场的白皮书》是欧共体以及其后欧盟金融服务和监管体系合作的基础文件。

欧共体时期金融监管合作实践的重大进展是《第二号银行指令》。在1983年的《并表监管指令》的基础上，欧共体在1989年出台了《第二号银行指令》，这基本奠定了欧洲金融行业监管一体化的法律基础。在这个监管指令中，欧共体理事会在银行领域推行两个原则：一是单一执照原则，二是母国控制原则。单一执照原则（A Single License System）是指在欧共体一个成员国注册成立的银行可以自由地在欧共体其他成员国开设分支机构；在欧共体某一个成员国注册成立的银行在该国所从事的业务也可以在其他成员国开展，东道国不得施加额外的注册要求和营业条件。母国控制原则要求在欧共体范围内通过开设分支机构以及提供跨境金融服务等方式从事银行业务活动的金融机构，原则上应该由该机构成立注册地成员国的监管当局承担监管责任，特别是并表监管责任。由于实行相互承认和单一执照原则，母国控制原则将是一个必然的政策选择。

服务自由、单一执照、母国控制以及相互承认等原则，已经基本奠定了欧共体金融体系和金融监管的合作基础，特别是母国控制原则在一定程度上使得东道国的金融监管主权部分让渡给银行的注册国监管当局。当然，这种权力的让渡让一些成员国担忧，认为这不仅是监管主权的让渡，更重要的是在金融环境恶化条件下的处置权力的让渡，是金融稳定保障机制的一个漏洞。为此，欧共体将银行的日常业务操作的直接监管权保留给东道国，并保留了三种特别情况处置条款，给予东道国实行金融监管的权力：一是东道国出于公共利益考虑，仍然保留在必要情

---

① Commission of the European Communities, "Completing the Internal Market: White Paper from the Commission to the European Council", COM（85）310 FINAL, Jun. 14, 1985.

况下对在其他成员国注册成立的银行分行及其跨境金融服务进行监管的权力；二是基于《第二号银行指令》，东道国为实行货币政策所采取的监管措施不受母国控制原则的约束，从而保障货币政策的独立性；三是银行流动性监管由东道国监管当局承担。[①]

9.1.2　1999～2001 过渡期

1999 年 1 月 1 日至 2001 年 1 月 1 日为欧元流通的过渡期，也是欧盟金融服务体系和监管体系改革的过渡期。欧元开始流通之后，为了适应新形势下的金融监管，欧盟对 1989 年《第二号银行指令》进行了全面的修订，在 2000 年出台了欧盟《2000 年银行法》（《欧洲议会和理事会关于信用机构设立和经营的指令》（2000/12）），规定一家银行可以经营传统的存贷款业务，以及金融租赁、汇款、信用卡、旅行支票、保函等业务，还可以经营债券、咨询、证券和债券管理及保险箱业务等"全能业务"，相应的监管转向全覆盖监管，并再次重申此前欧共体关于银行业自由服务、单一执照、母国监管和相互承认等监管原则。[②]

为了配合欧元的启动以及欧盟区域内信用机构业务的全能化，1999 年欧盟委员会颁布了《欧盟委员会金融服务行动计划》（The Financial Services Action Plan of the European Commission，FSAP），并在 2000 年里斯本首脑会议上签署通过了该计划，使之成为欧盟金融服务和金融监管合作新的法律框架。该计划对建立欧洲单一金融市场的优先指标和事项进行了分析，并提出了在 2005 年完成欧洲金融市场一体化的时间表，同时为了保证单一市场目标的实现，提出了三个战略安排：一是建立单一的金融服务批发市场，二是确保金融零售市场的开放及安全，三是加强审慎监管。这个计划对包括银行、证券、保险、混业经营、支付清

---

① Commission of the European Communities, "Second Council Directive on the Coordination of Laws, Regulations and Administrative Provisions Relating to the Taking up and Pursuit of the Business of Credit Institutions and Amending", 89/646/EEC , Dec. 15, 1989.

② European Commission , "Directive Relating to the Taking up and Pursuit of the Business of Credit Institutions", 2000/12/EC.

算、会计准则、公司法、市场诚信以及纳税等金融市场的各个要素都做出了统一安排，致力于统一规范涉及金融服务业监管的各个环节。[1] 而且，该计划强调金融监管应该及时适应金融业发展与创新的步伐，加强金融行业风险管理以及强化投资者、消费者保护等。[2]

9.1.3　莱姆法路西框架

2002 年 1 月 1 日欧元正式取代主权货币全面流通，欧盟经济一体化迈入了一个新的纪元，这对欧盟层面的金融货币合作以及金融监管提出了新的要求。2000 年 3 月通过的《欧盟委员会金融服务行动计划草案》将金融一体化要求细致化，要求在承认各国差异的基础上实现更好的监管协调，提高监管效率。2000 年欧盟委托名人委员会对欧盟的证券行业监管一体化进行研究，这个研究小组以莱姆法路西为主席，并于 2000 年 11 月形成了初始建议报告，经过各成员国的审议及其后修改，在 2001 年 2 月形成了最终报告。[3]

莱姆法路西报告对欧盟证券行业监管提出了基本原则及具体建议。欧元全面流通之后所建立的欧盟证券行业监管体系就是基于莱姆法路西报告。该监管框架在承认各成员之间的立法原则和技术规则差异的基础上，从四个层次的维度提出了欧盟证券行业监管体系的建设方案：层级一是欧盟委员会，该层面在保持欧洲金融市场开放和公平竞争方面加强工作，强化最上层的立法权，即立法和规则制定权。[4] 层级二是与欧盟传统的立法程序相协调，建立广泛的欧盟监管规范，建立欧盟证券委员会（EU Securities Committee），强调其监管规范细则制定权。层级三是

---

[1] 汤柳：《欧盟金融监管一体化的演变与发展——兼并危机后欧盟监管改革》，《上海金融》2010 年第 3 期。

[2] European Commission, "Commission Communication of Implementing the Framework for Financial Markets: Action Plan", COM (1999) 232 final, May. 11, 1999, http://ec.europa.eu/internal_ market/finances/docs/actionplan/index/progress1_ en. pdf.

[3] Committee of Wise Men on the Regulation of the European Securities Markets, "Financial Report on the Regulation of the European Securities Markets", Feb. 15, 2001.

[4] Lamfalussy, Alexandre, "Summary of Remarks on the Regulation of European Securities Markets", to the Press Concerning the Committee's Initial Report Published on Nov. 9, 2000.

根据市场的发展和变化，审议评估和完善欧盟的监管框架原则，建立欧盟证券业监管委员会（Committee of EU Securities Regulators）来加以指导和评估监管政策，加强其顾问、咨询和指导职能。层级四是成员国有责任在这个框架内实行欧盟监管规范以强化监管合作促成不同监管主体形成监管网络，强调具体监管责任的落实。

莱姆法路西报告为欧盟证券行业监管提供了蓝本，根据相应的建议，欧盟建立了新的证券业监管体系。这个监管体系在欧元全面流通之后使得欧盟监管机构更具弹性地应对市场变化，加深了欧盟及成员国之间证券监管的合作，提高了监管协调效率和监管的有效性。2003 年莱姆法路西报告的体系建设建议被推广应用于银行业和保险业，使欧盟层面的金融监管体系更加全面，从而开启了欧盟基于莱姆法路西框架的监管体系建设。2004 年欧洲议会通过了金融监管体系改革方案，将基于莱姆法路西框架 42 项建议中的 39 项设为欧盟监管规范，要求各成员国执行，欧盟金融体系的监管逐步建立起上至欧盟下至成员国的四层监管体系。

莱姆法路西体系在 2003～2006 年深入发展，欧盟层级和各国监管当局协调不断加强，欧盟不断完善其四层监管体系，直至美国金融危机的爆发。在欧盟莱姆法路西监管体系中，第一层级是框架性、原则性的立法层级，即原则性条款的制定权。一般是欧盟委员会提出立法建议，欧盟理事会、欧盟委员会和欧洲议会三方共同决策。一旦立法建议被通过，就适用于欧盟范围内所有的金融机构的监管。

第二层级是细化第一层级的法律规范，相当于是第一层级的法律"解释"。该层级包括欧洲银行委员会、欧洲证券委员会、欧洲保险和职业养老金委员会、欧洲金融集团委员会等四个委员会。每个委员会由欧盟成员国财政部的高级官员组成，主要任务是建议、明确和决定有关对第一层级原则、指令和条例的实施细则，解决法律的实施程序问题，建立完整的监管法律规范，并可以根据实际情况有效地调整和变更规章的细节。该层级实际上具有金融监管技术性条款的制定权。

第三层级由非约束性体系组成，主要包括三家委员会：欧洲银行监管者委员会、欧洲证券监管者委员会及欧洲保险和职业养老金监管者委员会。这三个委员会由各个成员国中的银行、证券和保险行业监管当局的代表组成。值得注意的是，三个委员会提出的指示都是非约束性的，都不执行对金融机构的日常微观审慎监管，仅作为一个欧盟层面和成员国监管当局之间的联系桥梁，主要是促进欧盟与不同成员国以及成员国之间的信息交流和监管合作，推动欧盟金融监管的趋同化，提高监管的有效性。该层级具有非约束性以及倡议性条款的制定权。

第四层级即执行层次，由各国监管机构执行实施欧盟指令、条例，欧盟委员会担当监督、促进实施的责任。执行层次在欧盟监管体系中是最为重要的载体，是欧盟金融宏观审慎管理和微观审慎监管的主体力量，也是体现金融监管主权的载体。该层级具有实际监管权。

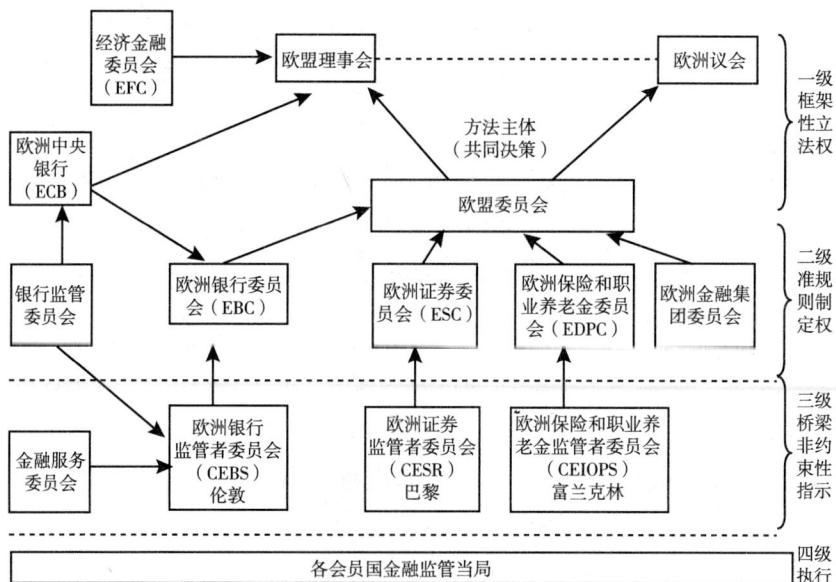

图 9 - 1　扩展至整个金融体系的莱姆法路西框架及其四层体系

注：该框架的示意图由中国保险学会翻译，笔者作了部分调整。详细见中国保险学会《欧盟金融改革动向》，2010 年 3 月，http：//www. iic. org. cn/D_ infoZL/infoZL_ read. php? id = 9388。

资料来源：Committee of Wise Men on the Regulation of the European Securities Markets, "Financial Report on the Regulation of the European Securities Markets", Feb. 15, 2001, p. 9.

9.2 欧盟金融监管体系改革及宏观审慎管理框架

全球金融危机对欧盟金融经济体系也造成了巨大的冲击。欧盟认为基于莱姆法路西框架的监管体系在实现金融风险的早期预警、金融风险的跨境传染以及系统性风险防范和应对方面存在不足，为此，欧盟认为需要对金融监管体系进行改革，特别是金融宏观审慎管理的改革，以完善欧盟层面的金融监管框架，维持欧盟金融体系的稳定性。

9.2.1 欧盟金融监管体系改革的历程

"金融海啸"爆发之后，欧盟金融监管体系改革随即提上日程。在欧盟委员会的请求下，2008 年 11 月以法国央行前行长德拉罗西埃（Jacques de Larosière）为主席，包括欧元之父之一的伊辛（Otmar Issing）等在内其他 7 名委员的欧盟金融监管高级小组（de Larosière 委员会）开始进行研究，对欧盟的金融监管体系改革提出政策建议。

2009 年 2 月，de Larosière 委员会就出台了建议报告，认为需要进行金融监管体系的重大改革，以实现三大政策目标：一是建立一个新的完善的监管框架，以减少金融风险、提高风险管理效率，提高金融体系吸收系统性冲击的能力，弱化顺周期放大效应，强化透明度原则，并完善金融市场公平的激励机制。二是强化欧盟的金融监管协调，特别是宏观审慎和微观审慎监管协调。基于现有的监管框架，建立更加强势的欧盟层级监管主体以监管欧盟范围内的金融参与者。三是完善风险应对管理机制，在监管领域建立信心和信任。委员会认为欧盟的金融监管必须在以邻为壑和强化合作中选择后者，以发挥统一市场的优势。[①] 该报告的核心是欧盟未来的金融监管构架是金融宏观审慎管理和微观审慎监管相互结合的双层体系，最主要的建议是建立一个委员会和一个监管系

---

① The High-Level Group on Financial Supervision in the EU Report, Feb. 25, 2009, http://www. esrb. europa. eu/shared/pdf/de_ larosiere_ report_ en. pdf? 462f9f580cd7295e75871e3213f23584.

统：欧洲系统性风险委员会和欧洲金融监管系统。欧洲金融监管系统由银行、证券、保险三个监管主体组成，三个监管当局分别由此前的三个监管委员会实体化而成，并赋予相应的监管权力。同时，该报告对银行资本金、信用评级机构、以市定价原则、影子银行体系、证券化及衍生品、投资基金等方面的微观审慎监管提出了具体的政策建议。①

基于 de Larosière 委员会的政策报告，欧盟各成员国于 2009 年 5 月达成初步协议。经过欧盟和成员国的广泛讨论和协调之后，基于 5 月份的改革建议，2009 年 6 月 19 日欧盟理事会通过了《欧盟金融监管体系改革》（Reform of EU's Supervisory Framework for Financial Services）方案，确立了欧盟金融监管体系改革的框架建议，核心的改革措施主要包括四个方面重大内容：一是成立欧洲系统性风险委员会，建立宏观审慎管理机制；二是建立欧洲金融监管系统，加强欧盟层级的微观审慎监管及其协调；三是减少金融体系的顺周期效应；四是强化银行主导的金融机构的全面风险管理。②

2009 年 9 月底，欧盟委员会公布了欧盟金融监管改革方案的细节。③ 但是，对于金融监管改革的细节，欧盟成员国仍然存在较大的争议，比如英国和德国在欧洲系统性风险委员会的职权及其与监管主权的平衡方面就存在分歧。德国强力要求泛欧监管主体扩大直接监管权，而英国持反对意见。欧洲议会热衷于欧盟金融监管体系特别是欧洲系统性风险委员会和三大金融监管主体具有直接的监管权力，但是遭到不少成员国政府的反对，担心其国家主权特别是金融监管权被部分削弱。

金融危机逐步远去，而欧洲又出现了新的问题——主权债务危机，为此欧盟及其成员国的注意力转向了主权债务问题，而金融监管合作协

---

① The High-Level Group on Financial Supervision in the EU Report, Feb. 25, 2009, http://www.esrb. europa. eu/shared/pdf/de_ larosiere_ report_ en. pdf? 462f9f580cd7295e75871e3213f23584.

② European Commission, "Communication from the Commission on European Financial Supervision", May. 27, 2009, COM（2009）252final.

③ European Commission, "Proposals for A Regualtion of the European Parliament and of the Council on Community Macro prudential Oversight of the Financial System and Establishing A European Systemic Risks Board", Sept. 23, 2009.

调的力度相对降低。直到 2010 年 7 月美国参议院通过了最终版本金融
监管改革法案并由奥巴马总统于 7 月 21 日签署成为法律，一直处在全球
金融监管改革特别是国际标准制定前沿的欧盟，才感到改革压力。

经过一年的博弈，2010 年 9 月 7 日欧盟成员国对金融监管改革方
案达成妥协：一是同意建立欧洲系统性风险委员会和由三个监管实体组
成的欧盟金融监管系统；二是欧盟层级的监管机构只有在特别情况下具
有直接监管权，可以直接对成员国的金融体系进行监管；三是日常的监
管权仍然由各国监管当局保留；四是更具争议的事项留待未来三年协商
解决，包括欧盟金融监管系统对泛欧金融机构的直接监管权，将三个欧
盟监管主体的监管权力统一为单一监管主体的职能，即建立统一监管体
系。① 在取得这些妥协之后，2010 年 9 月 22 日，在所有成员国都同意
的情况下，欧洲议会通过了欧盟金融监管改革计划。欧盟理事会经济金
融委员会于 11 月 17 日最终通过了该计划，并确定欧洲系统性风险委员
会和三个欧盟监管主体在 2011 年 1 月开始建立运行，以替代此前的监
管委员会。2010 年 12 月 16 日，欧洲系统性风险委员会正式成立运行。
2011 年 1 月 1 日，三大监管主体也正式运行，欧洲新的金融监管体系
已正式建立。

9.2.2 欧盟宏观审慎管理框架

在欧盟的金融监管体系改革中，金融宏观审慎管理在一开始的 de
Larosière 委员会政策报告中就是核心的改革内容，一定意义上说，欧盟
的金融监管改革的出发点就是金融宏观审慎管理。不管是建立新的监管
框架，还是提高欧盟层面的监管协调，或者是提高监管的有效性和风险
应对能力，都是"保障欧盟金融整体稳定和单一市场的必要举措"。②

如果从广义的宏观审慎管理改革出发，欧盟金融监管改革的宏观
审慎框架主要包括三个方面：其一，建立泛欧的系统性风险应对机制，

---

① Morrison Foerster, "The New EU Financial Regulatory Framework", Sept. 16, 2010.

② The High-Level Group on Financial Supervision in the EU Report, Feb. 25, 2009, http://www.
esrb. europa. eu/shared/pdf/de_ larosiere_ report_ en. pdf? 462f9f580cd7295e75871e3213f23584.

成立欧洲系统性风险委员会；其二，建立欧盟金融监管系统，成立三个监管实体；其三，强化微观审慎的监管指标。这三个方面是欧盟金融监管体系改革相辅相成的内容，构成了欧盟新的金融监管体系的核心内容。

1. 宏观审慎管理机制

在金融全球化和欧盟一体化不断深入的背景下，金融风险在全球和欧盟区域内传播，金融危机具有更大的区域和全球传播性，但是各国金融监管者所拥有的金融机构和全球金融市场的杠杆率、风险敞口和风险管理安排等的信息是不全面的。而且各个国家监管当局的监管水平和机制存在很大差异，各个国家监管机构也无法独立承担区域监管责任，因此，必须强化欧盟整体的有效监管，需要在欧盟层面建立完善系统性风险应对机制，建立健全金融宏观审慎管理框架。

在宏观审慎管理方面，新成立的欧洲系统性风险委员会将在欧洲中央银行的支持下，执行宏观层面的审慎监管。欧洲系统性风险委员会的宗旨是对欧盟金融体系的宏观审慎管理负责，适应金融体系发展带来的风险挑战，并考虑宏观经济的发展，避免金融紧张局势和金融风险大肆传染，削弱或消除影响欧盟金融稳定的系统性风险，以利于欧盟内部市场的有序运行，确保金融部门对经济增长的可持续贡献。该委员会具有三大职能：一是建立早期金融风险预警机制；二是监控和评估金融稳定性的冲击因素及其危害；三是提供应对系统性风险的政策措施。在必要的情况下，可以对成员国的金融体系进行直接但秘密的警示。① 在欧洲系统性风险委员会成立之后，该委员会将其职能细化为若干方面：甄别和预判系统性风险，收集分析信息，发布系统性风险预警甚至公开化，发布风险应对的政策建议，在紧急情况下可以向欧盟理事会发布秘密性的预警以便理事会能够调整政策以提高欧盟监管主体的紧急应对能力和政策空间，关注预警及政策建议的后续发展，与欧盟其他监管主体组成

---

① European Commission, "Communication from the Commission on European Financial Supervision", COM (2009) 252final, May. 27, 2009.

紧密合作，必要时可以向欧盟监管主体提供关于系统性风险的信息，创立和发展可以量化的高质量风险指标以辨别系统性风险，必要时参加欧盟金融监管系统的联合委员会，加强与国际金融组织及第三国的监管合作以及实行欧盟法律框架下的其他相关监管任务。[①]

欧洲系统性风险委员会由总理事会、指导委员会、学术顾问委员会、技术顾问委员会以及秘书处组成。其中，总理事会是确保欧洲系统性风险委员会履行职能的最主要机构，其具有投票权的委员包括欧洲中央银行的行长及副行长、成员国中央银行行长、欧盟委员会一名代表、三大监管机构的主席、学术顾问委员会的主席及两名副主席、技术顾问委员会主席，其没有投票权的委员包括各成员国各监管当局的一名高级代表以及欧盟经济金融委员会主席。其首任为期 5 年的主席由欧洲中央银行行长担任。该委员会秘书处设在法兰克福，与欧洲中央银行一同办公。

欧盟对系统性风险的防范除了设立欧洲系统性风险委员会之外，还特别对顺周期效应作出相关的审慎监管安排。欧盟认为，金融监管体系中的一些要素带有顺周期特征，甚至放大了顺周期效应，比如资本金要求和会计准则等，是系统性风险的重要来源。2009 年 7 月 7 日欧盟委员会经济与金融会议上，各成员国就如何削弱和消除金融体系及其监管的顺周期性取得一致意见，计划实行具有前瞻性的会计标准，实行坏账准备动态拨备机制，设立逆周期的资本缓冲机制，加强金融机构高管报酬改革以及对以市定价及公允价值规则的修改。

2. 欧盟金融监管系统

此前，欧盟层级的金融监管协调主要是由银行、证券和保险三个监管委员会来履行的，但是，由机制相对松散的三个委员会来履行主要金融部门的监管技术条款研究、协调和制定，并与成员国进行互动，相对而言是心有余而力不足，而且欧盟的法律框架并没有赋予委员会相关的

---

① European Systemic Risks Board, "Mission, Objectives and Tasks", http：//www. esrb. europa. eu/about/tasks/html/index. en. html.

监管权力。为此，在金融风险跨境传染的防范中，三个监管委员会无法胜任。de Larosière 委员会政策建议，必须夯实欧盟层级的监管主体，将三个委员会实体化，并赋予相关的监管权力，这最后演化成为欧洲银行监管局、欧洲证券市场监管局以及欧洲保险和职业养老金监管局三个监管主体，共同构建欧盟金融监管的执行体系。

欧盟金融监管系统的三个机构除继续承担过去监管者委员会作为咨询主体的有关职责之外，其权限大幅扩大并拥有了法人地位，单个监管局的主要职责包括：一是对成员国监管机构之间的分歧具有法定的仲裁权；二是具有制定约束性金融监管指标的决策权；三是向欧盟范围内的金融机构颁发准入许可证；四是与欧洲系统性风险委员会合作，防范系统性风险；五是在紧急情况下，可以向金融机构采取直接调查并作出技术性决定，六是可以禁止或限制被认为会影响金融稳定的金融活动和产品。① 整体而言，三个监管局最主要职能是建立一套适用于欧盟的趋同性监管规则和一致性监管操作，按照共同性条约的有关规定发展约束性协同技术标准，制定非约束性技术标准供各国监管者自行决定是否采纳，确保欧盟的一致性微观审慎监管操作以及维护共同市场的稳定性。②

3. 加强微观审慎监管

欧盟认为，除了建立欧洲系统性风险委员会以应对系统性风险、施行金融宏观审慎管理，以及设立欧盟金融监管系统进行欧盟层面的微观审慎监管标准的制定及协调，还需要强化微观审慎的监管指标，夯实微观审慎监管的基础，这样才可能达到金融宏观审慎管理的效力，建立一个稳定的金融体系以及有效的共同市场。

欧盟在微观审慎监管的强化方面主要关注三个方面：一是加强对系统重要性机构的微观审慎监管指标；二是强化资本金机制；三是完善风险和危机管理体系。以资本金为例，在银行资本金要求方面，欧盟委员

---

① European Commission, "Directive 2009/48/EC", http：//eur - lex. europa. eu/LexUriServ/LexUriServ. do? uri = OJ：L：2009：196：0014：0021：EN：PDF.
② 汤柳等：《欧盟的金融监管改革》，《中国金融》2009 年第 17 期。

会在 2008 年 10 月和 2009 年 7 月先后向欧盟理事会和欧洲议会提交了关于修改《资本金要求指令》的提案，建议对银行的交易账户不同时期建立额外资本缓冲机制，增强违约风险管理，并制定交易账户下证券化头寸的风险要求；在再证券化业务方面，提出更高的资本金要求，对银行从事复杂的再证券化投资业务加以一定的限制。欧盟还对储蓄担保计划、信用评级机构监管、风险预警、证券化的留存要求、交易账户的额外资本金、信息披露、流动性风险管理以及影子银行体系的监管都制订了严格的监管指标。[①]

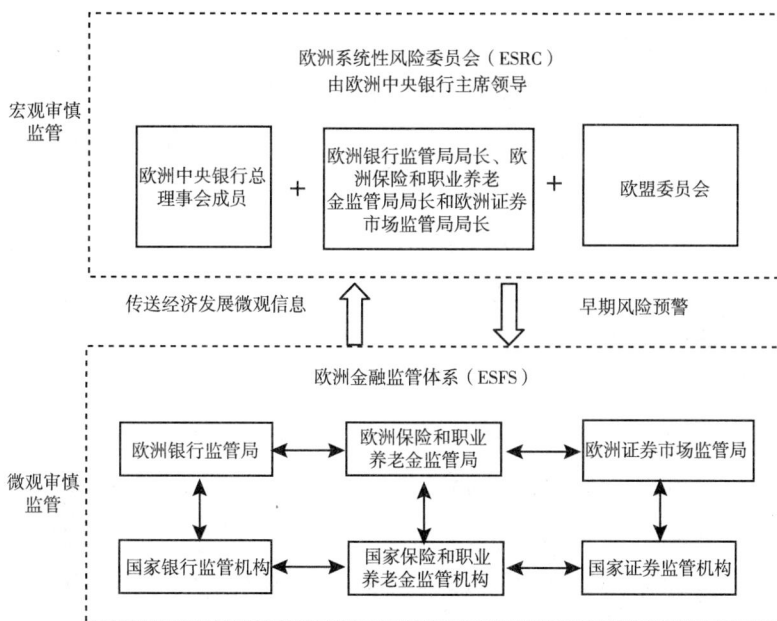

图 9 - 2　基于宏观审慎和微观审慎的新欧盟金融监管体系

资料来源：该框架的示意图由中国保险学会翻译，详见中国保险学会《欧盟金融改革动向》，2010 年 3 月，http：//www. iic. org. cn/D_ infoZL/infoZL_ read. php? id = 9388。

---

① European Commission，"Regulating Financial Services for Sustainable Growth"，Communication from the Commission to the European Parliament，the Council，the European Economic and Social Committee and the European Central Bank，Jun. 2，2010，http：//ec. europa. eu/internal_ market/finances/docs/general/com2010_ en. pdf.

9.3 宏观审慎管理的实践：债务危机下的
银行资本重组

到 2011 年 10 月欧盟峰会召开之前，救助欧洲的各项方案和机制，更多关注的是如何为债务到期时遇到再融资问题的国家提供流动性支持，这是一种治标不治本的做法。从全球的角度来看，欧洲的银行问题更值得担心。全球最大的城市银行——法国—比利时合资的德克夏银行（Dexia）的倒闭，引发了全球对欧洲银行业的重大担忧。现在，欧盟要求银行业承担希腊主权债务 50% 的资产减计，银行业的风险明显增大。

欧洲银行业抵御风险的能力原本并不强。欧洲银行监管局在欧洲 21 个国家 90 家大银行进行的压力测试显示，欧洲银行业仍需强化其资本金。压力测试显示，截至 2010 年底，90 家大银行的资本充足率为 8.9%，其中 20 家银行一级核心资本充足率低于 5%，需要在未来两年内补充 268 亿欧元的资本金。

欧洲银行持有大量的南欧国家发行的欧元债券。截至 2011 年 9 月底，希腊、葡萄牙、爱尔兰、意大利和西班牙五国未清偿国债本金规模为 2.72 万亿欧元，本息为 3.7 万亿欧元。根据笔者的计算，欧洲银行业对"欧猪五国"的国债本金风险头寸至少为 5100 亿～5700 亿欧元。而参加压力测试的 90 家欧洲大银行 2010 年底的资本金为 12089 亿欧元。欧洲银行业承担希腊主权债券的 50% 的资产减计，大致要损失 1000 亿欧元。

银行部门持有希腊主权债务进行 50% 的资产减计，加上此前德克夏银行因持有欧债风险敞口而破产，使得欧盟意识到欧债危机正向银行业危机转化，可能会导致系统性的金融危机。在欧债危机救援的"全面方案"中又一重大内容就是欧洲银行业的资本重组计划。德国总理默克尔表示，"我们决心采取一切必要行动，对我们的银行进行资本重组"。

欧盟救援欧洲银行业的核心是进行资本重组。目前主要体现在三个方面：一是欧洲银行业的最低核心资本充足率将大幅提高，欧洲银行监管局已经原则同意要求银行在 2012 年 6 月 30 日将一级核心资本充足率提高到 9%，而不是 2011 年 7 月压力测试时的 5%。这比巴塞尔资本协议Ⅲ的要求提高了 2 个百分点，并提早了 7 年。二是对于持有债务危机国家债券风险敞口的银行，根据需要可以追加额外的资本缓冲，欧洲银行监管局需要综合考虑银行业对各国的风险敞口。三是确保银行在一定时间内能够获得与需求相匹配的融资安排，不排除进行政府担保。

在融资安排上面，欧盟领导人特别强调了银行增资、长期融资以及公共救援的协调性，应该避免 2008 年各成员国各自为政的无序局面。一是必须保证银行业中短期融资，避免出现信贷紧缩的状况，并保证足够的信贷进入实体经济，欧洲中央银行以及成员国中央银行需要提供相应的短期流动性支持。二是渐进有效地提升银行业资本金的水平，使其能够承受风险冲击，比如希腊主权债券的资产减计。欧洲金融稳定基金已经作出了相应的资金安排。三是在欧盟层面建立一个长期融资体系，健全准入、定价和条件性等标准，欧洲银行监管局、欧洲中央银行以及欧洲投资银行等必须联合行动，在适当的情况下为银行的长期融资提供担保等帮助，使得银行业能够获得长期的资金支持。四是针对长期融资安排的政府担保是可行的，可以是国家层面甚至是欧盟层面的支持与担保。

虽然欧盟理事会、欧洲中央银行、欧元区成员国对银行业资本重组仍存在一定的技术性分歧，但是，此前欧盟已经着手进行银行救助及资本重组的准备工作。欧洲中央银行在 10 月 17 日的隔夜资金投放规模高达 2690 亿欧元，为 2010 年 6 月以来之最高水平。同时，欧洲中央银行加大了对发生债务问题的成员国的债券的购买量，特别是意大利的债券，防止收益率过快升高，防范银行出现资产负债表急速恶化，从而保障银行和金融体系的宏观稳定性。

9.4　小结

欧盟是一个超越国家主权的联盟，其基于欧洲中央银行的货币体系已经实现了一体化，运行体系基本平稳，各成员国将货币主权让渡给欧洲中央银行。从目前的形势看，虽然欧洲债务危机给欧盟货币合作带来了一定的冲击，但整体仍然是相对稳定的，为欧洲区域内部的贸易投资往来提供了便利。

在金融监管层面，欧盟金融监管框架此前是基于欧盟层面的三个行业监管委员会，但是，委员会的职能主要是协调和政策建议，并没有直接监管权。值得注意的是，成员国的监管协调相对处在较低层面，特别是监管标准趋同化以及跨境监管的协调相对不力，这无疑弱化了欧盟层面金融监管的有效性和整体性。欧盟认为，这样的监管框架无法规避金融风险跨境传播，无法完成系统性风险的防范及应对。为此，需要对整个欧盟层面的监管体系进行改革，一方面匹配货币合作一体化的制度适宜性，另一方面是从系统性风险的空间演进的维度进行风险的防范和应对。

欧元的诞生对欧洲金融货币体系以及金融监管框架带来了根本性的变革力量。2001年底形成的欧盟证券行业的监管改革方案，即莱姆法路西框架，奠定了欧元流通后欧盟证券行业监管体系的初步框架。莱姆法路西框架随后从证券行业向银行、保险行业扩展，成为欧盟层面的金融监管框架。莱姆法路西体系是由四个层面组成的，分别是最上层的欧盟委员会，以及相关的欧盟理事会和欧洲议会，拥有立法权和框架规则制定权；第二层级是监管规则的细化，监管规范的制定，是承接立法权和执行权的中间环节；第三层级是指导、咨询和顾问环节，作为欧盟原则监管和成员国实际监管的协调环节，拥有建议权，但建议不具有约束性；第四层是成员国的现场监管权。

本轮金融危机之后，欧盟认为莱姆法路西框架在欧盟层面的监管、成员国监管协调以及系统性风险防范等方面存在不足，为此，确立了欧盟金融监管体系改革的框架建议，核心的改革措施主要包括四个方面重大内容：一是成立欧洲系统性风险委员会，建立金融宏观审慎管理机制；二是建立欧洲金融监管系统，即建立银行、证券和保险三个监管局，加强欧盟微观审慎监管及其协调；三是减少金融体系的顺周期效应，建立相应的微观指标；四是强化以银行为主导的金融机构的全面风险管理。最为核心的是，建立欧洲系统性风险委员会以及欧洲金融监管系统。

虽然欧洲新的监管体系区分为宏观和微观审慎两个层面，但是仍然没有打破莱姆法路西框架的四个层级的大体系。只是，在莱姆法路西框架的第一和第二层级强化了金融宏观审慎管理的职能，在第四层级通过强化微观审慎指标来促进成员国监管的趋同性，以提高欧盟监管的整体性和有效性。当然，在新的监管框架中，欧盟层面的监管设有紧急情况条款，在紧急情况下，欧盟层面的欧洲系统性风险委员会和三个监管局，可以直接向成员国发布监管的建议，如有必要可以行使直接监管成员国金融机构的权力。

不过，值得注意的是，在金融危机中，欧盟监管体系并没有根本性的失败，因此，欧盟的监管改革基本没有改变原有的监管框架，是原有框架的升级和职能的强化。美国的金融监管改革，特别是"沃尔克法则"，则是意在改变混业监管模式和分业经营模式的制度错配，而欧盟层面的制度错配问题并没有美国那么明显。为此，金融监管体系改革对欧美金融体系的影响可能是不一样的，美国的监管改革影响更加重大，而欧盟监管的改革更多是在欧盟层面的金融宏观审慎管理的强化。

在欧洲主权债务危机爆发之后，特别是 2011 年以来，希腊等经济体债务违约的风险不断攀升的过程中，欧洲银行业的宏观审慎监管在持续加强，比预期的来得更加迅速而猛烈。欧洲银行监管局已经原则同意要求银行在 2012 年 6 月 30 日将一级核心资本充足率提高到 9%，而不是 2011 年 7 月压力测试时的 5%。这比巴塞尔资本协议Ⅲ的要求提高了 2 个百分点，并提早了 7 年。欧盟针对银行业的宏观审慎监管，在金融危机和债务危机的双重风险下，已经走在了全球的领先水平，这为欧洲银行业稳定和金融安全，奠定了良好的制度基础。

10

金融安全与宏观审慎管理框架：
中国实践

2007～2009 年金融危机爆发于全球金融体系的核心国家，逐步向全球其他经济体广泛蔓延深化，对房地产市场、信贷市场、金融部门乃至实体经济部门都造成严重的冲击，金融危机已经重创了全球金融、贸易和经济体系，也重创了包括中国在内的新兴经济体。

中国在美国金融危机中受到非常严重的负面影响。受美国金融危机的冲击，中国的国际贸易陷入了 30 余年来的最低水平，按季度统计的经济增长遭遇了改革开放以来的最大降幅，实体经济面临了重大的挑战（见图 10-1）。为了及时有效地应对危机，促进就业和经济增长，中国政府果断地出台了 4 万亿经济刺激方案、10 大产业规划和一系列地区发展规划等政策，构成了全球范围内力度最大、广度最广、程度最深的金融危机应对和经济刺激体系。[1]

金融部门方面，中国金融体系受到美国金融危机的直接影响相对有限。第一，中国存在相对有效的资本管制，金融市场没有完全对国外开放，与此同时，中国金融机构对外投资的规模极其有限。第二，中国对美国投资主要集中在高等级债权，比如美国国债和机构债券，次级抵押

---

① 郑联盛：《全球经济衰退的最新走势与中国的应对》，《和平与发展》2010 年第 2 期。

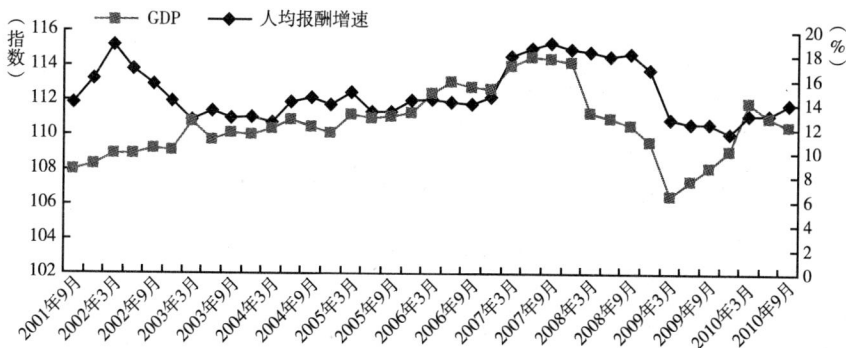

图 10 - 1　金融危机严重冲击中国经济增长和居民收入

资料来源：国家统计局。

贷款支持债券持有量极其有限。据国际投行的估计以及中国国有商业银行的披露，中国银行、中国工商银行和中国建设银行各自投资于次级抵押贷款证券的规模均为数十亿美元，且信用评级都在 AA 级以上，次贷产品价格下跌引发的价值缩水也是十分有限的。第三，中国金融创新相对落后，金融监管相对有效，现行的金融监管体系基本发挥了应有的金融风险防范功能，基本有效地应对了国内金融创新带来的风险，同时还有效地发挥了抵御海外金融风险的职能。

但是，美国金融危机对中国金融部门的间接影响十分显著。其一，中国金融市场陷入了一个重大的价格下跌阶段，其中股票市场下跌幅度巨大，上证综合指数从 6124 点下跌至 1664 点，跌幅近 73%，是中外股票市场历史上最大的跌幅之一（见图 10 - 2）。其二，中国的进出口贸易面临改革开放以来的最艰难时期（见图 10 - 3）。其三，海外产业投资资本对中国的直接投资大幅下跌，2009 年 1 月至 12 月，外商直接投资连续 12 个月负增长，其中 2009 年 1 月外商直接投资同比下跌 32.7%。其四，中国外汇储备资产的价值面临缩水风险，比如 3176 亿美元的房地美和房利美债券至今没有解决安全性问题，而且随着美元的贬值，外汇资产的购买力实际上是在下降的，外汇资产的安全性、流动性和增值性的挑战加大。

对于中国金融部门本身，金融危机对中国的影响是深远的。首先，

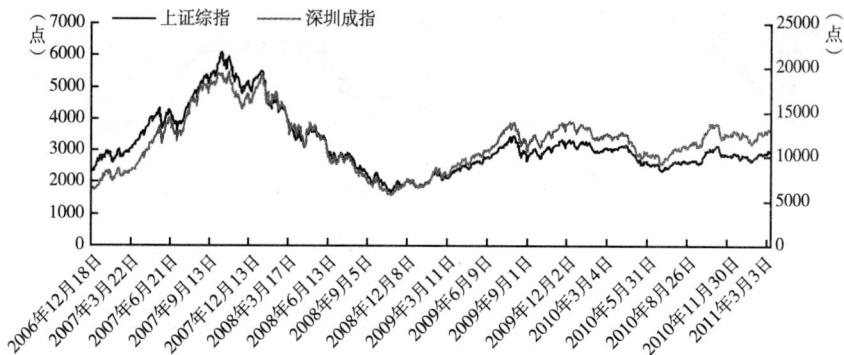

图 10 - 2　金融危机中上证综指和深圳成指暴跌

资料来源：Wind 资讯。

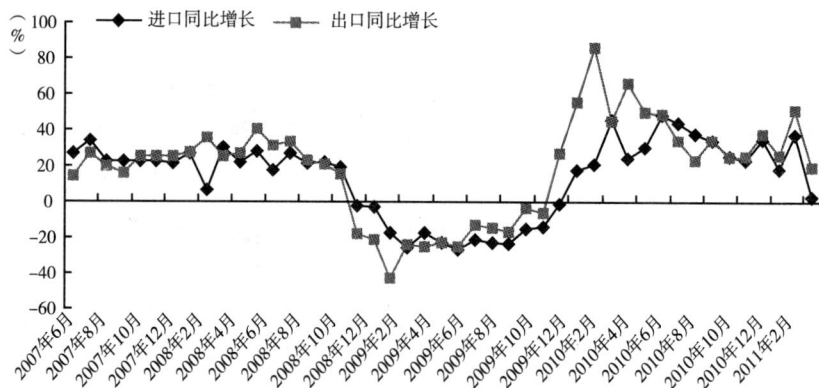

图 10 - 3　对外贸易面临改革开放以来的最大跌幅

资料来源：Wind 资讯。

在房地产市场，中国的房地产市场在 2009 年经过短暂的调整之后，价格不断飙升并屡创新高（见图 10 - 4），收入房价比已经是全球最高之一，中国的住房抵押贷款问题是否会演绎类似美国次贷问题的风险是值得警惕的。其次，在银行部门，中国银行业中的大型和中型银行经过政府的不良资产剥离之后，多家已经实现上市，但是，其风险管理的有效性仍有待长期考验。最后，金融体系整体稳定性问题。虽然在金融危机中，中国金融体系整体保持稳定，但是股票市场的下跌、融资功能的暂停以及巨量信贷的释放（见图 10-5）等，都显示了中国在宏观审慎框架的不健全，政策过于短期化和情绪化，短期的大肆的货币宽松和信贷释放是否导致通货膨胀和资产泡沫，是否会衍生长期的系统金融风险，是中国金融当局没有系统考虑的问题。

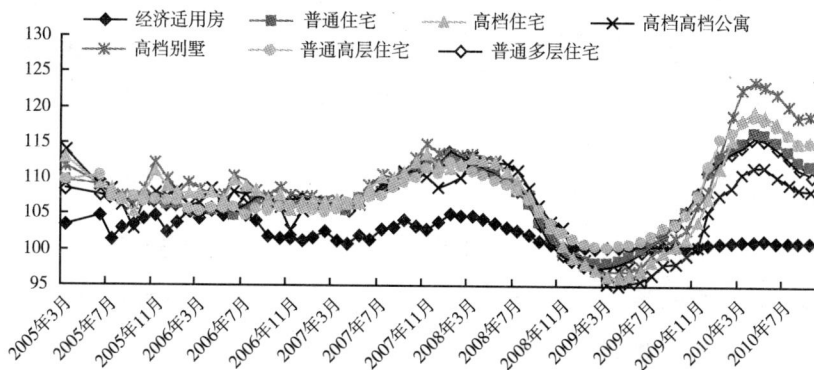

图 10-4　房地产价格指数在金融危机之后急速上涨

资料来源：Wind 资讯。

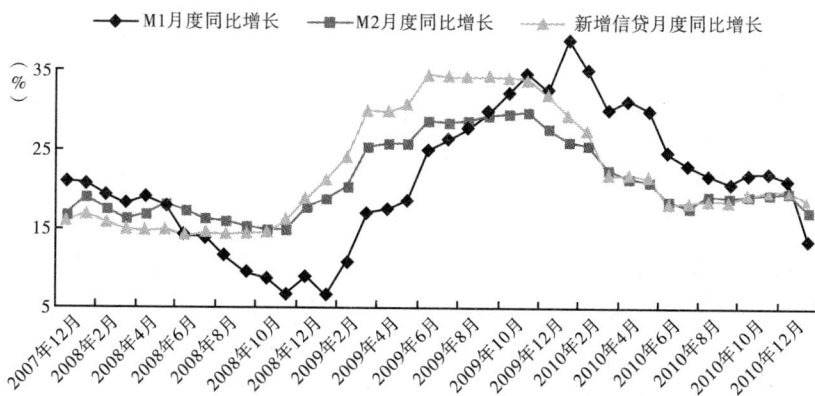

图 10-5　危机后中国货币放松和信贷放松程度十分显著

资料来源：Wind 资讯。

虽然金融危机对中国的直接影响是有限的，但是对中国金融部门和金融体系的整体稳定性的间接和潜在影响是实质性的。大萧条以来最为严重的金融危机爆发于金融制度最为完善、金融市场最为发达的美国。

对中国而言，这不仅是一次警示，更是一次经验教训。为此，金融危机之后，美国和欧洲主导的金融体系改革，特别是金融监管体系改革和宏观审慎管理制度框架对于中国未来金融稳定都具有借鉴意义。

中国金融体系在金融危机中保持了相对的稳定性，主要原因在于中国的资本管制，可以预见，随着全球金融一体化持续深入发展以及中国资本项目开放进程的深化，中国未来金融稳定将面临更大的挑战，金融风险将层出不穷。为此，中国本身也需要防范金融风险，特别是系统性风险，以维系金融体系的稳定和金融中介功能的发挥，并服务于改革开放和经济建设大局。

金融体系改革在中国已经开始萌发。中国政府从本轮金融危机总结经验，认为针对系统性风险的防范和管理是维系金融体系稳定的核心，为此，中国也开始致力于金融体系改革以及金融监管体系的完善，特别是宏观审慎框架的建立已经开始启动。"十二五"规划纲要明确指出要建立金融宏观审慎管理框架，这将是一个涉及范围广泛、影响深远的框架性、制度性改革，也是未来中国金融稳定的制度保障。与此同时，中国人民银行和行业监管部门也致力于金融宏观审慎管理框架的建立以及微观审慎标准的强化。这对于中国金融体系的整体稳定是有力的。

本章在回顾金融危机对中国金融体系的影响的基础上，主要讨论中国金融宏观审慎管理制度框架的建设问题。本章第一部分将介绍中国金融监管体系的现状，第二部分将主要讨论中国金融宏观审慎管理体系改革的进程；在此基础上，将讨论中国金融宏观审慎管理框架改革的重大问题和后续改革，特别是混业经营趋势与分业监管模式的平衡，最后是简单的结论和政策建议。

10.1　中国金融监管体系

相对于欧美上百年的金融产业发展历史，中国的金融体系是非常年轻的。1978 年改革开放之后，中国的金融体系才迎来发展的春天。但是，由于市场经济体系的建立是一个渐进的过程，直到 1993 年中国共

产党十四届三中全会通过《中共中央关于建立社会主义市场经济体制
若干问题的决定》（以下简称《决定》），中国市场经济体系的框架才基
本确立。《决定》在确定市场经济框架的同时，也出台了关于改革金融
体制的若干决定，即建立强有力的中央银行宏观调控体系，组建政策性
银行，将政策性金融与商业性金融分离，这样，基于市场经济规律的现
代金融市场开始逐步建立，中国金融体系才面临一个基于市场体系的发
展机遇，并逐步建立了现代化的金融体系。中国的现代金融监管体系是
随着中国金融体系的发展逐步完善的，其发展历程也是相对短暂的。

10.1.1　中国金融监管体系的发展历程

中国的金融监管体系与中国金融体系改革相协调，发展历程相对较
短。如果以 1978 年作为分水岭，中国金融监管体系的发展大致是 30 余
年。如果以 1983 年国务院决定中国人民银行专司中央银行职能算起，
中国的现代金融监管体系的发展还不到 30 年的时间。不过，在这不到
30 年的历史阶段中，中国金融监管体系已经发生了重大的变化。

如果以更长远的视角出发，并基于监管体系的类别区分，中国金融
监管体系也可以从新中国成立初期开始计算，截至目前，大致可以分为
四个阶段：第一阶段是新中国成立初期至 1978 年；第二阶段是 1978 ~
1998 年；第三阶段是 1998 ~ 2003 年；第四阶段是 2003 年至今。下面将
简要介绍这四个不同历史阶段中国金融监管体系的特征。本小节介绍前
三个阶段。

1. 名义的统一监管时期

新中国成立初期至 1978 年是中国计划经济时代，没有真正意义上
的金融监管，最多只能算是金融管理，是名义上的集中统一监管体系。
在高度集中的计划经济体系下，中国的金融运行主要是依赖于政府的计
划编制，金融体系和金融市场实际上就只有中国人民银行一家，当时中
国人民银行承担信贷业务和所谓的金融监管职能，即集中统一的金融监
管体系。但是，从 1953 年起，中国就建立了集中统一的综合信贷计划
管理体制，实行"统存统贷"，银行信贷管理计划都纳入国家经济计

划，中国人民银行的职能是组织和调节货币流通，统一经营各种信贷业务，但实际上中国人民银行的职能弹性非常小，主要是严格执行中央政府信贷的投放规模、结构和利率计划，主要提供国有企业流动资金、季节性贷款以及设备维修贷款，对其他经济成分提供生产流动资金及生活贷款等。与此同时，信贷投放以及整个金融体系的所有风险都是由政府承担。为此，中国人民银行的职能基本就是"信贷投放机"，其职能远小于现在的中央银行甚至商业银行，而所谓的金融监管职能则是一句空话，集中统一监管体系也是名义上的。

2. 统一监管时期

1978～1998 年是统一监管时期。中国实现改革开放之后，基于农村和农业的经济体制改革向纵深方向发展，并逐步扩展至城市和工业部门，为此，中国经济的发展对现代金融服务的需求不断上升，而且，中国经济体系开始出现市场经济的发展浪潮，亟待建立现代的金融体系和金融宏观调控体系与之匹配。1979 年 1 月，国务院恢复了中国农业银行，以加大对农村经济和改革事业的支持。1979 年 3 月，为了适应对外开放的大局，中国成立了中国银行并作为政府指定的外汇业务银行，设立了国家外汇管理局。其后，重建中国人民保险公司，恢复了国内保险业务，与此同时，市场经济体系应有的金融机构，比如股份制银行、信托投资公司和信用合作社不断组建，中国金融机构多元化和金融业务多样化开始发展起来。

为了适应新形势的发展，特别是加强金融业的统一管理，1983 年 9 月，国务院明确了中国人民银行履行中央银行的职能，明确"中国人民银行是我国的中央银行，是国务院领导下统一管理全国金融的国家机关"，其主要职能是"集中力量研究和实施全国金融的宏观决策，加强信贷总量的控制和金融机构的资金条件，以保持货币稳定"，并建立存款准备金制度和中央银行对专业银行的贷款制度，中国的中央银行制度框架和基于中国人民银行的金融管理体系基本建立。国务院于 1984 年将商业银行职能从中国人民银行剥离，中国人民银行承担的工商信贷以及储蓄业务由新成立的中国工商银行承接。政府认为，随着金融体系的不断发展，应该加强对金融行业的管理，以促进宏观调控的有效性。为此，1986 年 1 月，中央政府颁布了中国第一部金融监管条例——《中华人民共和国银行管理暂行条例》（以下简称《条例》），规定中国人民银行是专司履行中央银行职能的政府部门。与此同时，中国人民银行履行金融监管职能。《条例》规定中国人民银行职责之一是"领导、管理、协调、监督、稽核专业银行和其他金融机构的业务工作"，将中国人民银行的"管理"权进一步扩展至"领导、管理、协调、监督、稽核"，其监管权限不仅是专业银行，还可以是"其他金融机构"，即可以监管中国金融体系中的任何金融机构，以中国人民银行为中心的金融统一监管体系正式建立。从监管体系的区分看，中国这个阶段的监管体系是基于中国人民银行的统一监管模式。

3. 分业监管体系的建立期：1998 ~ 2003 年

证券市场的建立以及中国证券监督管理委员会的成立是中国金融体系和金融监管制度划时代的事件，国务院证券委员会和中国证券监督管理委员会的成立标志着中国金融分业监管体系建设的开启。随着改革开放和市场经济建设的快速推进，经中国人民银行总行批准，1990 年 11 月 26 日上海证券交易所成立，12 月 19 日正式开业。1990 年 12 月 1 日深圳证券交易所开始试营业，次年 7 月 3 日正式成立。中国证券市场建立并开始快速发展。但是，由于中国的股票市场处于初步发展时期，没有相应的监管机制，股票市场的秩序十分混乱，特别是股票发行从定向募集，在企业内部发行改为发行认购证发行股票之后，由于供求极度失衡，经常上演认购证抢购事件，其中最为经典的是深圳 1992 年的"8·10"风波。"8·10"风波之后，中国证券市场的规范工作加速，并于1992 年 10 月 12 日成立了国务院证券委员会以及中国证券监督管理委员会，国务院证券委员会主任由总理担任，13 个部委的负责人担任委员，[①] 其中前者是对证券市场进行统一宏观管理的主管机构，后者是监

---

① 13 个部委先后为中国人民银行、国家经济体制改革委员会、国家计划委员会、财政部、经济贸易委员会、监察部、最高人民法院、最高人民检察院、对外贸易经济合作部、国家工商行政管理总局、国家税务总局、国家国有资产管理局、国家外汇管理局。

管执行机构。但是，证券行业的监管体系是"三位一体"，其中证券经营机构由中国人民银行基于"金融机构监管"执行监管责任，证券交易所是属地化管理，分属上海和深圳管理，而证券业务归属国务院证券委员会，中国证券监督管理委员会为执行机构。

1997 年第一次全国金融工作会议确立了中国分业监管基本框架的政策原则。20 世纪 90 年代初期是中国改革开放逐步深化、市场经济体制逐步建立的阶段，金融体系也在蓬勃发展，但是，金融风险不断累积，甚至出现了重大的金融风险事件，比如挤兑，其中，银行业的风险最大，截至 1996 年 6 月底，中国四大国有银行本币贷款余额为 3.4 万亿元，不良贷款余额竟高达 8400 亿元，不良贷款率高达 24.75%，四大银行在技术上已经破产。在此条件下，中共中央决定召开全国性金融工作会议，"通过深化改革，整顿金融秩序，集中化解主要金融风险，确保国家金融安全"，会议指出，"金融体制还不能适应经济改革和发展新形势的要求，金融法制不健全，金融监管薄弱，金融秩序比较混乱，乱办金融的现象较为严重"，会议强调深化和加快金融改革，进一步整顿和规范金融秩序，切实加强金融法治和金融监管。

在金融工作会议精神的指导下，1998 年中国金融监管体系改革取得了实质性发展。其一，证券行业监管方面，在 1997 年 8 月上海证券交易所和深圳证券交易所的监管权统一划归中国证券监督管理委员会之后，中国人民银行对证券经营机构的监管权划归中国证券监督管理委员会。1998 年 4 月国务院证券委员会和中国证券监督管理委员会合并为新的中国证券监督管理委员会，履行对证券和期货行业的统一监管权。其二，1998 年 11 月 18 日，中国保险监督管理委员会正式成立，保险行业的监管职能从中国人民银行划转至中国保险监督管理委员会。其三，中国人民银行保留对银行业和信托业的监管权，并进行银行业的风险整固，由财政部发行 2700 亿特别国债，补充四大国有银行的资本金，并实行资产负债比例管理，同时将 13939 亿元的银行不良资产剥离给新成立的四大资产管理公司。这样，中国金融监管体系演化为中国人民银行、中国证券监督管理委员会、中国保险监督管理委员会为三大监管主体，分别对应银行业（包括信托）、证券业和保险业的监管，已经基本建立了分业监管的框架。在法律层面，1995 年颁布了《中华人民共和国商业银行法》和《中华人民共和国保险法》，1998 年出台了《中华人民共和国证券法》，三个行业的法律规范基本奠定了分业监管的法律体系。

2003 年中国银行业监督管理委员会的成立是中国分业监管体系建设的最后一环。为了加强对银行业的专业监管，以及强化中国人民银行的中央银行职能，2003 年国务院决定改革，重新确立中国人民银行的职能，并将其银行业等监管职权划转至新的专业机构。2003 年 4 月 26 日全国人民代表大会批准了中国银行业监督管理委员会的成立，中国银行业监督管理委员会履行原来由中国人民银行履行的关于审批、监督管理银行、金融资产管理公司、信托投资公司及其他存款类金融机构的职能。2003 年 12 月 27 日，全国人大通过了《中华人民共和国银行业监督管理法》以及修订后的《中华人民共和国中国人民银行法》、《中华人民共和国商业银行法》。中国人民银行专司中央银行的职能，但是具有金融稳定职能，对宏观风险负责。这样，中国正式建立了以央行为中心、三个监管机构为主体的分业监管体系，即"一行三会"的金融监管模式。

10.1.2　中国金融监管体系的现状

2003 年中国建立了相对完善的以中国人民银行、中国证券监督管理委员会、中国保险监督管理委员会和中国银行业监督管理委员会为主的"一行三会"分业监管体系，随后分业监管体系不断完善。中国金融监管体系进入第四个阶段。

中国人民银行是金融稳定的宏观调控部门，为系统性风险和金融整体稳定负责。截至 2010 年底，中国人民银行职能定位为国务院组成部门，是中华人民共和国的中央银行，是在国务院领导下制定和执行货币政策、维护金融稳定、提供金融服务的宏观调控部门。虽然中国人民银行失去了对金融机构的直接的领导和现场监管权，但是，仍然需要对金融行业的整体风险的预警、防范和应对以及金融体系的宏观稳定负责，有权对金融机构和个人就存款准备金、特种贷款、人民币管理、银行间同业拆借市场、外汇、黄金等进行检查监督。同时，出于执行货币政策和维护金融稳定的需要，还设置相关条款，赋予中国人民银行建议权和直接的检查监督权：一是中国人民银行可以建议中国银行业监督管理委员会对银行业金融机构进行检查监督；二是当银行业金融机构发生支付困难，可能引发金融风险之时，为了维护金融稳定，中国人民银行经国务院批准，可以对银行业金融机构进行检查监督。另外，人民银行职能还包括：确定人民币汇率政策，维护合理的人民币汇率水平，实施外汇管理，持有、管理和经营国家外汇储备和黄金储备，即中国人民银行对外汇政策、外汇市场和外汇储备等负有监管职能，这是防范外部金融风险向国内传染的重要职能。

中国银行业监督管理委员会、中国证券监督管理委员会和中国保险监督管理委员会分别对银行业、证券业和保险业负有基本监管职能。根据中国金融监管的分工，中国证券监督管理委员会负责"统一监督管理全国证券期货市场"。值得注意的是，债券市场的监管具有特殊性，根据相关规定，国债上市归属财政部主管，金融债上市批准权归中国人民银行，而企业债的发行管理工作由国家发展和改革委员会监管，不过中国证券监督管理委员会具有交易活动的监管权。中国保险监督管理委员会负责全国保险市场的统一监督管理。根据职能，中国银行业监督管理委员会主要负责对商业银行（包括国有、股份制、城市商业银行及城市信用合作社）、外资银行、资产管理公司、政策性银行、邮政储蓄银行、信托投资公司、财务公司、租赁公司以及农村信用合作社与农村商业银行等的监管。

但是，中国的金融监管体系并非仅仅是"一行三会"的格局，特定政府部门具有特殊的监管权力。由于中国的国有商业银行、邮政储蓄银行、政策性银行、四大资产管理公司、大型保险公司、大型证券公司等的实际控制人是中央政府，一般是由中国投资有限责任公司（或汇金公司，中投的子公司）或财政部作为代理人行使出资人资格，为此，中国投资有限责任公司和财政部具有股东层面的相关权利。其中，财政部（金融司）负责金融机构国有资产的基础管理工作，负责清产核资、资本金权属界定和登记，以及拟定银行、保险、证券、信托及其他非银行金融机构的资产和财务管理制度并监督其执行，一定意义上，财政部具有对金融机构资产和财务管理的职能，在资产和财务方面具有一定的"统一"监管权。此外，由于国家发展和改革委员会（财政金融司）承担"研究和参与制定财政政策、货币政策及金融保险监管政策"以及"协调银行业、证券业和保险业发展、改革与开放中的相关政策"，为此，在一定意义上，国家发展和改革委员会具有中国金融体系发展和金融监管体系的政策框架的制定和参与权，也是一个相关的监管人。从这个意义出发，中国的金融监管体系是一种"多头参与"的分业监管体系，远比分业监管体系复杂。

最后，中国金融监管体系是一种类似美国的双层监管体系。在机构设置上，中国人民银行总行设在北京，2005 年在上海设立总部，同时在 9 大区设置大区分行，分别是：上海分行、天津分行、沈阳分行、南京分行、济南分行、武汉分行、广州分行、成都分行和西安分行，地区分行对所辖地区的金融稳定负责。在外汇管理体系中，同样在各省、自治区、直辖市、副省级城市设有 34 个分局、2 个外汇管理部。中国保险监督管理委员会在全国各省、直辖市、自治区、计划单列市设有 35个派出机构，各派出机构根据中国保险监督管理委员会的授权履行辖区内保险业的行政管理职能。中国银行业监督管理委员会在 31 个省、直辖市、自治区以及 5 个计划单列市共设 36 个银监局，在 36 个银监局下设银监分局及监管办事处。中国证券监督管理委员会设置 36 个证监局，以及上海和深圳证券监管专员办事处。

10.2 金融安全、监管改革和宏观审慎管理框架

虽然本轮金融危机对中国金融体系特别是金融机构的冲击是相对有限的，但是，中国金融监管当局深知这得益于中国的资本管制和中国金融机构全球业务的局限性，随着中国与世界经济的互动不断深化，中国金融机构的业务和风险将持续地在全球配置。同时，经济建设和金融发

展也需要一个更加宏观审慎的制度框架加以维系，为此，以一个更加宏观和审慎的视角来维系中国金融稳定和金融安全是金融管理当局极其重要的任务。

10.2.1 危机后中国金融监管体系改革概况

中国对金融体系改革和金融监管体系改革的决心已经比较坚定。在金融危机的冲击下，中国实体经济遭受了改革开放以来最为严峻的考验，如果不是 4 万亿经济刺激计划以及 10 大产业发展规划的刺激和带动，中国经济可能仍然徘徊在危机的阴影下。鉴于此，金融风险和金融危机的防范成为中国金融体系的一个重大挑战。在金融危机的反思以及 G20 峰会的集体研讨中，金融机构的非审慎行为、金融体系的顺周期效应以及金融监管的缺陷，特别是对系统性风险的防范机制缺乏，是危机产生和升级的重要原因。G20 伦敦峰会公报指出，金融业本身和金融监管体系的重大失误是金融危机爆发的根源。

参考金融危机的历史教训，在 G20 峰会的推动下，中国金融体系改革正在接近世界主要发达国家的金融改革步伐。中国在 G20 的多边场合中多次表示，探索有效的监管模式，需要加强金融监管，支持国际社会强化金融机构的资本充足率和流动性管理体系，同时也表示将加强国内金融体系改革和相应的金融监管。中国国家主席胡锦涛在金融危机之前就指出，"要全面推进金融改革发展，着力加强现代金融体系和制度建设，创新金融组织体系和发展模式，创新金融产品和服务，创新金融调控和监管方式"；与此同时，"金融越发展，越要加强监管"。[①]"十二五"规划纲要也强调了金融体系改革。

金融宏观审慎管理框架是中国金融体系改革的核心。宏观审慎框架是欧美主要发达经济体金融体系改革的核心要素，也是 G20 峰会应对金融危机以及未来金融体系改革的重大政策建议。根据 G20 领导人峰会的一致意见，金融稳定理事会、巴塞尔银行监管委员会及其他相关的

---

① 胡锦涛在中共中央政治局第四十三次集体学习上的讲话，2007 年 8 月 29 日。

国际标准制定机构正在研究强化宏观审慎政策的制度、政策和工具，建立应对顺周期性效应的相关机制安排，提高对系统重要性金融机构的监管标准，完善金融风险处置和清算安排。根据中国参与 G20 峰会的现实以及国内"十二五"规划纲要，宏观审慎框架将是中国未来金融体系和监管体系改革的重大趋势。

构建逆周期的金融宏观审慎管理制度框架成为"十二五"规划纲要之首要。"十二五"规划纲要指出，未来五年将"构建逆周期的金融宏观审慎管理制度框架。稳步推进利率市场化改革，完善以市场供求为基础的有管理的浮动汇率制度，改进外汇储备经营管理，逐步实现人民币资本项目可兑换。加强金融监管协调，建立健全系统性金融风险防范预警体系和处置机制。参与国际金融准则新一轮修订，提升我国金融业稳健标准。建立存款保险制度。深化政策性银行体制改革。健全国有金融资产管理体制。完善地方政府金融管理体制"。相对于"十一五"规划纲要加快金融体制改革的四个方面（即深化金融企业改革、加快发展直接融资、健全金融调控机制和完善金融监管）而言，"十二五"规划纲要深化金融体制改革的任务中，更加关注宏观审慎管理，金融宏观审慎管理则首次出现在"五年计划"之中。

10.2.2 金融宏观审慎监管框架的改革进展

全球金融危机爆发之后，随着国际社会对宏观审慎框架以及金融宏观审慎管理的关注及改革，中国也积极参与到金融宏观审慎管理的研讨和政策制定之中，比如，G20 关于宏观审慎框架、巴塞尔资本协议Ⅲ等都有中国的积极参与和支持。与此同时，中国自身也开始进行宏观审慎框架以及监管方面的改革。

1. 中国人民银行：金融宏观审慎框架的构建者

中国人民银行是国内宏观审慎框架研究的首倡者。在《2009 年第三季度货币政策执行报告》中，中国人民银行就在专栏"应对国际金融危机，加强宏观审慎管理"中指出，加强宏观审慎管理是当前推动金融监管改革的核心内容。报告对系统性风险的跨机构维度和跨时间维度剖析认为，一方面宏观审慎管理要考虑不同机构之间相互影响导致的系统性风险，通过加强对具有系统重要性金融机构的监管、改进对交易对手的风险计量和控制来维护金融体系的系统稳定性；另一方面，从跨时间维度看，应该防范金融体系的顺周期效应导致的系统性风险。报告还提出了一系列政策工具及建议。我国即将逐步建立起宏观审慎管理的制度并纳入宏观调控政策框架。①

中国人民银行是宏观审慎框架研究和实践的领先者。美国金融危机之后，国际货币基金组织和金融稳定理事会等国际组织先后明确指出，宏观审慎政策框架的执行主体应该是中央银行，为此，包括 G20 在内的很多经济体都将加强中央银行的宏观审慎政策职能作为金融体系和监管体系改革的重心，中央银行在宏观审慎框架中的作用凸显。在国内，中国人民银行在探索建立逆周期的金融宏观审慎管理制度框架的政策研究方面处于前沿位置。在 2009 年底首次提出宏观审慎管理框架之后，中国人民银行在 2010 年 10 月与国际货币基金组织在上海召开了宏观审慎政策的专题研讨会，对宏观审慎框架进行了较为系统的研讨。②

更值得注意的是，中国人民银行行长周小川 2010 年 12 月 15 日在北京大学的演讲中，较为系统地阐述金融政策对金融危机的响应，特别是深入地剖析了宏观审慎政策框架的形成背景、内在经济逻辑以及政策框架的主要内容，大致描绘了宏观审慎政策框架的主要架构和要素。③周小川在演讲中指出，宏观审慎框架实际上是基于一种危机应对的政策逻辑，主要是应对危机传染性、监管标准、集体失误等引发的金融风险。而宏观审慎政策框架是一个动态发展的体系，基于更加有效、体现逆周期性的政策框架，主要目标是维护金融稳定、防范系统性金融风险，主要内容包括资本、流动性、杠杆率、拨备等的微观审慎要求，以

---

① 中国人民银行：《2009 年第三季度货币政策执行报告》，2009 年 11 月 11 日。

② 周小川在中国人民银行与 IMF "宏观审慎框架——东亚的视角"研讨会上的讲话，2010 年 10 月 21 日。

③ 周小川：《金融政策对金融危机的响应——宏观审慎政策框架的形成背景、内在逻辑和主要内容》，周小川 2010 年 12 月 15 日在北京大学的讲演。

及对系统重要性机构加强资本金要求和其他微观审慎要求，还有会计准则改革、评级机构、衍生品交易监管等。

周小川行长在接受《中国金融》杂志采访中指出未来一段时间金融改革的重点：一是健全金融宏观调控体系，建立和完善逆周期的金融宏观审慎管理制度框架；二是稳步推进利率市场化改革；三是进一步完善人民币汇率形成机制；四是建立健全系统性金融风险防范预警体系和处置机制，提升金融业稳健标准；五是继续深化金融机构改革，建立存款保险制度；六是深化外汇管理体制改革，稳步推进人民币资本项目可兑换。在六个方面的任务中，逆周期的金融宏观审慎框架是任务之首。①

中国人民银行已经开始实行一些宏观审慎政策。从中国人民银行的视角看，宏观审慎政策首先是逆周期政策。中国人民银行认为，国内信贷持续扩张动力仍然较强，跨境资本流动蕴含潜在风险，流动性过多、通货膨胀、资产价格泡沫、周期性不良贷款增加等宏观风险将会显著上升，金融业资产质量和抗风险能力面临严峻考验。中国是一个银行主导的金融体系，银行主导的间接融资是中国金融体系资金融通的主要渠道。本轮金融危机之后，信贷的巨量释放是中国应对金融危机的重大举措。但是，由于银行信贷在全社会融资中占比很高，信贷规模的波动与经济周期的变化以及系统性金融风险之间有"很大关系"，因此"建立逆周期信贷调控机制是中国加强宏观审慎政策的工作重点"。②

中国人民银行宏观审慎政策取得的最大进展就是逆周期的货币信贷动态调控机制。中国人民银行认为，应该把货币信贷和流动性管理的总量调节与构建宏观审慎政策框架结合起来，实施差别准备金动态调整措施，丰富和补充政策工具，引导货币信贷适度增长，提升金融机构抗风险能力。③ 具体而言，其一，中国或将以社会融资规模取代以往的货币信贷规模，以作为更加合适的统计监测指标和宏观调控中间目标。2011

---

① 周小川：《建立更加完善的金融宏观审慎政策框架》，《中国金融》2011 年第 1 期。
② 周小川：《建立更加完善的金融宏观审慎政策框架》，《中国金融》2011 年第 1 期。
③ 周小川：《建立更加完善的金融宏观审慎政策框架》，《中国金融》2011 年第 1 期。

年 1 月国务院全体会议明确指出，"保持合理的社会融资规模和节奏，防止年初信贷的非正常投放"。① 该会议第一次明确提及"社会融资规模"，而淡化了"货币信贷"的重要性，为此中国宏观调控可能向综合运用市场化的调控手段转变。其二，根据相关报道，2011 年中国人民银行重新掌控信贷总量控制，实行货币信贷总量调控总负责，中国银行业监督管理委员会主要从金融宏观审慎管理角度给予支持和配合。此前的 2009 年和 2010 年，信贷总量调控由中国银行业监督管理委员会负责。中国人民银行不公布新增信贷目标（可能在内部设定），以提高灵活性。其三，差别存款准备金制度是央行建立逆周期信贷管理的重要工具。2004 年 4 月 25 日中国人民银行开始对金融机构实行差别存款准备金制度，当时主要是为了抑制资本充足率较低且资产质量较差的银行信贷的盲目和过度发放。目前，这个制度可能成为中国人民银行应对逆周期信贷管理的重大工具。2011 年中国人民银行年度工作会议指出，将实施差别准备金动态调整措施，引导货币信贷平稳适度增长。② 根据新华社的报道，仅 2011 年前两个月，中国人民银行已经对 40 多家银行实行了差别存款准备金率的上调。③

中国人民银行构建宏观审慎框架的工作仅仅是一个序幕。周小川行长接受《中国金融》采访中指出，按照国务院统一部署，中国人民银行正在研究加强系统性风险防范、构建逆周期金融宏观审慎管理制度框架的有关工作，重点是建立逆周期信贷调控机制和强化系统重要性金融机构的宏观审慎管理。主要工作包括五个方面。

一是建立金融体系稳健性分析监测和评估制度，强化宏观审慎分析，把握宏观经济走势及其风险变化，建立系统稳健性监测评估指标体系。

二是建立和完善逆周期的货币信贷动态调控机制。把货币信贷和流

---

① 转引自路透社《温家宝：防止年初信贷非正常投放》，2011 年 1 月 19 日。

② 中国人民银行：《有效实施稳健货币政策，支持经济社会又好又快发展》，2011 年 1 月 6 日。

③ 转引自路透社《中国金融监管当局已对银行实施差别存款准备金率》，2011 年 2 月 22 日。

动性管理的总量调节与构建宏观审慎政策框架结合起来，实施差别准备金动态调整措施，丰富和补充政策工具，引导货币信贷适度增长，提升金融机构抗风险能力。研究建立逆周期的动态资本缓冲和前瞻性拨备安排，维护金融体系稳定，提升金融支持经济增长的可持续性。

三是强化系统重要性金融机构、市场和工具的监管制度。建立和完善我国金融控股公司监管规则和制度，督促金融控股公司加强公司治理和风险管理，弥补监管真空和不足。

四是构建多层次的金融体系，完善金融市场价格发现功能，完善有序的风险处置安排，建立存款保险制度。降低金融体系的关联性，防止金融主体"羊群效应"等。

五是加强部门配合，实现宏观审慎管理与微观审慎监管的有效协调和补充，人民银行和金融监管部门根据职责分工实现统筹协调，加强对系统性金融风险的分析和研判，促进货币政策和监管政策措施的协调，强化金融风险化解和处置行动的配合，加强金融稳定信息共享等。[①]

2. 中国银行业监督管理委员会：金融宏观审慎管理实践的领先者

中国银行业监督管理委员会是中国金融监管主体实行金融宏观审慎管理框架的先行者。银行业是中国金融体系的主导产业，截至2010年9月末，中国银行业金融机构境内本外币资产总额为90.6万亿元，同比增长20.4%。[②]中国银行业监督管理委员会的金融宏观审慎管理框架的建立是在参与国际金融合作中开启的，其中最为主要的是巴塞尔资本协议Ⅲ。

2010年9月12日的中央银行行长和监管当局负责人会议就资本充足率监管标准和过渡期安排达成了共识，核心内容包括三个方面：一是明确了三个最低资本充足率要求，分别是普通股（含留存收益）最低要求为4.5%，一级资本最低要求为6%，总资本最低要求为8%。二是明确了两个超额资本要求。一个是资本留存超额资本要求，水平为

---

① 周小川：《建立更加完善的金融宏观审慎政策框架》，《中国金融》2011年第1期。
② 中国银行业监督管理委员会：《我国银行业金融机构资产突破90万亿元》，2010年10月29日。

2.5%，设立资本留存超额资本要求是为了确保银行拥有充足的资本用于吸收经济压力时期的损失，并规定银行必须用普通股来满足资本留存超额资本要求；另一个是反周期超额资本要求，水平为 0% ~ 2.5%，只有当出现系统性贷款高速增长的情况下，商业银行才需计提反周期超额资本，大多数时期反周期超额资本为 0。三是明确了过渡期安排。为防止过快实施更高的资本标准影响全球经济的复苏，巴塞尔委员会将新资本协议的实践期限延至 2019 年，自 2019 年开始，正常条件下商业银行的普通股（含留存收益）充足率、一级资本充足率和总资本充足率最低应分别达到 7%、8.5% 和 10.5%。

中国银行业监督管理委员会指出，未来一段时间中国银行业监督管理委员会将以坚持原有的资本监管框架为基础，借鉴银行业国际资本监管改革的新成果，调整和完善国内银行资本监管制度，其中包括数量标准、质量标准、时间表、监管手段等重要内容，以进一步提升资本监管有效性，维护中国银行体系的系统稳定性。[1]

2010 年中国银行业监督管理委员会就致力于银行业金融宏观审慎管理框架的建设。在巴塞尔资本协议 III 取得重大进展之余，中国银行业监督管理委员会指出，需要结合中国的实际情况，推进中国银行业机构的监管制度改革，"着力做好资本充足率、动态拨备率、杠杆率和流动性比率四项监管工具的发展建设工作"。[2] 中国银行业监督管理委员会在 2011 年年会上指出，2011 年要全面落实国际金融监管改革成果，维护银行业稳健运行、防范系统性金融风险，特别是"着力布控防范系统性和区域性风险"。[3]

中国银行业监督管理委员会制订了相对完善的金融宏观审慎管理框架和微观审慎监管指标。中国银行业监督管理委员会在其 2009 年年报

---

① 中国银行业监督管理委员会：《中国银行业监督管理委员会有关负责人介绍国际银行资本监管制度改革有关情况》，2010 年 9 月 17 日。

② 中国银行业监督管理委员会：《大力推进改革创新，扎实完善体制机制》，2010 年 10 月 28 日。

③ 中国银行业监督管理委员会：《中国银行业监督管理委员会 2011 年工作会议》，2011 年 1 月 17 日。

中大致规划了银行业金融宏观审慎管理体系的架构以及相应的微观审慎指标。大致而言，中国银行业监督管理委员会在系统性风险的预警、金融宏观审慎管理政策的完善、系统重要性机构的监管、防范金融风险跨境跨行业传染以及信贷政策等方面都取得了积极进展（见图 10 - 6）。①

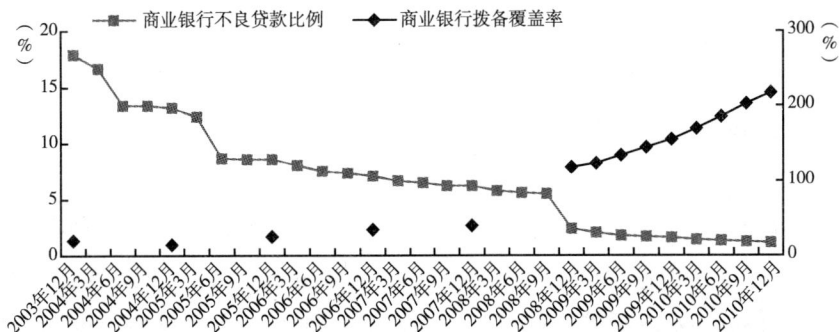

图 10 - 6 中国商业银行不良贷款比例持续下降，拨备覆盖率持续上升

资料来源：Wind 资讯。

对于金融体系单一机构风险方面，中国银行业监督管理委员会的政策主要有六个方面：一是拟增加相机抉择的逆周期资本缓冲机制，在满足 8% 的最低资本充足率的基础上，要求银行增加逆周期的缓冲资本，其中中小银行总体资本充足率应该达到 10%，具有系统重要性的大型商业银行则要求达到 11%；二是实施动态风险拨备，根据各类信贷资产实际损失率测算动态调整贷款损失拨备，将监管指标逐步从 100% 提高到 130% 直至 150%；三是拟实行杠杆率监管制度，要求银行表内以及表外主要资产不得超过所有者权益的一定倍数；四是完善流动性监管体系，2009 年 9 月中国银行业监督管理委员会已经发布《商业银行流动性风险管理指引》；五是贷款价值比率的动态调整机制，特别注意房地产信贷风险；六是严格控制集中度风险，要求银行业金融机构坚守大额风险集中度单一客户和集团客户 15% 的授信上限，任何机构不得逾越。2011 年 11

① 李文泓：《银行业金融宏观审慎管理：思路和政策框架》，《中国金融》2010 年第 13 期。

月，银监会强调要全面加强系统重要性银行的监管，积极参与国际金融监管组织关于系统重要性银行监管规则、监管标准和监管要求的制定，大力推进国际金融监管合作，确保银行业和金融体系的稳定与安全。

在系统性风险的预警、提示和防范方面，中国银行业监督管理委员会主要考虑四个举措：一是重点监管系统重要性机构，对大型商业银行和农村信用社进行重点的"两头"监管；二是加强窗口指导和风险警示；三是加快风险早期预警体系的完善，运用统计分析对风险进行甄别和警示；四是开展压力测试，特别是防范房地产等过热行业和高风险领域的压力测试，并根据压力测试的结果制定相应的应急方案及政策计划。

在跨市场的风险管理方面，中国银行业监督管理委员会主要考虑三个政策应对。一是建立金融体系跨市场风险隔离制度，加强信贷管理，禁止商业银行为企业债发行担保，提高非自住商品房的风险定价，强化信贷市场与资本市场、债券市场和房地产市场的风险隔离。二是加强对商业银行综合经营的监管，明确退出机制，推进综合并表管理以及审慎开展综合性业务。三是强化对跨境金融风险的监测和防范。[①]

总体而言，资本充足率、动态拨备率、杠杆率和流动性比率四项监管工具将成为中国银行业监督管理委员会未来金融宏观审慎管理框架的主要微观审慎指标。根据相关媒体报道，四大审慎监管指标的指导性文件已经在 2011 年 2 月获得国务院批复，预计杠杆率和流动性指引将率先发布；拨备率指标将提高至 2.5%，同时给予大型银行 2 年的过渡期，中小银行 5 年的过渡期；资本充足率则基本按照动态机制来实施，视银行机构的风险管控能力而定。[②] 不过，中国商业银行资本充足率水平已经较高，截至 2010 年末，中国商业银行资本充足率加权平均为12.2%，比 2009 年底提高了 0.8 个百分点，核心资本充足率加权平均为 10.1%，上升了 0.9 个百分点。截至 2010 年末，281 家商业银行的

---

① 中国银行业监督管理委员会：《2009 年年报》，http：//zhuanti. cbrc. gov. cn/subject/subject/nianbao2009/3. pdf。

② 张朝晖：《中国银行业监督管理委员会将实施新的审慎监管框架》，2011 年 2 月 22 日《中国证券报》。

资本充足率水平全部超过 8%（见图 10 - 7）。[①] 中国商业银行流动性比率也处于稳健水平（见图 10 - 8）。

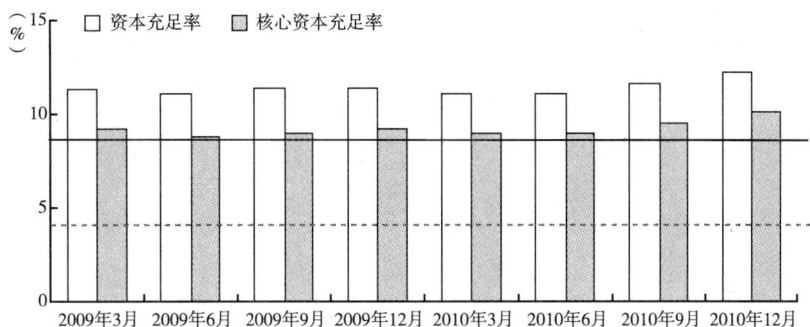

图 10 - 7 中国商业银行资本充足率持续高于监管标准

资料来源：Wind 资讯。

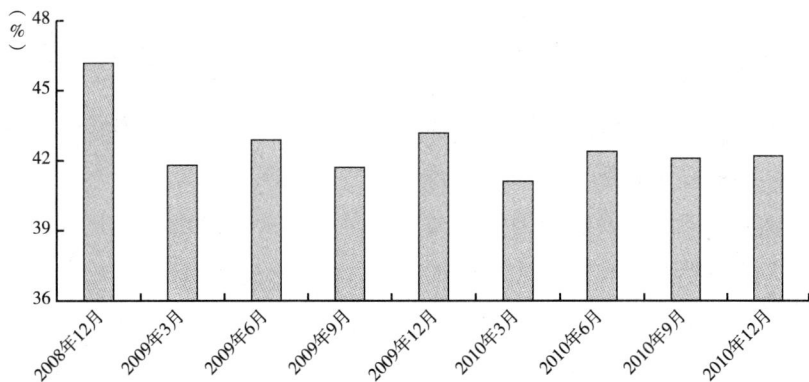

图 10 - 8 中国商业银行流动性比率处在稳健水平

资料来源：Wind 资讯。

3. 中国证券监督管理委员会的金融宏观审慎管理改革

在债券市场的监管方面，金融宏观审慎管理框架取得了一定的进展。中国证券监督管理委员会首先将健全债券市场发行、结算、信用评级等基础设施的监管，通过强化监管体制，稳步建立集中监管、统一互

---

① 中国银行业监督管理委员会：《我国商业银行资本充足率稳步提升》，2011 年 2 月 18 日。

联的债券市场。中国证券监督管理委员会将强化系统性风险的监测、甄别和预警，深入探索金融宏观审慎管理和微观审慎监管的互动和结合，促进资本市场和金融体系的宏观整体稳定性。在微观监管方面，中国证券监督管理委员会主要采取的措施：一是加强和改进市场监管，维护市场的安全及有序、有效运行；二是继续加强对内幕交易、操纵市场等违法违规市场行为的高压监管，保护消费者的利益，维护市场的秩序及稳定；三是加强信息披露、合规管理、分类监管等监管措施，加速诚信数据库和诚信监管机制的完善和更新。

4. 中国保险监督管理委员会的金融宏观审慎管理改革

在保险市场的金融宏观审慎管理上，中国保险监督管理委员会也作出了一定的安排。在2010年全国保险监管工作会议上，中国保险监督管理委员会指出，中国保险行业已经取得长足的发展，保险机构超过100家，保险行业总资产超过4万亿元，中国保险监督管理委员会的主要工作将"由市场建设向市场监管转变"。国际金融危机带来的倒逼机制促进中国保险监督管理委员会走向"角色转换"，即要从此前的微观审慎监管向金融宏观审慎管理转移，以匹配保险业发展的现状以及国内国际金融形势的需要。中国保险监督管理委员会还提出了强化偿付能力监管、行业压力测试、防范顺周期效应，并在分类监管的基础上，按照机构监管和功能监管相结合的原则，完善监管体系。[1] 同时，中国保险监督管理委员会将对国际监管规则、金融宏观审慎管理、逆周期监管等进行深入研究和实践。[2]

中国保险监督管理委员会的金融宏观审慎管理框架实际上是基于一种全面风险管理、兼顾宏观审慎和微观审慎的监管体系，[3] 主要包括：强化逆周期监管，加强对金融集团的监管，加强对"大而不倒"保险

---

[1] 中国保险监督管理委员会：《2010年保险业情况通报会》，2010年4月12日。

[2] 吴定富在中国保险监督管理委员会国际金融监管改革最新进展及启示党委中心组学习报告会上的讲话，2011年3月2日。

[3] 陈文辉：《风险管理要兼顾金融宏观审慎管理和微观审慎监管》，陈文辉在中国保险监督管理委员会、中国保险协会全面风险管理研讨暨培训会议上的讲话，2011年1月14日。

机构的更严格监管，强化不同监管主体的信息共享，在提升偿付能力标准方面，加强实施金融宏观审慎管理；以资本金和偿付能力监管为中心，修改最低资本金要求，建立风险资本制度，完善分类监管和资本补充基金；强化信息披露以及市场的自我约束；推进全面风险管理，完善风险资本监管制度。

10.3　问题与建议

从改革开放开始，中国金融体系和金融监管体系都得到了长足的发展，金融行业已经成为国民经济中的重要行业之一。金融业在改革、开放、创新中不断发展壮大，金融机构和从业人员数量大幅增加，金融规模明显扩大，各种不同性质的银行机构遍布全国，承担着吸收存款、发放贷款的职能。保险机构从小到大、证券机构从无到有呈现出快速发展势头，基本形成了银行、证券、保险等功能比较齐全的金融机构体系。更重要的是，金融业的快速稳健发展极大地提高了经济增长和社会发展的效率。金融体系在优化资源配置、支持经济改革、促进经济平稳快速发展和维护社会稳定方面发挥了重要作用，有力地促进了经济增长、就业和社会发展。1979～2007 年，我国不变价 GDP 年均增长 9.8％，其中金融业对经济增长的贡献率为 5.4％。[①]

相应的，在金融体系蓬勃发展的过程中，金融监管体系方面也已经建立起了以中国人民银行、中国银行业监督管理委员会、中国证券监督管理委员会、中国保险监督管理委员会为主导监管主体，分工明晰，职权明细和监管有效的分业监管框架。在本轮金融危机的冲击下，中国金融体系虽然受到了一定的冲击，特别是股票市场成为全球股票市场跌幅最大的市场之一，但中国金融体系整体保持相对稳定，没有形成大量的问题资产，没有出现大量金融机构破产，资金融通功能基本稳定。可以说，在全球金融危机的冲击下，中国的金融体系整体保持稳定的态势，

---

① 中国政府网：《改革开放 30 年中国经济社会发展成就回顾》，2008。

这说明中国现行的金融监管体系是合理有效的。

但是，深入分析中国受本轮危机冲击相对较小的原因，除了金融监管有效性之外，中国的资本管制和金融市场开放相对有限也是维系金融稳定的重大有利因素。可以想象，如果中国资本项目开放，机构投资者和个人投资者的海外资产将面临极大的贬值甚至违约风险，中国金融机构持有的美国次级债可能就不是数十亿美元的规模，而可能是上百亿美元甚至上千亿美元。为此，中国金融监管有效性是在资本管制和金融市场开放相对有限的环境下取得的，即中国金融之花没有遭受金融危机之冷，是因为生活在"温室"之中。结合全球金融的发展和金融监管体系的演进，以及中国自身在金融监管体系的建设，特别是金融宏观审慎管理改革的进展，中国金融监管体系存在几个重大的问题。这些问题也是中国未来金融监管体系，特别是金融宏观审慎管理框架完善的主要方向。[①]

10.3.1 系统性风险应对机制

从目前看，中国金融监管体系的最大问题之一是仍然缺乏系统性风险的应对机制。在法理上，中国人民银行承担"防范和化解系统性金融风险，维护国家金融稳定"的职能，即对系统性金融风险和国家宏观金融稳定负责，但是，中国并没有建立起相应的系统性金融风险应对机制。

一是缺乏对系统性风险负责的权威实体。由于中国人民银行职能的核心是货币政策，而对金融体系整体的监管权实际上是不足的，比如中国人民银行只有在特殊情况下经国务院批准才具有直接的银行监管权，而对于证券、保险等行业的机构的直接监管权缺乏法理依据，即中国人民银行的系统性风险防范和化解职能远超其所拥有的真实权力和权威。

二是从系统性风险的产生和累积看，主要是顺周期效应和风险跨空间的传染（主要涉及系统重要性金融机构的监管）。中国人民银行从法

---

① 饶波、郑联盛：《美国金融监管体系改革的启示与借鉴》，《上海金融》2009年第12期。

理上具有货币政策的制定和执行权，为此可以相对有效地应对顺周期效应，比如通过调解存款准备金、利息以及调整公开市场操作的规模，来减弱经济周期的波动。但是，对于风险在空间分布和传染方面的应对，中国人民银行基本无能为力，因为中国人民银行不具有大型金融机构的直接监管权，比如中信集团、招商局集团、光大集团、平安保险等金融集团以及四大国有银行等都不属于中国人民银行的直接监管范畴。

三是缺乏系统性风险的衡量、分析、预警和控制体系。截至2010年底，中国仍然没有建立相应的系统性风险的监测体系，比如资产价格、信贷规模与GDP比重、整体流动性指标等等。

为此，未来中国金融宏观审慎管理框架改革的首要任务就是建立健全应对系统性风险的金融宏观审慎管理制度框架。第一，需要夯实金融宏观审慎管理的实体，比如参照美国做法，扩大中国人民银行的监管职权，特别是大型复杂金融机构的直接监管权。如果不能扩大中国人民银行的监管权，那只能建立一个新的"超级"或统一监管机构，比如英国的金融服务管理局（FSA），实行统一监管。第二，建立健全系统性风险的指标体系和监测预警机制，将主要的经济和金融体系运行的总量指标纳入监测体系。

10.3.2　监管协调机制

中国金融监管体系缺乏较为有效的监管协调机制。在中国分业监管体系中，在中央层级主要由中国人民银行、中国银行业监督管理委员会、中国证券监督管理委员会、中国保险监督管理委员会组成，同时国家发展和改革委员会、财政部等国家部委也是监管体系的重要组成部分。但是，监管部门之间的协调机制相对而言是不充分的。

在法理层面，中共中央《关于完善社会主义市场经济体制若干问题的决定》提出：建立健全银行、证券、保险监管机构之间以及同中央银行、财政部门的协调机制，提高金融监管水平；《中华人民共和国中国人民银行法》也规定，"国务院建立金融监督管理协调机制，具体办法由国务院规定"；但是，国务院至今没有建立机制化的金融监管协调机制；《中华人民共和国中国人民银行法》和《中华人民共和国银行业监督管理法》要求中国人民银行、中国银行业监督管理委员会应该与其他金融监督管理机构建立监管信息共享机制。2003 年，中国人民银行、中国证券监督管理委员会和中国保险监督管理委员会建立了三方监管联席会议制度。2003 年，中国银行业监督管理委员会、中国证券监督管理委员会和中国保险监督管理委员会出台金融监管分工合作的三方备忘录，建立了定期和不定期的联席会议制度。

但是，三个行业监管主体的三方监管协调机制存在不少问题：其一，备忘录涉及的三个监管主体没有隶属关系，监管协调基本是信息互通和监管体会交流，难以形成有效的监管决议；其二，中国人民银行没有参加备忘录中的联席会议，缺乏货币政策与监管实践的有效协调，缺乏宏观审慎与微观审慎的协调；其三，联席会议没有国家发展和改革委员会以及财政部等部门参加，难以与其他宏观管理政策相互协调。

从协调机制的完善出发，中国应该建立包括所有监管实体的有效协调机制。大致可以有两种办法：其一，建立一个中国金融风险管理委员会，委员会的主任由国务院总理或者副总理担任，委员由主要监管机构负责人组成，也包括国家发展和改革委员会、财政部、国家统计局等其他部门人员。其二，建立一个中国金融监管协调委员会，由中国人民银行负责召集，当然中国人民银行应该被国务院赋予相应的超级监管权力，不然从行政体系上是行不通的。

10.3.3　制度错配

中国目前的金融监管体系存在较为明显的制度错配，即金融经营模式和金融监管体系的不匹配性。

在中国金融体系发展过程中，分业经营模式的边界可能已经开始模糊，特别是随着大型金融控股集团的出现，中国金融监管体系分业监管模式面临的挑战不断加大。金融控股公司的业务多元化，相应就会出现交叉风险，目前中国的监管体系尚未建立相应的监管政策框架，而类似中信集团、招商局集团、光大集团、平安保险（集团）等大型控股公司，都算是系统重要性机构，可能引发严重的系统性风险；而且随着业务的扩展，建设银行、工商银行和中国银行等都向金融控股公司方向发展。

更值得注意的是，注册资本金为2000亿美元的中国投资有限责任公司的监管主体尚未明确。从该公司的章程摘要可以看出，中国投资有限责任公司的"有效监管"原则建立在内部控制和风险管理的基础之上。中国投资有限责任公司子公司——中央汇金公司同样存在类似的问题。不管是中国投资有限责任公司还是中央汇金公司都是根据《公司法》建立的，理应受到金融监管当局的监管。中国是一个大型金融机构占主导的、中小型金融机构发展相对不足的金融体系，一旦大型金融机构出现风险，由于无法立即获得替代性，将可能极大地恶化金融体系的资金融通功能。

一定意义上，由于中国大型金融控股公司以及中国投资有限责任公司、中央汇金公司等特殊公司的出现，模糊了分业经营和混业经营的区分，这些机构出现了混业经营的趋势，将较大地冲击分业监管的有效性，甚至使得分业监管模式存在系统性失败的可能。这也是美国金融危机爆发和升级的制度性根源之一，是奥巴马总统强力推行"沃尔克法则"的关键所在。

鉴于此，中国需要建立健全金融控股公司的监管机制，以防范系统重要性金融机构可能引发的系统性风险。具体的改革措施：一是赋予中国人民银行或其他监管实体直接监管金融控股公司的权力，包括对中国投资有限责任公司、中央汇金公司、中国国新控股有限责任公司等的监管；二是建立起金融控股公司的风险防范体系，严格限制金融控股公司的杠杆率、流动性和资本充足率等指标；三是出台与"沃尔克法则"相类似的政策，限制金融控股公司的自营交易，建立更加严格的防火墙制度，在有必要的情况下，可以拆分大型复杂的金融控股公司。

10.3.4　监管漏洞

中国现行的金融监管体系存在一定的监管漏洞。其一，是金融发展和金融创新中的风险管控问题。随着金融行业的快速发展，金融业务多元化，金融机构多样化，相应的风险不断产生和累积，对金融体系的稳定都是较为明显的挑战，比如证券行业中的私募基金、非银机构中的担保公司、典当行等，还有地下钱庄等非法、非正式"金融机构"。其二，是交叉业务的监管。这也是随金融创新而来的监管问题，比如，对于保险业务机构、证券业务机构在银行经营场所销售保险产品引发的消费者利益保护问题，目前的监管体系都没有明确的风险应对措施。其三，是地方金融机构的监管。地方的金融机构的现场监管权大部分是由三大监管机构的派出机构来执行的，而由于各地监管机构的监管有效性存在差异，部分地方金融机构的风险可能没有被充分识别。中国也出现了金融机构通过变更注册地来规避监管的现象。

针对金融监管漏洞，金融监管主体应该完善监管制度，提高监管工具的针对性，扩大金融监管的范围，强化微观审慎的指标，将审慎监管覆盖至金融体系中的所有机构、产品和市场，以防范金融监管死角的出现，进而扩大监管覆盖面，提高监管有效性，稳定金融体系，保障金融安全。

10.3.5　金融基础设施

目前，金融基础设施的安全性是金融监管当局没有足够重视的监管领域，但是，金融基础设施体系的风险可能引发金融瘫痪，存在极大的系统性风险。

现代金融体系的发展都是基于信息技术的发展，绝大部分金融业务以及风险管控手段，也都是利用现代信息技术进行的，比如交易系统、支付清算体系和保证金系统等。实际上，现代金融基础设施已经重要到我们已经将其看做一个自然的产物，而几乎忽视它们的存在。

金融基础设施的安全性及其相应的监管仍然没有得到应有的重视。

比如，大额支付系统实现了与货币市场、债券市场和外汇市场的有机连接，这就带来了金融机构的流动性风险问题；新兴的网上支付、移动支付等电子支付方式对支付体系安全性的影响；跨境金融活动带来的支付结算体系的风险；支付体系的灾难备份系统建设等。再比如上海证券交易所、深圳证券交易所、中国外汇交易中心、银行间同业拆借市场、几个商品交易所等重要交易市场的监管也需要加强。随着金融体系的膨胀和交易规模的剧增，交易、支付和清算体系的风险可能引发灾难性的冲击。

10.3.6 外部金融风险

中国现有金融监管框架，还需要进一步完善外部金融风险传染应对机制。随着金融全球化的深入发展，金融业务在全球开展，风险也在全球分布。美国金融危机之所以演化成为全球性金融危机，主要的根源就在于风险的全球配置，特别是基于证券化的金融产品在全球销售，为此，金融风险具有在全球传染的微观机制。另一方面，随着中国改革开放的推进，特别是"走出去"战略的实施，中国金融机构的海外业务也将大幅扩张。但是，中资金融机构对海外业务的了解仍然是相对有限的，很可能蕴藏着极大的金融风险。比如2004年中航油（新加坡）事件，由于风险管理和监管缺位，中航油（新加坡）从事石油期权巨亏5.5亿美元。虽然中航油不是金融机构，但是其所从事的金融衍生品交易失败的警示却是金融机构应该引以为戒的。再比如，大型金融机构——中国投资有限责任公司在没有正式成立之前就斥资30亿美元，投资美国私募股权基金——黑石基金（现称为百仕通），截至2011年2月底，该笔投资仍保有巨额的浮亏。不管是从金融监管的历史和实践，还是从公司自身的风险管理出发，这笔投资都是非审慎行为。

为了更好地应对外部金融风险，从金融宏观审慎管理的角度出发，中国近期需要在以下几个方面着手：一是继续保持对短期流动资本的有效监控，防止国际游资大规模进出中国资本市场和资产市场，冲击金融市场的有序运行，以保障金融体系的平稳。二是积极参与国际金融监管合作，参与微观审慎监管体系的原则、指标和指引的研讨和制定，参与国际金融监管标准趋同化建设。三是积极倡议国际金融体系进行实质性改革，特别是改革以美元为中心的后布雷顿森林体系，降低对美元的依赖程度，完善全球金融安全网建设。四是积极参与区域金融货币合作，建立健全区域金融稳定机制和金融风险防范机制，比如深化清迈倡议多边化和东亚储备库等东亚金融合作机制。五是在深化"走出去"战略的同时，需要审慎评估金融风险，以防范金融机构遭受巨额损失，防范外部金融风险传染至国内金融体系。

11

结论与展望

大萧条以来全球最为严重的金融经济危机的爆发，使得系统性风险及其应对机制成为国际社会的重大关注，宏观审慎管理框架的建立和完善成为美欧等全球重要经济体和国际金融组织的重大政策议题。随着美欧金融改革的持续进行和国际金融组织政策研究的深化，金融宏观审慎管理制度已经具备了初步的框架，将在未来主要经济体的金融改革、金融监管和金融稳定与金融安全中发挥重大的作用。金融宏观审慎管理制度框架的研究也将不断深化，成为金融稳定和金融安全制度性改革的重中之重。

11.1　主要结论

金融宏观审慎管理框架是以防范系统性风险为根本目标，将金融体系作为一个统一的整体，既防范金融行业内外关联可能导致的风险传染，又关注金融体系在跨经济周期中的风险累积，以求有效管理整个金融体系的风险，维系金融体系的安全性和稳定性。

系统性风险的根源、触发因素和演进机制是金融宏观审慎管理制度的理论基础。系统性风险一般可以分为两类：第一类是以大萧条为代表的"集体失败",即大部分金融机构遭遇类似的系统性冲击;第二类是以次贷危机引发的全球金融危机为代表,主要是系统重要性市场、机构的失败引发了金融体系的整体性危机。系统性风险的根源在于时间维度和空间维度。系统性风险爆发和蔓延的触发因素大致可以归纳为五个方面:公共政策的预期外冲击、信息不对称、集体失误、系统重要性机构破产以及制度不适应性等。系统性危机的演进一般分为孕育、触发、爆发和深化等四个阶段。

系统性风险应对机制是金融宏观审慎管理框架建设的关键。在金融宏观审慎管理框架中,最为重要的就是系统性风险应对和金融宏观审慎管理的主体,即由哪些机构负责对金融体系的宏观审慎和微观审慎监管。宏观审慎监管的架构安排需要与不同经济体的金融监管体系整体安排相互适应。分业监管模式、统一监管模式以及双峰监管模式对应的宏观审慎监管的架构是存在差异的。金融宏观审慎政策工具大致可以分为三种类型:一是总量指标,二是逆周期的宏观审慎指标,三是针对单一金融机构的微观审慎监管指标。

顺周期效应的应对是金融宏观审慎管理制度框架的第一个任务。顺周期效应可以通过信贷渠道、资产负债表渠道和制度性途径等产生,可能产生风险的累积和爆发,并对金融体系和经济周期产生负反馈。顺周期效应及其对金融、经济体系稳定性的冲击的防范,需要从微观和宏观审慎层面应对,而且两个层面的政策应该相辅相成。监管当局需要结合微观审慎和宏观审慎两个维度,建立健全应对金融体系顺周期效应及相关金融风险的监管机制。

应对"大而不倒"效应或系统重要性问题是金融宏观审慎管理框架的第二大任务。这是本轮金融危机最为突出的问题。衡量系统重要性机构的主要指标有三个:一是规模;二是可替代性;三是内在关联性。系统重要性机构通过顺周期效应、负的外部性以及逆向选择(道德风险)产生或传染系统性风险。具体到微观审慎指标上,主要有资本金、流动性、保证金等微观审慎指标,系统重要性机构需要实行更加严格的监管标准。从金融宏观审慎管理看,应该建立金融风险特别是系统性风险的预警指标机制、情景模拟体系、压力测试系统以及市场变化的敏感性指标等，建立应对重大风险和危机的特别处置机制等。

影子银行体系的系统性风险防范是金融宏观审慎管理框架的第三大任务。为了应对影子银行体系所引致的系统性风险，强化金融宏观审慎管理是必要的举措。金融宏观审慎管理一是解决影子银行体系对金融经营模式及其监管体系的制度性背离，将影子银行纳入监管制度；二是将影子银行体系中的机构、业务、产品、交易和清算等悉数纳入监管体系，填补监管漏洞；三是针对影子银行进行分门别类的区分，对其潜在的风险进行甄别，特别注重系统性风险；四是对影子银行的监管是一个动态的过程。

美国金融宏观审慎管理框架的改革最为核心的成果有四个方面：其一，金融稳定监察委员会成立，由财政部部长担任主席，成员包括联邦层级监管主体的主要负责人。这个机构不仅对系统性风险具有监察、警示和建议权，更有处置权，甚至可以根据风险因素和金融稳定需要拆分大型复杂金融机构。其二，美联储成为超级监管人，新体系赋予美联储大型复杂金融机构的现场监管权以及金融稳定监察委员会的代理权，美联储可以就金融机构的风险提出更加严格的微观审慎监管要求，可以在金融稳定监察委员会的授权下拆分大型金融机构。其三，"沃尔克法则"，即对银行的传统商业银行业务和自营业务的限制性规定。其四，是填补监管漏洞，最为主要的是成立联邦层级的保险业监管主体以及将影子银行体系纳入监管框架。

欧盟金融监管体系改革主要包括四个方面的重大内容：一是成立欧洲系统性风险委员会，建立金融宏观审慎管理机制；二是建立欧洲金融监管系统，即建立银行、证券和保险三个监管局，加强欧盟微观审慎监管及其协调；三是减少金融体系的顺周期效应，建立相应的微观指标；四是强化银行主导的金融机构的全面风险管理。最为核心的是，建立欧洲系统性风险委员会以及欧洲金融监管系统。

根据"十二五"规划纲要，宏观审慎管理框架将是中国未来金融体系和监管体系改革的重大趋势，也是未来金融稳定和金融安全的基础保障。金融宏观审慎管理框架是中国金融体系改革的核心之一，构建逆周期的金融宏观审慎管理制度框架成为"十二五"规划纲要之首要。加强系统性风险防范、构建逆周期金融宏观审慎管理制度框架，重点是建立逆周期信贷调控机制和强化系统重要性金融机构的宏观审慎管理。中国金融宏观审慎管理制度框架完善的主要任务：一是建立健全系统性风险的应对机制；二是建立较为有效的监管协调机制；三是改变金融经营模式和金融监管体系的不匹配性；四是填补监管漏洞；五是强化对金融基础设施的安全性认识和相应的监管实践；六是重点防范外部金融风险。

11.2　研究展望

基于金融安全的视角，系统性风险的演进和应对仍然是宏观审慎框架研究的核心。本轮金融危机最主要的经验教训之一就是系统性风险的应对，特别是由系统重要性机构引发的系统性风险，将是未来金融宏观审慎管理框架的核心。系统性风险及其演进过程的研究视角可能更加多元。目前，不管是政策当局，还是学术界，对系统性风险的研究主要是根据国际清算银行时间维度和空间维度两个层面来展开的，针对时间维度的顺周期效应和空间维度的系统重要性问题及影子银行风险等采取针对性政策。但是，金融风险的产生、累积、升级或爆发的研究不仅仅是时空两个维度，还有信息经济学、制度经济学甚至是行为金融学等研究视角。近期对时空维度引发的系统性风险的研究主要也是定性研究，未来定量研究可能会更加深入。

金融宏观审慎管理制度设计是政策研究之重点。对系统性风险和宏观审慎管理框架进行深入的研究，最重要的出发点就是维护金融体系的稳定性，保障金融体系的基本职能，促进资源配置效率的发挥。但是，一个好的政策框架需要高屋建瓴式的指导原则、科学合理的框架设计、平稳通畅的运行机制以及操作性强的实际工具，以及及时有效的评估机制。

制度适宜性是金融宏观审慎管理制度研究的又一重点。制度适宜性最为重要的任务是使一个经济体的金融体系类型（无论是资本市场主导的金融体系还是银行主导的金融体系）、金融经营模式（混业经营模式还是分业经营模式）以及金融监管模式（美国的分业监管模式、英国的统一监管模式、澳大利亚的双峰监管模式）取得一个良好的相互匹配性。同时，在金融宏观审慎管理框架中，特别是金融监管中，还要对机构监管与功能监管、单向监管与全面监管以及封闭式监管与开放式监管等进行权衡及取舍。目前，制度适宜性没有得到应有的重视，但是，其对金融风险，特别是系统性风险的滋生具有实质性作用。

金融宏观审慎管理制度框架的各种政策工具是重要的研究内容。各种政策工具管理风险的机制研究和各种政策的协调性研究是政策工具研究的重点。不管是宏观审慎管理还是微观审慎监管，都有一系列的政策工具，每种工具有其特定的应用范畴和条件，比如，资本项目管制对于美国等自由开放经济体可能无法实行，但中国仍然是管理外部金融风险、保障金融稳定的一个基础性工具。各项工具使用的条件和环境也是不一样的，政策组合及其有效性研究将是未来政策研究的重要组成部分。

系统重要性问题仍有待深化。从学术研究的角度出发，系统重要性问题对金融体系和资源配置扭曲的机制研究并不明晰，这限制了政策当局的政策应对的针对性和有效性。从美国和欧盟的宏观审慎政策看，系统重要性问题的应对政策在改变大型金融机构在金融体系中的可替代性和内在关联性问题上仍存在重大疑虑，系统性风险的潜在根源仍然没有消除。系统重要性问题不仅仅表现在大型金融机构，还涉及金融体系的基础设施等。金融基础设施的安全性及其相应的监管仍然没有得到学术界和政策界应有的重视，这个方面的系统研究十分缺乏。

全球风险传递及其应对机制的研究将是一个热点。未来全球金融风险的宏观审慎管理制度研究将主要集中在五个方面：一是全球金融风险的传染性研究，特别是跨境风险传递的研究；二是应对全球金融风险传染的宏观审慎管理政策，特别是宏观审慎和微观审慎的政策标准；三是全球金融安全网的建设，特别是金融风险和金融危机的预警、应对和处置机制，尤其是最后贷款人制度；四是区域金融宏观审慎管理合作将不断深化，特别是在风险传递、危机应对等方面；五是国际金融货币体系的改革问题。

参考文献

中文文献

1. 〔美〕保罗·克鲁格曼著《萧条经济学的回归和 2008 年经济危机》，刘波译，中信出版社，2009。

2. 〔美〕保罗·霍维慈著《美国货币政策和金融制度》，谭秉文等译，中国财政经济出版社，1980。

3. 〔美〕恩格尔曼等著《剑桥美国经济史》（第三卷），高德步等译，中国人民大学出版社，2008。

4. 〔美〕金德尔伯格著《疯狂、惊恐和崩溃：金融危机史》，朱隽等译，中国金融出版社，2007，第四版。

5. 〔美〕罗伯特·希尔著《非理性繁荣》，李心丹等译，中国人民大学出版社，2008，第二版。

6. 〔美〕米尔顿·弗里德曼：《货币稳定方案》，宋宁等译，上海人民出版社，1991。

7. 〔美〕斯图亚特·麦克奎瑞著《对冲基金》，金德环等译，上海财经大学出版社，2004。

8. 巴曙松等：《金融危机中的巴塞尔新资本协议：挑战与改进》，中国金融出版社，2010。

9. 陈文辉：《风险管理要兼顾金融宏观审慎管理和微观审慎监管》，陈文辉在中国保险监督管理委员会、中国保险协会全面风险管理研讨暨培训会议上的讲话，2011 年 1 月 14 日。

10. 辜朝明著《大衰退》，喻海翔译，东方出版社，2008。

11. 何德旭、郑联盛：《从美国次贷危机看金融创新与金融安全》，《国外社会科学》2008 年第 6 期。

12. 何德旭、郑联盛：《美国新一轮金融危机解析》，《理论前沿》2008 年第 23 期。

13. 何德旭、郑联盛：《美国金融危机与"大萧条"的历史比较与启示》，《中国社会科学院研究生院学报》2009 年第 1 期。

14. 何德旭、郑联盛：《金融危机演进、冲击和政府政策》，《世界经济》2009 年第 9 期。

15. 何德旭、郑联盛：《影子银行体系与金融体系稳定性》，《经济管理》2009 年第 23 期。

16. 何德旭、郑联盛：《世界金融危机的回顾与反思》，载邹东涛主编《中国经济发展和体制改革报告：金融危机考验中国模式》，发展和改革蓝皮书，社会科学文献出版社，2010。

17. 胡锦涛在中共中央政治局第四十三次集体学习上的讲话，2007 年 8 月 29 日。

18. 李文泓、陈璐：《美国、欧盟和英国金融监管改革方案比较：措施、展望与启示》，《中国金融》2009 年第 20 期。

19. 李文泓、罗猛：《关于我国商业银行资本充足率顺周期性的实证研究》，《金融研究》2010 年第 2 期。

20. 李文泓：《关于金融宏观审慎管理框架下的逆周期政策的探讨》，《金融研究》2009 年第 10 期。

21. 李文泓：《银行业金融宏观审慎管理：思路和政策框架》，《中国金融》2010 年第 13 期。

22. 李扬等主编《金融危机背景下的全球金融监管改革》，社会科学文献出版社，2010。

23. 刘明康：《迎难而上，坚持创新，推动银行业科学发展》，《国际金融》2009 年第 1 期。

24. 路透社电讯稿：《温家宝：防止年初信贷非正常投放》，2011 年 1 月 19 日。

25. 路透社电讯稿：《中国金融监管当局已对银行实施差别存款准备金率》，2011 年 2 月 22 日。

26. 美国财政部：《美国财政部关于现代化的金融监管架构的蓝图》，中国国务院发展研究中心摘译，2009。详见美国财政部网站，www. treasury. gov，"Blueprint for a modern Financial Regulatory Framework. "

27. 饶波、郑联盛：《美国金融监管体系改革的启示与借鉴》，《上海金融》2009 年第 12 期。

28. 饶波、郑联盛、何德旭：《金融监管改革与金融稳定：美国金融危机反思》，《财贸经济》2009 年第 12 期。

29. 尚福林：《在应对挑战中促进资本市场科学发展》，《求是》2009 年第 2 期。

30. 汤柳：《欧盟金融监管一体化的演变与发展——兼论危机后欧盟监管改革》，《上海金融》2010 年第 3 期。

31. 汤柳等：《欧盟的金融监管改革》，《中国金融》2009 年第 17 期。

32. 王信、周晴：《"大而不倒"问题的解决方案：以次贷危机中的美国金融机构为例》，《经济社会体制比较》2010 年第 6 期。

33. 王兆星：《国际银行监管改革对我国银行业的影响》，《国际金融研究》2010 年第 3 期。

34. 吴定富：《国际金融监管改革最新进展及启示》，2011 年 3 月 2 日，中国保险监管管理委员会网站。

35. 吴定富：《金融危机下的中国保险业：监管与发展》，《中国金融》2009 年第 9 期。

36. 夏斌：《宏观审慎管理：框架及其完善》，《中国金融》2010 年第 22 期。

37. 项卫星、李宏瑾：《当前各国金融监管体制安排及其变革》，《世界经济》2004 年第 9 期。

38. 谢平、蔡浩仪：《金融经营模式及监管体制研究》，中国金融出版社，2003。

39. 谢平、邹传伟：《金融危机后有关金融监管改革的理论综述》，《金融研究》2010 年第 2 期。

40. 易宪容：《美国金融业监管制度的演进》，《世界经济》2002 年第 7 期。

41. 余永定：《美国次贷危机：背景、原因与发展》，《当代亚太》2008 年第 5 期。

42. 张朝晖：《中国银行业监督管理委员会将实施新的审慎监管框架》，2011 年 2 月 22 日《中国证券报》。

43. 张明：《金融危机的发展历程与未来走势》，《国际经济评论》2009 年第 3 期。

44. 张明：《美国金融危机的根源、演进及前景》，《世界经济与政治》2008 年第 12 期。

45. 张明、郑联盛：《透视房利美、房地美危机》，《当代金融家》2008 年第 8 期。

46. 张明、郑联盛：《华尔街的没落》，中国财政经济出版社，2009。

47. 张明、付立春：《次贷危机的扩散传导机制研究》，《世界经济》2009 年第 8 期。

48. 张晓慧：《从中央银行政策框架的演变看构建宏观审慎性政策体系》，《中国金融》2010 年第 23 期。

49. 赵静梅：《美国金融监管结构的转型及对我国的启示》，《国际金融研究》2007 年第 12 期。

50. 郑联盛、何德旭：《美国金融危机与金融监管框架反思》，《经济社会体制比较》2009 年第 3 期。

51. 郑联盛：《美国新金融危机与大萧条的历史比较》，《国际经济评论》2009 年第 1~2 期。

52. 郑联盛：《美联储无法承受之重》，2009 年 7 月 21 日《21 世纪经济报道》。

53. 郑联盛：《美国金融监管再扎篱笆》，《瞭望》2009 年第 51 期。

54. 郑联盛：《资本市场主导型金融体系的优劣分析》，详见朱光耀主编《回顾 2009 中国与世界经济热点问题》，经济科学出版社，2010。

55. 郑联盛：《美国"坏账银行计划及其思考"》，详见杨金林、周波、郑联盛著《思考世界与中国经济热点问题》，经济科学出版社，2010。

56. 郑联盛：《迪拜、希腊"裸泳"戏弄世界》，《中国报道》2010 年第 1 期。

57. 郑联盛：《全球经济衰退的最新走势与中国的应对》，《和平与发展》2010 年第 2 期。

58. 郑联盛：《对冲基金监管上的利益分歧》，2010 年 3 月 29 日《人民日报》。

59. 郑联盛：《欧洲债务问题影响深远》，2010 年 5 月 5 日《人民日报》。

60. 郑联盛：《沃尔克法则、金融监管和金融稳定性》，2010 年 5 月 17 日《21 世纪经济报道》。

61. 郑联盛：《美国金融监管改革步入快车道》，《中国外汇》2010 年第 9 期。

62. 郑联盛：《美国踏上金融监管新历程》，《半月谈》2010 年第 14 期。

63. 郑联盛：《欧洲债务问题：演进、影响、原因与启示》，《国际经济评论》2010 年第 3 期。

64. 郑联盛：《美联储二次量化宽松政策：原因、趋势和影响》，《中国金融》2010 年第 23 期。

65. 郑联盛：《美国金融监管体系的改革》，《世界经济年鉴 2010 年》，经济科学出版社，2011。

66. 中国保险监督管理委员会：《2010 年保险业情况通报会》，2010 年 4 月 12 日。

67. 中国保险学会：《欧盟金融改革动向》，2010 年 3 月，http：//

www. iic. org. cn/D_ infoZL/infoZL_ read. php？id＝9388。

68. 中国经济增长与宏观稳定课题组：《全球失衡、金融危机与中国经济的复苏》，《经济研究》2009 年第 5 期。

69. 中国人民银行：《贷款损失准备计提指引》，详见人民银行网站。

70. 中国人民银行：《2009 年第三季度货币政策执行报告》，2009 年 11 月 11 日。

71. 中国人民银行：《2010 年中国金融稳定报告》，http：//www. pbc. gov. cn/publish/jinrongwendingju/363/index. html。

72. 中国人民银行：《有效实施稳健货币政策，支持经济社会又好又快发展》，2011 年 1 月 6 日。

73. 中国社科院"国际金融危机与经济学理论反思"课题组：《国际金融危机与凯恩斯主义》，《经济研究》2009 年第 11 期。

74. 中国银行业监督管理委员会：《2009 年年报》，2010 年 6 月 15 日，www. cbrc. gov. cn/chinese/info/twohome/index. jsp。

75. 中国银行业监督管理委员会：《大力推进改革创新，扎实完善体制机制》，2010 年 10 月 28 日。

76. 中国银行业监督管理委员会：《我国商业银行资本充足率稳步提升》，2011 年 2 月 18 日。

77. 中国银行业监督管理委员会：《我国银行业金融机构资产突破 90 万亿元》，2010 年 10 月 29 日。

78. 中国银行业监督管理委员会：《中国银行业监督管理委员会 2011 年工作会议》，2011 年 1 月 17 日。

79. 中国银行业监督管理委员会：《中国银行业监督管理委员会有关负责人介绍国际银行资本监管制度改革有关情况》，2010 年 9 月 17 日。

80. 中国政府网：《改革开放 30 年中国经济社会发展成就回顾》，2008。

81. 周宏：《从美国金融危机看加强金融监管的迫切性》，《求是》2009 年第 9 期。

82. 周小川：《关于储蓄率问题的若干观察与分析》，《中国金融》2009 年第 4 期。

83. 周小川：《关于改革国际货币体系的思考》，《中国金融》2009 年第
    7 期。

84. 周小川：《建立更加完善的金融宏观审慎政策框架》，《中国金融》
    2011 年第 1 期。

85. 周小川：《金融政策对金融危机的响应——宏观审慎政策框架的形成背
    景、内在逻辑和主要内容》，2010 年 12 月 15 日在北京大学的讲演，见中国
    人民银行网站：http：//www.pbc.gov.cn/publish/goutongjiaoliu/524/2011/
    20110104191901596935544/20110104191901596935544_.html。

86. 周小川在中国人民银行与 IMF "宏观审慎框架——东亚的视角" 研
    讨会上的讲话，2010 年 10 月 21 日。

87. 朱光耀：《国际金融危机的起因、特点、影响和我们的对策》，《中
    国财政》2008 年第 23 期。

88. 朱小川：《次贷危机后美国金融监管制度改革方案评析》，《中国金
    融》2009 年第 10 期。

外文文献

1. Adrian, Tobias and Hyun Song Shin, "The Shadow Banking System：
   Implications for Financial Regulation", Federal Reserve Bank of New
   York, Staff Reports, No. 82, Jul., 2009.

2. Allen, F. and Gale, D., "Financial Market, Intermediaries and Intertemporal
   Smoothing, *Journal of Political Economics*, Vol. 105 (1997): 523 – 546.

3. Allen, F. and Gale, D., "Optimal Financial Crisis", *The Journal of
   Finance*, LIII (4) (1998): 1245 – 1284.

4. Allen, F. and Gale, D. "Financial Contagion", *The Journal of Political
   Economy*, 108 (1) (2000): 1 – 33.

5. Allen, F. and Gale, D., "Financial Intermediaries and Markets",
   Econometrica, 72 (2004): 1023 – 1061.

6. Allen, F. and Wood, G., "Financial Fragility, Liquidity and Asset Prices", *Journal of the European Economic Association*, No. 2 (2004): 1015 – 1085.

7. Bagehot, Walter, *Lombard Street: A Description of the Money Market*, (London: Henry S. King and Co., 1873), 37, http://www.gutenberg.org/ebooks/4359.

8. Baily, Martin Neil, Douglas W. Elmendorf and Robert E. Litan, "The Great Credit Squeeze: How it Happened, How to Prevent Another", Brookings Institution Discussion Paper, 2008.

9. Bank of England, "The Role of Macroprudential Policy", Nov., 2009.

10. Basel Committee on Banking Supervision, "International Framework for Liquidity Risk Measurement, Standards and Monitoring", BIS, Dec., 2009.

11. Basel Committee on Banking Supervision, "Countercyclical Capital Buffer Proposal", Jul., 2010.

12. Basel Committee on Banking Supervision, "An Assessment of the Longterm Economic Impact of Stronger Capital and Liquidity Requirements", Sept., 2010.

13. Bernanke, Ben, "Non-Monetary Effects of the Financial Crisis in the Propagation of the Great Depression", *American Economic Review*, Vol. 73, No. 3 (1983): 257 – 276.

14. Bernanke, Ben, "The Macroeconomics of the Great Depression: A Comparative Approach", *Journal of Money, Credit and Banking*, XXVII (1995): 1 – 28.

15. Bernanke, Ben, "Financial Regulation and Financial Stability", Speech at the Federal Deposit Insurance Corporation's Forum on Mortgage Lending for Low and Moderate Income Households, Arlington, Virginia. Jul. 8, 2008.

16. Bernanke, Ben, "Reducing Systemic Risk", Speech at the Federal Reserve Bank of Kansas City's Annual Economic Symposium, Jackson

Hole, Wyoming, 2008.

17. Bernanke, Ben, "Testimony before the US Financial Crisis Inquiry Commission", Sept. 2, 1010, http: //www. federalreserve. gov/ newsevents/testimony/bernanke20100902a. htm.

18. Bernanke, Ben and Lown, Cara S., "The Credit Crunch", Brookings Papers on Economic Ativity, No. 2 (1991): 204 – 239.

19. Bernanke, Ben, and Gertler, Mark, "Inside the Black Box: The Credit Channel of Monetary Policy Transmission", NBER Working Papers 5146, 1995.

20. BIS, "Recent Innovations in International Banking", Report Prepared by a Study Group Established by the Central Banks of the G10 Countries, Basel, Apr. (Cross Report), 1986.

21. BIS, "Financial System: Shock Absorber or Amplifier?", Working Paper No. 257, Jul., 2008.

22. BIS, "Addressing Financial System Procyclicality: A Possible Framework", Note for the FSF Working Group on Market and Institutional Resilience, Sept., 2008.

23. BIS, "Innovations in Credit Risk Transfer: Implications for Financial Stability", Working Paper No. 255, 2008.

24. BIS, "Group of Central Bank Governors and Heads of Supervision Reinforces Basel Committee Reform Package", BIS Press Release, Jan., 2010.

25. BIS, "The Term 'Macroprudential: Origins and Evolution'", BIS Quarterly Review, Mar., 2010.

26. BIS, "Macroprudential Instruments and Frameworks: A Stocktaking of Issues and Experiences", CGFS Papers No. 38, May., 2010.

27. BIS, "Macroprudential Policy-A Literature Review", BIS Working Papers No. 337, Feb., 2011.

28. BIS, "Annual Report", Jun., 2008.

29. BIS, "Quarterly Review", Mar. , 2009.

30. BIS, "Annual Report", Jun. , 2009.

31. BIS, "Annual Report", Jun. , 2010.

32. Bliss, Robert and George Kaufman, "Bank Procyclicality, Credit Crunches, and Asymmetric Monetary Policy Effects: A Unifying Model", *Journal of Applied Finance*, Fall and Winter (2003): 23 – 31.

33. Board of Governors of the Federal Reserve System, http://www.federalreserve. gov/aboutthefed/default. htm.

34. Borio, C. , "Towards a Macroprudential Framework for Financial Supervision and Regulation?" BIS Working Papers No. 128, Feb. , 2003.

35. Borio, C. and Zhu, H. , "Capital Regualtion, Risk-taking and Monetary Policy: A Missing Link in the Transmission Mechanism", BIS Working Paper, No. 268, Dec. , 2008.

36. Borio, C. and Shim, I. , "What Can Macroprudential Policy Do to Support Monetary Polciy?", BIS Working Paper, No. 242, Dec. , 2007.

37. Borio, C. and White, W. , "Whither Monetary and Financial Stability? The Implications of Evolving Policy Regimes", BIS Working Papers, No. 147, Feb. , 2004.

38. Borio, C. , Furfine, C. and Lowe, P. , "Procyclicality of the Financial System and Financial Stability: Issues and Policy Options", BIS Papers, No. 1, Mar. , 2001.

39. Borio, C. and Drehmann, M. , "Towards an Operational Franmework for Financial Stability: 'Fuzzy' Measurement and its Consequences", BIS Working Papers, No. 284, Jun. , 2009.

40. Borio, C. E. V. , Kennedy, N. and Prowse, S. D. , "Exploring Aggregate Asset Price Fluctuations Across Countries: Measurement, Determinants, and Monetary Policy Implications", BIS Economics Papers

No. 40, Apr. , 1994.

41. Brunnermeier, Markus. , Andrew Crocket, Charles Goodhart, Avinash D. Persaud and Hyun Shin, "The Fundamental Principles of Financial Regulation", Geneva Report on the World Economy 11. 07, May. , 2009.

42. Calomiris, C. , "Banking Crises and the Rules of the Game", NBER Working Papers, No. 15403, Oct. , 2009.

43. Carey, D. , "Dimensions of Credit Risk and Their Relationship to Economic Capital Requirements", NBER Working Papers 7629, 2000.

44. Caruana, Jaime, "Macroprudential Policy: Working Towards A New Consensus", Speech on Apr. 23, 2010.

45. Coffe, J. C. , "Competition Versus Consolidation: The Significance of Organizational Structure in Financial Securities Regulation", *The Business Lawyer*, 50 (1995): 45 – 77.

46. Commission of the European Communities, "Completing the Internal Market: White Paper from the Commission to the European Council", COM (85) 310 FINAL, Jun. 14, 1985.

47. Commission of the European Communities, "Second Council Directive on the Coordination of Laws, Regulations and Administrative Provisions Relating to the Taking up and Pursuit of the Business of Credit Institutions and Amending", 89/646/EEC, Dec. 15, 1989.

48. Committee of Wise Men on the Regulation of the European Securities Markets, "Financial Report on the Regulation of the European Securities Markets", Feb. 15, 2001.

49. Committee on Banking Regulations and Supervisory Practices, "Report on the Use of Certain Prudential Measures to Contrain the Growth of Banks' International Lending" (Cross Report), Feb. , 1980.

50. Crockett, Andrew, "Marrying the Micro-and Macro-prudential

Dimensions of Financial Stability", BIS, Sept. , 2000, www. bis. org/review/rr000921b. pdf.

51. Diamond, D. W. , and Dybvig, P. , "Bank Runs, Deposit Insurance and Liquidity", *Journal of Political Economy*, Vol. 91, No. 3 (1983): 401 – 419.

52. Dowd, Kevin, "Too Big to Fail? Long-Term Capital Management and the Federal Reserve", *Cato Institute Briefing Paper*, No. 52, 1999.

53. Drees. B. and Pazarbasioglu, C. , "The Nordic Banking Crises: Pitfalls in Financial Liberalization", World Bank Working Paper 95/61 – EA, 1995.

54. ECB, "Has the Financial Sector Grown Too Big?", Speech by Lorenzo Bini Smaghi, Apr. 15, 2010, http: //www. ecb. int/press/key/date/2010/html/sp100415. en. html.

55. ECB, "Systemic Risk: A Survey", Working Papers, No. 35, 2000.

56. ECB, "Hedge Funds and Their Implications for Financial Stability", Occasional Paper Seriers, No. 39, Aug. , 2005.

57. Edwards, Franklin, R. , "Hedge Funds and the Collapse of Long-Term Capital Management," *Journal of Economic Perspectives*, Vol. 13, No. 2 (1999): 189 – 210.

58. Edwards, F. R. and Caglayan, M. O. , "Hedge Fund Performance and Manager Skill", *Journal of Futures Markets*, Vol. 21, No. 11 (2001): 1003 – 1028.

59. Eicheengreen, B. and Donald, M. , "Hedge Funds and Financial Market Dynamics", IMF Occasional Paper No. 166, 1998.

60. Eichengreen, B. , Rose, A. K. and Wyplosz, C. , "Contagious Currency Crises", NBER Working Papers 5681, 1998.

61. Eichengreen, Barry and Eichard Grossman, "Debt Deflation and Financial Instability: Two Historical Explorations", Working Paper, University of California at Berkeley, 1994.

62. European Central Bank, *Financial Stability Review*, Jun. , 2009.

63. European Central Bank, "EU Stress Test Exercise-Key Messages on Methodological Issues", Jul. , 2010, http：//www. ecb. int/pub/pdf/other/eustresstestexercisekeymessagesmethodologicalissues201007en. pdf.

64. European Commission, "Commission Communication of Implementing the Framework for Financial Markets：Action Plan", COM （1999）232 final, May. 11, 1999, http：//ec. europa. eu/internal _ market/finances/docs/actionplan/index/progress1_ en. pdf.

65. European Commission , "Directive Relating to the Taking up and Pursuit of the Business of Credit Institutions", 2000/12/EC.

66. European Commission, "Commission Adopts Legislative Proposals to Strengthen Financial Supervision in Europe", IP/09/1347, http：//europa. eu/rapid/pressReleasesAction. do? reference = IP/09/1347.

67. European Commission, "Communication from the Commission on European Financial Supervision", COM （2009） 252final, May. 27 2009.

68. European Commission, "Directive 2009/48/EC", http：//eur-lex. europa. eu/LexUriServ/LexUriServ. do? uri = OJ：L：2009：196：0014：0021：EN：PDF.

69. European Commission, "Proposals for A Regualtion of the European Parliament and of the Council on Community Macro prudential Oversight of the Financial System and Establishing a European Systemic Risks Board", Sept. 23, 2009.

70. European Commission, "Regulating Financial Services for Sustainable Growth", Communication from the Commission to the European Parliament, the Council, the European Economic and Social Committee and the European Central Bank, Jun. 2, 2010, http：//ec. europa. eu/internal_ market/finances/docs/general/com2010_ en. pdf.

71. European Systemic Risks Board, "Mission, Objectives and Tasks",

http：//www. esrb. europa. eu/about/tasks/html/index. en. html.

72. Evans, O. , A. Leone, M. Gill and P. Hilbers, "Macro-prudential Indicators of Financial System Soundness", IMF Occasional Paper, No. 192, Apr. , 2000.

73. Fama K. and Eugene F. , "Term Premiums and Default Premiums in Money Markets", *Journal of Financial Rconomics*, Vol. 17, No. 1 (1986)：175 – 196.

74. Fama, K. , "Taking 'Too Big to Fail' off the Table", University of Chicago memo, Jun. , 2010.

75. FDIC, "Purchase and Assumption Transaction", http：//www. fdic. gov/ bank/historical/reshandbook/ch3pas. pdf.

76. Federal Reserve System, "The Flows of Fund Accounts of the United States", http：//www. federalreserve. gov/datadownload/Choose. aspx? rel = Z. 1, 2010.

77. Financial Services Authority (FSA), "A Regulatory Response to the Global Banking Crisis", Mar. , 2009.

78. Financial Stability Board and Basel Committee on Banking Supervision, "Assessing the Macroeconomic Impact of the Transition to Stronger Capital and Liquidity Requirements", Aug. , 2010.

79. Financial Stability Board, "Progress since the Pittsburgh Summit in Implementing the G20 Recommendations for Strengthening Financial Stability", Report of the Financial Stability Board to G20 Finance Ministers and Governors, Nov. , 2009.

80. Financial Stability Forum, "Report of the Financial Stability Forum on Addressing Procyclicality in the Financial System", Apr. 2, 2009.

81. Fridman, M. and Schwartz, A. , *A Monetary History of the United States, 1867 –1960* (Princeton：Princeton University Press, 1963).

82. G20, "Guidance to Assess the Systemic Importance of Financial Institutions, Markets and Instruments：Initial Considerations", Report to

G20 Finance Ministers and Governors by IMF, BIS and Financial Stability Board, Oct. , 2009.

83. G20, "Declaration on Strengthening the Financial System-London", Apr. 2, 2009, http: //www. g20. org/pub_ communiques. aspx.

84. G20, "Seoul Summit Leaders' Declaration", Nov. 11 – 12, 2010. http: //www. g20. org/pub_ communiques. aspx.

85. Geithner, Timothy, F. , "Reducing Systemic Risk in a Dynamic Financial System", Federal Reserve Bank of New York, Jun. 9, 2008.

86. Goldstein, Morris, "The Subprime Credit Crisis: Origins, Policy Responses, and Reforms", Peterson Institute for International Economics, Dec. , 2008.

87. Goldstein, Morris and Nicolas Verson, "Too Big to Fail: The Transatlantic Debate", Paper for Conference on Transatlantic Relationships in an Era of Growing Economic Multipolarity, Peterson Institute for International Economics, Oct. , 2010.

88. Goodhart, C. , "The Definition and Control of Systemic Financial Risk", Presentation at the Workshop on towards a New Framework for Monetary Policy? Lessons from the Crisis, Netherland Bank, Sept. 21, 2009.

89. Gorton, Gray and Andrew Metrick, "Regulating the Shadow Banking System", Brooking Working Paper, Sept. , 2010.

90. Gourinchas, Pierre-Olivier, Rodrigo Valdes and Oscar Landerretche, "Lending Booms: Latin America and the World", NBER Working Papers No. 8249, 2001.

91. Government Accountability Office (GAO) of the United States, "A Framework for Crafting and Assessing Proposals to Modernize the Outdated US Financial Regulatory System", GAO −9 −216, Jan. 8, 2009, www. gao. gov/new. items/d09216. pdf.

92. Greenlaw, David. , Jan Hatzius, Anil K. Kashyap, Hyun Song Shin,

"Leveraged Losses: Lessons from the Mortage Market Meltdown", US Monetary Policy Forum Conference Draft, Feb. 29, 2008, http: // faculty. chicagobooth. edu/anil. kashyap/research/MPFReport-final. pdf.

93. Greenspan, A., "Greenspan Calls to Break up Banks 'Too Big to Fail'", *New York Times*, Oct. 15, 2009.

94. Gross, Bill, "Beware our Shadow Banking System", Fortune, Nov., 2007.

95. Group of Twenty, "Enhancing Sound Regulation and Strengthening Transparency", G20 Working Group 1, Mar. 25, 2009.

96. Haldane, Andrew, "The $100 Billion Question", Speech to Institute of Regulation and Risk, Hongkong, Mar., 2010.

97. Hannoun, H., "Towards A Global Financial Stability Framework", Speech at the 45th SEACEN Governors Conference, Feb. 26, 2010.

98. Hanson, S., Kashyap A., and Stein, J., "A Macroprudential Approach to Financial Regulation", http: //www. economics. harvard. edu/faculty/ stein/files/JEP - macroprudential -July22 -2010. pdf.

99. Hart, Oliver and LuigiZingales, "How to Avoid a New Financial Crisis", Financial Crisis Inquiry Commission, Nov., 2009, http: // www. fcic. gov/hearings/pdfs/2009 -1020 -Zingales -article. pdf.

100. Haubrich, Joseph, G., "Some Lessons on the Rescue of Long-Term Capital Management", Federal Reserve Bank of Cleveland, Discussion Paper No. 19, Apr., 2007.

101. Hellwig, M., "Systemic Aspects of Rrisk Management in Banking and Finance", *Swiss Journal of Economics and Statistics*, 131 (1995): 723 - 737.

102. Herring, R. J. and Carmassi, J., "The Corporate Structure of International Financial Conglomerates: Complexity and its Implications for Safety and Soundness" (Oxford: Oxford University, 2010).

103. Hetzel, Robert, L., "Too Big to Fail: Origins, Consequences, and

Outlook", *Economic Review*, Federal Reserve Bank of Richmond, Nov. /Dec. , 1991.

104. Hoenig. , Thomas M. , "Maintaining Stability in a Changing Financial System: Some Lessons Relearned Again?" *Economic Review*, Federal Reserve Bank of Kansas City, First Quarter (2009): 1 −18.

105. Hommes, C. , "Interacting Agents in Finance", *New Palgrave Dictionary of Economics*, Vol4, 2008.

106. Huang, X. , Zhou , H. and Zhu, H. , "Assessing the Systemic Risk of A Heterogeneous Portfolio of Banks During the Recent Financial Crisis", Board of Governors of the Federal Reserve System Finance and Economics Discussion Series, 2009 −44.

107. IMF, "Towards a Framework for a Sound Financial System", Jan. , 1998.

108. IMF, "Financial Crisis: Causes and Indicators", World Economics Outlook, May. , 1998.

109. IMF, "Financial Soundness Indicators (FSIs) and the IMF", http: // www. imf. org/external/np/sta/fsi/eng/fsi. htm

110. IMF, "Macroprudential Indicators of Financial System Soundness", Occasional Papers, No. 192, Apr. , 2000.

111. IMF, "Global Financial Stability Report", Oct. , 2008.

112. IMF, "Global Financial Stability Report: Responding to the Financial Crisis and Measuring Systemic Risk", Apr. , 2009.

113. IMF, "Lessons and Policy Impilcations from the Global Financial Crisis", IMF Working Paper 10 −44, 2010.

114. IMF, "World Economic Outlook", Oct. , 1998.

115. IMF, "World Economic Outlook", Jan. , 1999.

116. IMF, "World Economic Outlook", Oct. , 1999.

117. IMF, "World Economic Outlook", Jan. , 2010.

118. IMF, "World Economic Outlook", Oct. , 2010.

119. IMF, "World Economic Outlook", Jan., 2011.

120. James B. Thomson, "On Systemically Important Financial Institutions and Progressive Systemic Mitigation", Federal Reserve Bank of Cleveland, Discussion Paper No. 27, 2007.

121. Kaminsky, G. and Reinhart, C., "The Twin Crises: The Causes of Banking and Balance-of-Payments Problems", *American Economic Review*, 89 (3) (1999): 473 −500.

122. King, Mervyn, "Banking: From Bagehot to Basel, and Back Again", Speech on the Second Bagehot Lecture Buttonwood Gathering, New York, Oct. 25, 2010.

123. Krugman, Paul, "A Model of Balance-of-Payments Crises", *Journal of Money Credit and Banking*, 11 (3) (1979): 311 −325.

124. Krugman, Paul, "Financial Reform Endgame", *New York Times*, Jan. 28, 2010.

125. Laeven, L. and Valencia, F., "Systemic Banking Crises: A New Database", IMF Working Paper 08/224, 2008.

126. Lamfalussy, Alexandre, Summary of Remarks on the Regulation of European Securities Markets, to the Press Concerning the Committee's Initial Report Published on Nov. 9, 2000.

127. LeBaron, B. and L. Tesfatsion, "Modeling Macroeconomies as Open-ended Dynamic Systems of Interacting Agents", *American Economic Review*, 98 (2) (2009): 246 −250.

128. Lenza, M., H., Pill and L. Reichlin, "Monetary Polciy in Exceptional Times", ECB Working Papers, No. 1253, Oct., 2010.

129. Martin Cihak, "Stress Testing: A Review of Key Concepts," Research and Policy Notes 2004/02, Czech National Bank, 2004.

130. Martin Wolf, "The End of Lightly Regulated Finance has Come far Closer", *Financial Times*, Sept. 18, 2008

131. McCulley, Paul, "Teton Reflections", PIMCO Global Central Bank

Focus, Agu./Sept. 2007.

132. Mendoza, E. G. and Terrones, M. E., "An Anatomy of Credit Booms: Evidence From Macro Aggregates and Micro Data", FED, Discussion Papers No. 936, Jul., 2008.

133. Minsky, H. P., "The Financial Instability Hypothesis", NBER Working Paper No. 74, 1992.

134. Morrison Foerster, "The New EU Financial Regulatory Framework", Sept. 16, 2010.

135. Nigel Jenkinson, Adrian Penalver and Nicholas Vause: "Financial Innovation: What have we learnt?", Reserve Bank of Australia, Jul. 2008.

136. Paulson, Henry, "Reform the Architecture of Regulation", *Financial Times*, Mar. 24, 2009.

137. Rajan, Raghuram G. and Eric Gleacher, "Too Systemic to Fail: Consequences, Causes and Potential Remedies", the Senate Banking Committee Hearing on May. 6, 2009.

138. Reenen, John Van, "Response to BIS Consultation on Financing the Private Sector Recovery", Sept. 2010, http://cep.lse.ac.uk/pubs/download/responses/JVR_ Response_ BIS_ Financing_ the_ Private_ Sector_ Recovery. pdf.

139. Reinhart, C. M. and Rogoff, K. S., "Is the 2007 U. S. Subprime Crisis So Different? An International Historical Comparison", *American Economic Review*, 98 (2) (2008): 339-344.

140. Repullo, R. and Suarez, J. "Monitoring, Liquidation, and Security Design", Papers 273, Banca Italia, 2000.

141. Roubini, Nouriel, "Too-Big-To-Fail: Regulatory Reforms of Systemically Important Institutions", Nov. 4, 2009.

142. Saurina, J., "Loan Loss Provisions in Spain: A Working Macroprudential Tool", Bank of Spain, Financial Stability Review, No. 17, 2009.

143. Shin, H. S., "Financial Intermediation and the Post-crisis Financial System", BIS Working Papers, No. 304, Mar., 2010.

144. Stiglitz, Joseph, "The Fruit of Hypocrisy", Sept. 16, 2008, http://www.guardian.co.uk.

145. Tarashev, N., Borio, C., and Tsatsaronis, K., "The Systemic Importance of Financial Institutions", BIS Quarterly Review, Sept., 2009.

146. Taylor, Charles, "Macro-prudential Regualtion and the New Road to Financial Stability", Speech at Chicago Federal Reserve Bank on Sept. 23, 2010.

147. The Dodd-Frank Wall Street Reform and Consumer Protection Act, http://banking.senate.gov/public/_files/070110_Dodd_Frank_Wall_Street_Reform_comprehensive_summary_Final.pdf.

148. The High-Level Group on Financial Supervision in the EU Report, Feb. 25, 2009, http://www.esrb.europa.eu/shared/pdf/de_larosiere_report_en.pdf? 462f9f580cd7295e75871e3213f23584.

149. The World Bank, "Dynamic Provisioning: The Experience of Spain", Jul., 2009.

150. Turner, P., "Macroprudential Policies and the Cycle", Special report for The Financial Stability Board: An Effective Fourth Pillar of Global Economic Governance, 2010.

151. United States Government Accountability Office (GAO), "A Framework for Crafting and Assessing Proposals to Modernize the Outdated U. S. Financial Regulatory System", 2009, www.gao.gov/new.items/d09216.pdf.

152. Volcker, Paul, "How to Reform Our Financial System", New York Times, Jan. 31, 2010.

社会科学文献出版社网站

www.ssap.com.cn

1. 查询最新图书　　2. 分类查询各学科图书
3. 查询新闻发布会、学术研讨会的相关消息
4. 注册会员，网上购书，分享交流

　　本社网站是一个分享、互动交流的平台，"读者服务"、"作者服务"、"经销商专区"、"图书馆服务"和"网上直播"等为广大读者、作者、经销商、馆配商和媒体提供了最充分的互动交流空间。

　　"读者俱乐部"实行会员制管理，不同级别会员享受不同的购书优惠（最低 7.5 折），会员购书同时还享受积分赠送、购书免邮费等待遇。"读者俱乐部"将不定期从注册的会员或者反馈信息的读者中抽出一部分幸运读者，免费赠送我社出版的新书或者数字出版物等产品。

　　"网上书城"拥有纸书、电子书、光盘和数据库等多种形式的产品，为受众提供最权威、最全面的产品出版信息。书城不定期推出部分特惠产品。

咨询/邮购电话：010-59367028　　邮箱：duzhe@ssap.cn
网站支持（销售）联系电话：010-59367070　　QQ：1265056568　　邮箱：service@ssap.cn
邮购地址：北京市西城区北三环中路甲 29 号院 3 号楼华龙大厦　社科文献出版社　学术传播中心　邮编：100029
银行户名：社会科学文献出版社发行部　　开户银行：中国工商银行北京北太平庄支行　　账号：0200010009200367306

图书在版编目(CIP)数据

宏观审慎管理与中国金融安全/郑联盛,何德旭著. —北京:
社会科学文献出版社,2012.11
(中国金融安全研究丛书)
ISBN 978 - 7 - 5097 - 3425 - 4

Ⅰ.①宏… Ⅱ.①郑… ②何… Ⅲ.①金融监管 - 研究 - 中国
Ⅳ.①F832.1

中国版本图书馆 CIP 数据核字 (2012) 第 099077 号

·中国金融安全研究丛书·
宏观审慎管理与中国金融安全

著　　者 / 郑联盛　何德旭

出 版 人 / 谢寿光
出 版 者 / 社会科学文献出版社
地　　址 / 北京市西城区北三环中路甲 29 号院 3 号楼华龙大厦
邮政编码 / 100029

责任部门 / 财经与管理图书事业部 (010) 59367226　　责任编辑 / 史晓琳
电子信箱 / caijingbu@ ssap. cn　　　　　　　　　　　　责任校对 / 吕伟忠
项目统筹 / 史晓琳　　　　　　　　　　　　　　　　　责任印制 / 岳　阳
经　　销 / 社会科学文献出版社市场营销中心 (010) 59367081　59367089
读者服务 / 读者服务中心 (010) 59367028

印　　装 / 北京季蜂印刷有限公司
开　　本 / 787mm×1092mm　1/16　　　　　　　　印　张 / 18
版　　次 / 2012 年 11 月第 1 版　　　　　　　　　　字　数 / 266 千字
印　　次 / 2012 年 11 月第 1 次印刷
书　　号 / ISBN 978 - 7 - 5097 - 3425 - 4
定　　价 / 39.00 元